How to
Make Effective
Business
Decisions

ビジネス意思決定

理論とケースで決断力を鍛える

慶應義塾大学ビジネス・スクール 教授
大林厚臣＝著

ダイヤモンド社

はじめに

　本書のねらいは、質の高い意思決定をするための参考になることである。ビジネススクールの教科書としても使うので、事例はビジネスや政策が多い。しかし質の高い意思決定の要因は、分野を超えて共通するものが多いので、本書の内容は他の分野にも応用できるであろう。
　筆者は企業での勤務を経て、学問の世界では理論家の聖地（？）のようなシカゴ大学で研究生活を送った。その後はビジネススクールで、さまざまな実務家の問題解決を支援している。ある意味で、実務と学問の、端から端とその中間を経験したことになる。その経験からも、良い理論ほど実用的なものはないと思う。しかし実用的であるためには、理論をただ知っているだけでなく、現実の状況や身近な経験と「縫い合わせて」理解される必要がある。本書は、読者がされる「縫い合わせ」にも参考になるよう、心を砕いて書いているつもりである。

理想と実践

　意思決定の研究には大きく分けて2つの流れがある。1つは、「意思決定はどのようになされるべきか」という、いわば理想形を研究するもので、規範的アプローチと呼ばれる。経済学やゲーム理論などで中心的な考え方である。もう1つは、「実際の意思決定はどのようになされているか」という現実を研究するもので、記述的アプローチと呼ばれる。認知科学や心理学などで中心的な考え方である。
　本書のテーマは質の高い意思決定をすることなので、理想を求める規範的アプローチを中心にする。しかし人間の認知能力には限界があって、あらゆる場面で理想的な意思決定をすることはできない。したがって実際の意思決定の質を高める方法は、理想論と現実論の両方から考える必要がある。本書は理想論を基本にして、現実論を加味するアプローチをとっている。学問的

な分類にとらわれず、意思決定に役立つと思われる考え方を多面的に紹介しようと思う。

理想形を基本にする理由

　理想形の意思決定とは、可能なすべての選択肢の中から、目的に最も適うものを選ぶことである。しかし現実には、そのような意思決定はできないことが多い。逆に、理想形でなくても直感的に正しい判断ができることもある。それなのに理想形を基本にする理由は何か。意思決定という目に見えない活動で説明すると抽象的になるので、スポーツの例を使って説明する。

　スポーツの技術書を読むと、理想的なフォームが説明されている。しかし、すぐれたスポーツ選手は、試合中に自分のフォームをあまり気にしていない。むしろ、ボールをしっかり見るとか、少しでも前に進むなど、単純な課題に集中していることが多い。試合では教科書にあるような美しいフォームでプレーできることは少なく、競争相手はこちらが良いフォームでプレーできないように力を尽くす。フォームに気を取られていたら、ぎこちないプレーになって良い結果は得られないだろう。実践の場では必ずしも理想通りにはできない。

　しかし一流の選手は、練習では自分のフォームを入念にチェックする。アメリカ大リーグのある強打者はこう言っている。「試合ではフォームのことは考えない。来たボールを強く叩くことだけを考えている。そうやってもフォームが崩れないように、シーズン前に基本を繰り返し練習して、正しいフォームを体に覚えさせておく。」もし基本の練習をしなければ、試合ではかなり崩れたフォームになってしまうのだろう。

　理想と実践に関するこの考え方は、スポーツだけでなく意思決定にも当てはまる。すぐれた意思決定をした人に、なぜあの決定を選択したのかと尋ねても、「直感でした」と答えられることが多い。直感と言ってもヤマ勘ではなく、総合的な判断ということだろう。そのような総合的な判断は、普段に行っている意思決定の方法と無関係ではない。

練習で論理を身につけて、実践では問題解決に集中する

　意思決定における論理と実践の望ましい関係は次のようなものだろう。普段から理想的な意思決定の方法を練習する一方で、重要な決定の場面では、方法論よりも問題解決に集中するのである。重要な場面では論理だけにこだわるよりも、経験則でも直感でも、良い判断につながると考えられるものは利用するほうが良い。

　現実の複雑な問題を、論理だけで解決しようとすると、スポーツの試合中にフォームを気にするのと同じで、ぎこちなくなる。周囲の状況を把握する余裕がなくなったり、関係者への配慮が欠けて、質の高い意思決定にならないことがある。論理だけでなく、感性やバランス感覚で判断を修正すべきことが多い。

　状況の観察やバランス感覚に気をつかう場面でも、繰り返して身についている論理があれば、それは自然に働くであろう。自然に論理を働かせるというと、何か難しいことに聞こえるかもしれない。しかし我々は実際にそのような能力を身につけている。計算論理の例だが、1,000円を出して650円の買物をすれば釣銭は350円になる。小学校以来繰り返して練習をしてきたので、ほぼ自動的に計算できて、釣銭を間違えるとおかしいと気づく。しかし海外に行くと教育の内容はさまざまで、釣銭の計算がスムーズに行われないことがある。もし店員が計算に気を取られていたら、客が他の商品も買おうかなと店内を見回しても、店員は気がつかないだろう。このとき店員はほかの商品を薦めるビジネスチャンスを逃がしている。計算を練習することの効果は、ただ計算が速く正確になるだけでなく、計算以外のことに意識を向けられる余裕でもある。たとえば客の振る舞いを見る余裕である。

　この例のように、論理的な思考を練習することの効果は、論理を身につけるだけでなく、論理以外のことに意識を向けても、理性的な判断がおろそかにならないことである。そうすることで、理性と感性が高い次元でバランスするようになるだろう。スポーツのフォームと同じで、論理的な思考力は練習をして身につけることができる。本書は意思決定の基本にあたる内容を紹介するので、それをヒントに、読者の仕事や生活のなかで意思決定の「基本

練習」をしてみてほしい。

　意思決定の質を高める要因を第1章で紹介する。それを簡潔にまとめると、適切な目的、目的に合う選択、知りうる情報の限界を考慮すること、になる。適切な目的については第2章で述べる。目的に合う選択をするツールとして、ディシジョン・ツリーとゲーム理論を、第3章から第6章で説明する。知りうる情報の限界を考慮することは第7章と第8章で重要になる。第7章はリスクの扱い、第8章は危機管理の事例を用いた演習である。人命がかかる危機は意思決定が難しい場面だが、なかでも第8章のキューバ危機の事例は、人類史上で最も重大な意思決定と言われるものの追体験になる。

　さあ、意思決定の練習を始めよう。

ビジネス意思決定

目次

はじめに 001

第1章 質の高い意思決定をするために 011

1-1 意思決定の理想と現実 012
1-2 合理的意思決定とその限界 012
1-3 質の高い意思決定とは 015
column 結果評価の問題 020

第2章 目的の適切さ 021

2-1 コーポレート・ガバナンス：誰の利益を優先するか 022
2-2 誰の利益を優先するか：各国の傾向 027
2-3 評価の基準 029
2-4 根源的な目的とは 031

第3章 ディシジョン・ツリー　035

3-1　ディシジョン・ツリーの作成と分析　036
3-2　多段階の決定があるディシジョン・ツリー　041
3-3　ディシジョン・ツリーの長所と短所　047
3-4　ディシジョン・ツリーの応用例：プロジェクト評価　048
3-5　感度分析（債権回収の例）　053
3-6　連続変数とディシジョン・ツリー　058
3-7　時間割引と現在価値　063

第4章 意思決定のタイミング、情報、オプション　067

4-1　意思決定のタイミング　068
4-2　情報の役割と価値　069
4-3　精度の低い情報の価値　075
4-4　オプションの役割と価値　079
4-5　探索と満足化　081

第5章 ゲーム理論　　087

5-1　ゲーム理論による分析の例　　089
5-2　ゲーム・マトリクスとナッシュ均衡　　092
5-3　ゲーム・ツリーとサブゲーム完全ナッシュ均衡　　097
5-4　マトリクスとツリーの使い分け、およびその他の表現方法　　102
5-5　同時決定と逐次決定を比較する例　　103
5-6　価格競争の分析例：差別化バートラン・モデル　　108
5-7　ナッシュ均衡の算出と図解　　115
5-8　価格競争ゲーム　　123
5-9　投資競争の分析例：クールノー・モデル　　127
5-10　繰り返しゲームの駆け引き　　133
5-11　繰り返しゲームの均衡　　144
5-12　混合戦略　　147
5-13　ナッシュ均衡の長所と限界　　151

第6章 戦略的思考　　155

6-1　ゲーム理論を使いこなすパターン認識　　156
6-2　ゲーム・マトリクスのパターン例　　156
　　　パターン1　囚人のジレンマ　　158

		パターン2	牡鹿狩り	173
		パターン3	機会主義的行動	175
		パターン4	チキン	177
		パターン5	協調問題	187
		パターン6	男女の争い	189

6-3 ゲーム・ツリーのパターン例 195
　　　パターン7　契約不履行 195
　　　パターン8　ホールドアップ 205
　　　パターン9　モラルハザード 209
　　　パターン10　逆選択 218

6-4 コミットメント 228

6-5 信用形成の実証研究 236

6-6 機会主義的行動への対策 242

column 元来の「囚人のジレンマ」 164
column 大規模データとパターン化 194

第7章 リスクと意思決定　245

7-1 リスクの種類と表現方法 246
7-2 リスクに対する態度 250
7-3 リスク認知とバイアス 256
7-4 保険とリスク相殺 259
7-5 想定外の事態への備え 266

第8章 危機管理　269

8-1	危機管理の意思決定（1）　八甲田山雪中行軍の事例	270
8-2	生命がかかる判断	298
8-3	危機管理の意思決定（2）　キューバ・ミサイル危機の事例	300
8-4	キューバ・ミサイル危機の事例（続）	324
8-5	危機の考察	333
column	地政学上の類似点	339

終章　決断力とは　341

おわりに　344
索　引　345

第1章
質の高い意思決定をするために

1-1 意思決定の理想と現実

　意思決定の研究には、「意思決定はどのようになされるべきか」という、理想形を追求するアプローチと、「実際の意思決定はどのようになされているか」という、現実を研究するアプローチがある。

　本書のテーマは質の高い意思決定をすることなので、理想を求めるアプローチが中心になる。しかし人間の認知能力には限界があって、あらゆる場面で理想的な意思決定をすることはできない。したがって実際の意思決定の質を高める方法は、理想と現実の両方から考える必要がある。

1-2 合理的意思決定とその限界

　意思決定の基本になる理想形とはどのようなものか。ここで、理想型のモデルである、合理的意思決定を紹介する。一般に意思決定は複数の選択肢から、何らかの基準で１つを選ぶこととモデル化できる。合理的意思決定とは、意思決定者の目的のために最も良い結果を導くという基準で、選択肢を選ぶことである。たまたま最初に思いついた選択肢や、前例と同じ選択肢を、何も考えずに選ぶのは合理的意思決定ではない。

合理的意思決定の例

　合理的意思決定のイメージと特徴を紹介するために、次の事例1-1をあげる。あわせて合理的な意思決定の特徴を説明する。

> **事例1-1**
> 　ある企業で、表1-1に示す３つのプロジェクト、A、B、Cの中から１つを選ぶことになった。各プロジェクトでは、表に示した「投下費用」を支出し

表1-1　3つのプロジェクトに関するデータ（費用、収入、利益の単位は億円）

プロジェクト	投下費用	成功時収入	成功確率	期待利益	期待投資利益率
A	100	200	0.8	+60	+60%
B	200	400	0.7	+80	+40%
C	300	600	0.6	+60	+20%

て、プロジェクトの成功時に限って「成功時収入」を得る。成功しなかったときの収入はゼロである。各プロジェクトの「成功確率」は表のようにそれぞれ異なり、「投下費用」は成功・不成功にかかわらず回収できない支出である。「成功確率」をもとに計算した各プロジェクトの「期待利益」と「期待投資利益率」は表のとおりである。

　事例1-1で、仮に企業の目的が「期待利益」を最大にすることであれば、プロジェクトBを選択することが企業にとって合理的な意思決定である。ただし企業の目的は、つねに利益の額を最大にすることとは限らない。もし投下資金の効率を最大にするのが目的であれば、「期待投資利益率」を最大にするプロジェクトAを選択することが合理的な意思決定になる。あるいは利益よりも、社員にプロジェクトの成功体験を積ませることや、世間にプロジェクトの成功を宣伝することが目的ならば、「成功確率」が最も高いプロジェクトAを選ぶのが合理的である。（「期待投資利益率」を最大にする場合とたまたま同じ選択になる。）

　目的が明確で、事例1-1のように十分なデータがあれば、合理的意思決定は単純な選択になる。より複雑な意思決定でも、目的が明確で十分なデータがあれば、最適な選択肢を選ぶことは可能である。

合理的な決定は目的によって変わる

　以上の説明は、合理的意思決定の重要な性質の1つを表している。それ

は、何が合理的な選択であるかは、何が目的であるかによって変わることである。企業活動における目的は、経営環境によって変化しうる。したがって経営環境しだいで合理的な選択が変わることがある。たとえば製品価格の決定では、事業の立ち上げ時は、利益よりも売上高や製品の認知度を高めることが重要になることがある。その場合には、低価格で利益を犠牲にしても売上を増やすことが合理的でありうる。逆に、製品が浸透して成熟期になり、利益が重要になれば、製品を値上げすることが合理的な選択になりうる。

　また、意思決定をする者が異なれば、立場や価値観の違いによって、目的が異なることもある。たとえばA社が重要と考えることと、B社が重要と考えることが異なれば、似た状況でも企業によって合理的な行動は異なる。つまり意思決定の状況や、誰が決定するかによって、目的が変わり、それによって何が合理的な選択肢であるかは異なる可能性がある。

　目的は必ずしも単一の項目とは限らない。たとえば売上高と利益の両方を重視すべき状況もある。そのような状況では、最大化すべき目的の指標として、売上高と利益に適切なウェイトを付けて加えたような数値を使うことになるであろう。

正解がある合理性と、正解がない判断

　意思決定の目的が明確で必要なデータがあれば、最適な選択肢を選ぶことは、本質的に技術的な問題である。論理が正しいかぎり誰が考えても最適な選択肢は同じで、いわゆる「正解」を求めることができる。

　しかし論理的に最適な選択肢を選ぶ以外の部分は、意思決定者の主観的な判断を含む問題であり、必ずしも客観的な「正解」はない。たとえば、状況における適切な目的を設定することは、意思決定者の主観的な判断に依存する。状況の中から選択肢や有用なデータを見つけることも、意思決定者の判断や気づきに依存する。事例1-1でいえば、目的にあったプロジェクトを選ぶことは合理的な正解がある部分だが、目的を選ぶことは必ずしも正解がない判断の部分である。また、選択肢やデータはつねに表1-1のように提示されることはない。状況や文脈から、選択肢やデータを解釈しなければならな

いことは多い。
　合理的意思決定のモデルは、意思決定の要素のうち、正解が求められる部分を切り出したものと言える。そして目的への適合性だけを問い、それ以外の適否を問わない。

合理的意思決定の限界

　合理的意思決定のモデルは、正解のある最適化の問題を切り出すことで、意思決定の技術を発達させた。専門書に書かれている意思決定の技法は、多くがこの最適化の理論や手法についてである。しかし目的の適否を問わないことは、合理的意思決定の問題点にもなる。目的が不適切であると、合理的であっても不適切な結果をもたらす可能性がある。たとえば事業の立ち上げ時に、短期の利益だけを目的にすると、投資が過少になったり、価格を高くしすぎて製品が普及しなくなる。極端に不適切な例をあげれば、目的が反社会的なものであれば、その目的のための合理的な行動は、社会に害をさえもたらすであろう。
　合理的意思決定のもう1つの問題点は、意思決定者の能力の限界や、状況の不確実性である。能力の限界や不確実性のため、意思決定者はすべての必要な情報を知ることができないことがある。あるいは十分な情報があっても、最適な選択肢を正しく選べないときがある。

1-3　質の高い意思決定とは

　意思決定の質を左右する重要な要素は、**目的の適切さ**、**選択肢が目的を満たす程度**、**情報と認知能力の限界を考慮すること**、に分けられる。情報と認知能力の限界を別にすれば、目的が適切に設定されるかぎり、目的に最も合う選択肢を選ぶ合理的意思決定は、最も質の高い意思決定といえる。その意味で、合理的意思決定の経験と練習を積むことが質の高い意思決定につなが

る。ただし目的の適切さは主観を含むので、誰もが一致する基準はなく、多くの要因から総合的に判断することになる。そして必要に応じて、情報と認知能力の限界を考慮した対策をとることも重要である。

情報と認知能力の限界を考慮する方法

　情報と認知能力の限界への考慮は、大きく2つに分けられる。1つは、意思決定を間違える可能性への対策で、最適な選択ができなくても大きな損失にならないようにすることである。たとえば、情報や判断に誤差があっても下方リスクが小さくなる選択肢を選ぶことや、情報に誤差があるときの影響を感度分析（3-5節で紹介する）で調べるなどである。自分がまだ知らない情報があることを前提にして、試行的な行動や、次に述べる探索的な意思決定をすることも含まれる。

　以上は慎重を期して労力をかけるタイプの対策になるが、もう1つの対策は逆に、労力を節約するタイプの対策である。複雑な状況で、意思決定のために時間や労力をかけすぎないことである。たとえば、簡便に意思決定を行う方法として、ヒューリスティック[1]、習慣的決定、満足化[2]、直感的決定などがある。これらは完全に合理的な意思決定の方法ではなく、いわゆる正解が得られる保証はない。しかし、簡便な方法で節約できる時間や労力の価値を含めて考えると、形式的に合理的な意思決定をするよりも、総合的に質の高い意思決定になる可能性がある。意思決定の目的に、本来の目的を最大化することに加えて、時間や労力のコストを最小化することを合わせれば、習慣的決定がむしろ合理的な意思決定になる場合さえある。

1　ヒューリスティックは、経験的に妥当性が認められた、近似解を簡便に求める方法である。たとえば在庫管理で、平均在庫日数が20日を上回れば、不良在庫が増えていると判断して仕入れを減らし、同15日を下回れば、品不足が予想されるので仕入れを増やす、などの簡便な判断ルールである。
2　満足化は4-5節でも詳述するが、一定以上の効用が期待できる選択肢が見つかれば、すべての選択肢を検証して最適解をさがすことなく決定する方法である。

探索的な意思決定

　合理的な意思決定をすることが難しい問題として、長期計画、イノベーション、危機管理などが挙げられる。これらの問題は、遠い将来の予想を必要としたり、激しく変化する状況のために、意思決定の時点で十分な情報が得られにくい。選択肢や結果の情報だけでなく、当初に適切と思われた目的でさえ、事後的に不適切だったとわかる場合もある。

　合理的意思決定は、行動を決める前に、その時点での目的を基準にして予想結果を比較する。したがって、行動の前に多くの情報が正確に予想できないと意思決定の質は下がる。長期計画、イノベーション、危機管理などは、事前に適切な目的や結果がわかりにくいため、合理的意思決定ではなく探索的な意思決定が適する場合が多い。すなわち、まず何らかの行動を起こして、そこで得られる情報をもとに、選択肢を見つけたり目的を修正して、次の行動を決めるのである。

　探索では、順番として行動のあとで有用な情報に気づくことが重要になる。とくに、行動や偶然のできごとから想定外の有用な情報に気づくセレンディピティは、イノベーションが生まれる際の重要な過程と考えられる。試行錯誤や好奇心に基づく行動なども、このような探索の例である。探索的な意思決定にはさまざまな種類があるが、第4章で探索のモデルの一例と、意思決定を情報収集のあとに遅らせるオプションの効果を述べる。

直感的思考

　直感的な思考は、意識的な論理は使わないが、必ずしも単純な思考ではない。習慣的または機械的な判断は別とすれば、直感はなかば無意識のうちに膨大な情報を統合して結果を出す、総合的な思考である。

　思考や判断は、熟練すると自動化して無意識化する。つまり意識的に行っていた思考が、徐々に無意識に行えるようになり、潜在知と呼ばれる能力が体得される。スポーツの例でいえば、身体がフォームを覚えた状況である。そのようにして無意識に判断することは、必ずしも悪いことではない。ある

意味では究極の学習成果であり、ほとんど無意識に行えるほど熟練したことは、難しい状況でも実践できる真の実力とも言える。論理だけでは得られない「ひらめき」も、直感的思考の産物である。

しかし無意識の判断は、必ずしもすべて論理に従わないため、正確さにムラがあり間違いが多いという欠点がある。直感的な予想は、的中すると本人の印象に残るが、外れるとあまり印象に残らないため、直感の精度は過大評価される危険がある。そのような欠点を論理で補正することができれば、直感的な洞察と、理性による選択のバランスをとって、意思決定の質を向上させることが可能になる。

質の高い意思決定とは

特定の分野に熟達した人の意思決定は、直感的な判断に近づくようである。問題に直面すると、ほぼ反射的に適切な対応ができるようになる。選択の適切さだけでなく、意思決定にかける時間やコストの少なさという面でも、質の高い意思決定といえる。しかしそのレベルまで熟達するには長い年月がかかり、人間はすべての分野で熟達することはできない。そこで重要になるのが、一般的な質の高い意思決定の方法としての合理的意思決定である。第3章で紹介するディシジョン・ツリーを使うなどして、合理的意思決定の練習をすることができる。

ただし合理的意思決定は、どのような場合でも最善の方法であるとはかぎらない。意思決定の目標をつねに確認して、それが適切であるかを問い直すことは重要である。また、自らの能力や情報に限界があることを意識して、能力や情報の不足が大きな誤りにつながらないように注意することも重要である。

直感や習慣に基づく判断であっても、場合によっては適切な意思決定の方法になる。とくに、時間や労力に余裕のない場面でそれが当てはまる。ただし時間に余裕があるときに、直感による判断が正しかったのか、習慣的な行動が適切なものだったかを、合理的な視点で見直すことは、意思決定の質を高める練習になる。そのような見直しをするときこそ、合理的意思決定の考

え方が、最も自分の能力を伸ばすときかもしれない。

結果評価の問題

　意思決定の質を、意思決定が導いた結果で判断するという考え方もある。プロセスではなく結果で評価するという考え方である。意思決定の複雑なプロセスの、すべてを理解して評価することはできないという意味ならば、謙虚な姿勢とも言える。

　しかし結果による評価には、少なくとも次にあげる3つの問題点があることに注意すべきだろう。1つは、結果は意思決定の時点では判明しないので、意思決定の時点で選択の良否を判断できないことである。合理的意思決定のような目的への適合性ならば、意思決定の時点で判断できる。第2は、意思決定の影響が長い期間に及ぶ場合は、どの時点で結果を判定するかで評価が変わることがある。我々は結果を早急に判断しがちだが、短期的に良い結果に見えても、長期的には逆の結果になることもある。第3は、ある結果は必ずしも1つの意思決定だけで導かれるのではなく、他者の意思決定を含めた多くの要因の相互作用で導かれることである。そのため特定の意思決定の良否を、結果の良否だけから判断することは難しい。意思決定が間違っていても、他の要因に助けられて良い結果になることがある。逆に、良い意思決定であっても、他の要因のために悪い結果を導くこともある。

第2章
目的の適切さ

質の高い意思決定をするための重要な要素は、目的の適切さ、選択が目的を満たすこと、能力と情報の限界を考慮すること、の3点である。この章ではその中で目的の適切さを、ビジネスにおける意思決定を例にして検討する。目的は、選択を評価する基準でもある。目的が不適切であると、他の要因で質を補完するのは容易ではない。

　ビジネスにおける目的の適切さを本質的に問うならば、何を目的にしてビジネスをするかという問いになる。経営レベルの意思決定やコーポレート・ガバナンスでは重要な問題である。経営レベルでなくても、何のために、あるいは誰のために仕事をするのかという問題意識は、ビジネスの多くの意思決定で大切なものであろう。この章の2-1節と2-2節では、意思決定の目的として誰の利益を優先するかという事例を使い、コーポレート・ガバナンスの問題をあわせて考える。2-3節では目的が複数の場合、2-4節では人間の幸福感を含めた目的について検討する。

2-1 ｜ コーポレート・ガバナンス： 誰の利益を優先するか

　ビジネスにおける意思決定はさまざまな関係者の利害に影響を与えるが、彼らの利害は必ずしも一致しない。関係者の利害は、意思決定の目的にどのように反映されるのか、あるいは、反映されるべきだろうか。関係者の利害のバランスは、コーポレート・ガバナンスの重要な問題の1つでもある。次の事例2-1を用いて考える。

事例2-1

　ある企業が、ハイリスクのプロジェクトを実施するかしないかの意思決定に迫られている。この企業は比較的安定した事業基盤を持っていて、プロジェクトを実施しなくても、現状と同じように今後毎年100億円程度の利益をあげ続けることが可能と考えられる。プロジェクトを実施する場合には、巨額の投資を伴い、3年程度で結果は明確な成功か失敗かのどちらかにな

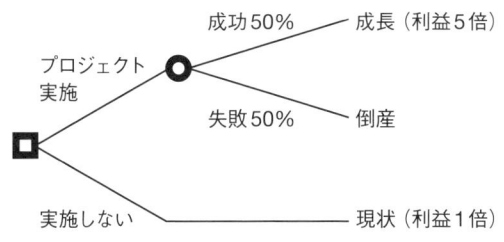

図2-1　事例2-1を表現するディシジョン・ツリー

る。成功と失敗の確率はともに50％で、成功の場合には企業は現在の5倍の売上高と利益をあげる水準に成長するであろう。逆に失敗の場合には、それが原因となって企業は倒産するであろう。

現在この企業の主要な利害関係者として、意思決定者である経営者のほか、株主、大口債権者、従業員、顧客、供給者がいる。大口債権者はこの企業に融資している銀行である。経営者、大口債権者、従業員、顧客、供給者のいずれも、この企業の株式は保有していない。株主のほとんどは、純粋な投資目的でこの企業の株式を保有していると考えられる。

事例2-1の内容をディシジョン・ツリーで表現すると図2-1のようになる。（ディシジョン・ツリーについては次の第3章で詳しく説明する。）

意思決定によって、各関係者の利害がどのような影響を受けるかを考えてみる。

株主の利益

この事例で株主のほとんどを占める、純粋に投資目的の株主にとって、意思決定を評価する基準は投資収益と考えて良いであろう。投資収益は主に株価と配当によって実現するが、配当はその分だけ株価を減少させるので、両者を合計して株価と考える。株価は1株あたりの企業価値であり、企業価値はその企業の将来にわたる予想利益を合計したものの価値である。したがっ

て他の条件が変わらなければ、株価は将来にわたる予想利益の水準に比例する。図2-1に当てはめると、プロジェクトが成功すれば株価は5倍、失敗すれば株価はゼロ、現状維持なら株価は現状のまま（1倍）と考えられる。プロジェクトを実施すると、平均して株価は2.5倍になると期待できるので、株主としてはプロジェクトを実施するという選択肢をより高く評価するであろう。

債権者の利益

　大口債権者の銀行にとっての評価基準は、債権の価値と考えて良いであろう。事例2-1の企業は安定した事業基盤を持っているので、プロジェクトを実施しなければ債権は保全される可能性が高い。その一方でプロジェクトが成功しても、元本や利子は増えないので、債権の価値は増えない。しかし失敗すれば、債権が保全されないで価値は低下するであろう。すると債権者としては、プロジェクトを実施しない選択肢をより高く評価するであろう。株主が今回のプロジェクトを実施することを望むのに対して、債権者は実施しないことを望む。同じ資金提供者でも、株主と債権者はプロジェクトに対する評価が対照的に異なるであろう。

従業員の利益

　従業員の評価基準には、さまざまなものが考えられる。プロジェクトが成功しても、従業員1人当たりの年収が5倍になることはないだろう。しかし倒産すれば失業の可能性がある。プロジェクトを実施せずに現状維持であれば、安定した事業なので雇用が守られる可能性が高い。従業員の金銭的な利益は、成功時の収入と失敗時のそれ以後の収入によるが、株主利益のようにプロジェクト実施によって平均2.5倍になることはないだろう。従業員の失業に対する不安や、再就職の際の負担を考えると、多くの従業員にとって、数年内に倒産する可能性が50％あるリスクをとることは、彼らの利益に反すると考えるであろう。もちろん一方で、数は少ないかもしれないが、プロ

ジェクトに挑戦することによる、仕事のやり甲斐や意義をより高く評価する人もいるだろう。

顧客企業の利益

プロジェクトを実施すると、顧客への安定供給をリスクにさらすかもしれない。プロジェクトが成功しても、顧客に恩恵がないならば、顧客の利益が増える可能性は小さい。逆にこの企業が成長することで、顧客に対する交渉力が増すかもしれない。したがって、この企業との取引に依存する顧客であるほど、プロジェクトの実施は利益に反すると考える可能性が高い。

供給者の利益

この企業への供給者は、プロジェクトが成功すれば、この企業との取引量が増えることで利益を増やす可能性がある。しかしこの企業への依存度が高い供給者は、失敗時に深刻な影響を受けるかもしれない。取引量が増えることへの期待度と、この企業への依存度の比較によって、供給者がプロジェクトの実施を望むか否かが分かれるであろう。

経営者としての意思決定

経営者は自らの判断基準で選択を行うのであるが、その結果は関係者の利害に影響を与える。ここまで述べたように、関係者の中には、プロジェクトの実施によって期待利益が増える者と減る者がいる。したがって選択は誰かの利益を重視する一方で、他の者の利益を軽視することになる。大雑把に分類すれば、事例2-1のプロジェクトを実施するようなハイリスク・ハイリターンの行動は、株主と成長指向の取引先の利益に沿い、債権者、多くの従業員、安定指向の取引先の利益に沿わないことが多い。

利害関係者は、それぞれが企業の意思決定に影響を与える可能性をもっている。たとえば株主は、経営者が株主の利益を軽視するならば、株主総会の

議決などで経営者を交代させることができる。銀行は、企業が債権をリスクにさらすような経営をすれば、融資を引きあげるかもしれない。従業員が不満や雇用の不安を持てば、職場のモラルが低下したり離職率が高まるかもしれない。重要な取引先が不満を感じて企業から離れてしまうと、事業は成り立たなくなる。

　多くの経営者は、これら利害関係者の影響力を考慮して、より影響の強い者の利益をより重視するような、バランスをとる基準で判断するであろう。もし企業の競争力の源泉が、優秀な従業員とそのモラルの高さにあると考えれば、従業員の利益を重視することが会社の利益につながるだろう。従業員の利益を軽視してモラルが低下すれば、業績も株価も低下して、債権のリスクも増える。結局すべての関係者が不利益を受けることになる可能性がある。逆に、典型的な設備産業などで、設備や規模の優位性を維持することが競争力の源泉になるならば、資金提供者の利益を守って資金調達力を高めることが重要になるかもしれない。ただし同じ投資家であっても、リスクマネーが必要になる場合には株主の利益を重視し、低コストの資金を必要とする場合には大口債権者の利益を重視することになるだろう。特定の取引先が事業の存続を左右するほど重要な場合は、その取引先の利益を守って取引を継続することが、関係者すべての利益につながるであろう。

バランス型とカリスマ型

　上に述べたのは、利害関係者のバランスをとるタイプの意思決定の基準である。しかし常識的なバランスに従わなくても、質の高い意思決定を行う可能性はある。たとえば営利企業でありながら、経営者が「業績が赤字になっても解雇はしない」という方針を打ち出したとする。それで従業員の特別な忠誠心を引き出し好業績につながるならば、赤字も解雇も避けることができるであろう。もちろん、期待される効果が出るかはわからないが、「この経営者の能力とリーダーシップなら実現しうる。」と従業員や投資家が期待するならば、関係者の理解が得られる可能性がある。

　常識とは異なる基準で意思決定をしても、それに関係者の理解や協力が得

られるならば、結果的に成功確率が上がって質の高い意思決定になる可能性がある。いわゆるカリスマのある経営者が、ときどき勝負をかけて行うタイプの意思決定の特徴かもしれない。

2-2 誰の利益を優先するか：各国の傾向

　現実の経営者の意思決定は何を重視しているか。深尾・森田（1997）は、経営者の意思決定の基準が、国によってどのように異なるかを調べるために次のようなアンケート調査をした。彼らは5カ国のビジネスパーソンに「貴国では経営者が配当を減らすか、従業員の一部を解雇するかのいずれかの選択を迫られたと仮定した場合、どちらが選択されると思いますか」という質問をした。つまり、株主の利益に沿う配当と、従業員の利益に沿う雇用維持の、どちらか1つしか選べないときに、各国の経営者はどちらを選ぶかという質問である。その回答の割合は表2-1の通りであった。

　表2-1の通り、日本では97.1％の回答が、経営者は株主への配当よりも従業員の雇用を優先すると答えている。しかし米国や英国では、逆に90％近くが株主への配当が重視されると答えている。ドイツとフランスの欧州大陸の国で

表2-1　雇用と配当の優先順位[1]

	雇用優先	配当優先
日本	97.1%	2.9%
英国	10.7%	89.3%
ドイツ	59.1%	40.9%
フランス	60.4%	39.6%
米国	10.8%	89.2%

1　深尾光洋・森田泰子（1997）『企業ガバナンス構造の国際比較』表5-8より。

は、両者の中間のような回答である。質問は自らが意思決定をする前提ではなく、各国の一般的な傾向を尋ねている。この尋ね方は客観的な回答を得やすいが、現実の選択の傾向の差がわずかでも、回答者の多くがその傾向を回答すると、回答の数値は極端に偏る可能性がある。しかしそれを差し引いても、表2-1は各国のビジネスにおける判断基準の違いを表しているように思う。

社会的・歴史的背景

　各国の経営者の多くが、関係者の利害のバランスをとるタイプであると仮定すると、表2-1に表された各国の傾向は、各国における関係者の影響力の違いを反映している。従業員の雇用が法的に保護される程度は、表の5カ国の中では日本が最も強く、次いでフランスとドイツであろう。表の回答は従業員の法的権利が反映している可能性がある。また、従業員の雇用が保護され流動性が低いほど、従業員のモチベーションを長期的に維持しないと、企業の生産性に負の影響を与えると、経営者は考えるのかもしれない。

　その他にも、各国における価値観や、制度が確立した時代のビジネス環境を反映している可能性がある。たとえば英国のビジネス制度が整備され始めた時代は、産業革命による工業化が進行した時代に重なる。そこでは伝統的な職人や熟練者の仕事が、機械力と分業による単純作業に置き換えられ、事業の競争力は規模の経済や資金力による傾向が強まった。米国のビジネス制度が整備された時代も、大陸横断鉄道や製鉄など、規模の経済が競争優位になる設備産業の発展期と重なる。労働力の生産性もさることながら、リスクマネーを早く大量に調達した者が、他社より早く事業を成長させて勝者になる時代である。米国や英国のいわゆるアングロサクソン型の経済制度が整備されたのがこの時期にあたる。

　ドイツやフランスは、工業化が先行した英国や米国に対して、化学や光学など、科学の成果を産業化することで競争力を発揮した。科学の発展のためには、資金や設備だけでなく、人的資本の育成や動機づけが重要になる。ドイツやフランスのビジネス習慣は、出資者だけでなく従業員の利益も重視している。

日本では、かつて第二次大戦以前のとくに大企業では、かなり資本主義的な企業経営がなされていた。しかし戦後は、戦争で物的資本が失われたことと、戦前のような資本の集中を避ける制度が作られたこともあって、人的資本を有効活用することで生産性と国際競争力をあげる企業が多かった。現在の日本の労働制度の多くが、この時代に作られている。

　時代を背景にして制度が作られ、制度が各国の習慣や価値観を作っていく側面がある。もちろん時代や環境の変化とともに、ここで述べたような制度も変化しているが、今なお制度や価値観に国による違いがあるのは事実である。事業をグローバル化するならば、意思決定の目的はこの違いをふまえて考える、あるいは違いを乗り超えるような目的を設定する必要がある。

2-3 ｜ 評価の基準

　意思決定の目的は、選択を評価する基準になる。たとえば目的が「自社の利益を最大化する」ことであれば、意思決定の各選択肢を評価する基準は、言うまでもなく自社の利益の大小になる。

　ただし、目的はつねにそのまま評価基準になるほど具体的なものとは限らない。たとえば目的が「自社の認知度を上げる」ことならば、自社の認知度を評価するためには、より具体的な基準を持つ必要がある。認知度は誰からの、あるいはどの集団からの認知なのか。認知とは社名を知っている程度か、自社に対して好意的な印象を持つことか、などの基準である。評価しやすい具体的な基準を持つことで、選択肢の比較が容易になり、合理的な意思決定をしやすくなる。

多元的な評価

　評価の基準を1種類の数値で行うことができれば、選択は簡単である。数値でなくても、大・中・小などの比較評価が可能ならば、やはり選択は容易

である。企業イメージの良否など、量的な比較ができないものでも、基準が１種類であれば、選択は行いやすい。

　しかし多くの意思決定には、複数の目的がある。たとえば自社の利益と認知度の両方を目的にするような場合である。目的が複数であれば、評価基準は複数になる。かりに認知度という１つの目的だけでも、基準が複数になることも考えられる。基準が複数になると、選択肢の比較は単純ではない。

　評価基準が複数の場合は、すべての評価が数値で表されるなら、評価数値にウェイトをつけて加算するなどして、１種類の数値に変換して比較することができる。ウェイトのつけ方や変換のしかたは主観的に決めることが多いが、合算して集約できることは数値データの長所の１つである。直接に数値で計測できない基準でも、たとえば３段階や５段階の範囲で評価して、それぞれの範囲に１～５などの評価値をつける方法もある。すると他の数値データと比較したり合算することが可能になる。

数値データの長所と短所

　数値データの長所としては次のようなものがあげられる。まずデータ自体のわかりやすさや伝えやすさがある。そして上に述べた、比較のしやすさも重要な長所である。事象を数値で表現すると、付帯する文脈などの情報が脱落して抽象化する。これが簡潔さを生み、情報処理を速くして、意思決定の迅速さにつながることもある。そして数量化されたデータは、他のデータと計算や比較をして、さらに新しい情報を生みだすことを容易にする。

　逆に短所は、抽象的な情報にするために、多くの付帯情報がそぎ落とされることである。事象の特定側面だけを取り上げることになりやすい。たとえば会社の総売上という情報には、どの商品が誰に売れたのか、どの商品が売れ残ったのか、担当者がどのような努力をしたかなどの情報は表れない。実体の豊かな情報が脱落する。また、付帯情報がないので、数値を見ただけではデータの真偽や誤差範囲の判定が難しい。いわゆる「数字にだまされる」ようなことが起こる。

　数値データは物事の特定の一面を表す。それが重要な一面であるのか、他

の重要な面を見落としていないか。数値データを使うときには、データに表れていない情報への想像力が大切になる。

長所と裏腹の短所

　ビジネスにおいては、数値データにはその長所と裏腹の注意点がある。情報やノウハウを数値データに表すと、情報共有が進みやすい。これは長所である。しかし誰もが情報を入手し分析しやすいことは、守秘や差別化が難しくなることを意味する。

　一般に、数値化できなかった情報やノウハウを、工夫して数値化することは価値が高い。数値化することで、ノウハウをシステム化やマニュアル化しやすくなり、事業の差別化にもつながる。しかし数値化すると、情報が社内だけでなくライバルに移転するスピードも速くなる。その意味で、やがて差別化が難しくなる原因にもなる。ノウハウを他社に先駆けて数値化するためには、ノウハウを他社より深く多く把握する必要があろう。その意味では企業が持つノウハウの価値は、それが数値化される直前直後あたりで最大になるのかもしれない。ノウハウを数値化する場合は、さらにノウハウを発展させないと、競争のなかでノウハウの陳腐化を早めるかもしれない。

2-4 根源的な目的とは

　ビジネスにおける最終的な目的は何だろうか。コーポレート・ガバナンスを検討した2-1節と2-2節では、主に利益の配分を重要な問題とした。しかし利害関係者が望むものは、金銭のほかにも、安定した雇用、仕事のやりがい、名誉、社会への貢献などがある。

　経済学では、個人が最大化しようとする効用は、自らの資産と仮定することが多い。（収入は資産の増分と考える。）資産はそれを消費のほか、社会貢献や自己実現にも使うことができるので、資産によって効用の多くを表現でき

るとする考え方である。根拠のある議論をするために、データを得やすい金銭を効用と仮定することは、研究面では意義がある。しかし現代の経済学への批判の1つは、効用を資産あるいは所得の最大化と単純に定義しすぎることである。つまり金銭以外の要素を考慮に入れる必要が指摘されている。（経済学へのもう1つの批判は、人間の合理的な判断能力をしばしば過大に仮定していることである。）

幸福

　個人の効用は、資産ではなく本人の幸福を最大化することと考えることもできる。幸福は計測しにくいが、概念的には受け入れやすい考え方であろう。幸福には、資産のほか、健康、人間関係などが影響を与える。資産と幸福の関係は、かりに幸福を最終目的とすれば、資産はその一手段という位置づけになる。

　同様に、ビジネスの目的を関係者の幸福の最大化と考えることが可能である。しかし問題は、幸福の評価基準である。ある人がどのくらい幸福なのか、またはどうすれば幸福になるのか、他人にはわかりづらいことである。実は自分を幸福にするものが何なのかを、本人もよく理解していないことがある。

　多くの研究者が幸福を構成する要因を探索している。幸福を測定する際には、自分の状況に関する満足度を、主観的に評価してもらう方法をとることが多い。しかし幸福に影響を与える具体的な要因については、まだ一致した見解は得られていない。所得と主観的幸福度の単相関係数は0.20という調査結果がある[2]。所得と幸福の相関は認められるのだが、所得を目的にして行動することが、幸福度を高めるか否かの因果関係は不明である。

　幸福の基準は、自分の状況（所得を含む）についての絶対的な評価ではなく、他者の状況との比較による相対的な評価であるとする主張は多い。つまり自分の所得は同じでも、比較する他者の所得が上がると、自分は不幸に感

2　Easterlin, Richard (2001) "Income and Happiness", Economic Journal, vol. 111, p.468を参照。

じる傾向があるという。このことは、個人の所得と幸福度に相関があっても、国ごとの平均所得と平均幸福度に相関が見られない現象の説明になる。つまり、豊かな人同士で比較しても、平均すればとくに幸福に感じていない可能性がある。そもそも幸福の自己評価の基準は、状況に依存して変わるという主張もある。また、幸福は良き生活（good life）の副産物であり、静的な目標にならないという考え方もある。とくに金銭に関しては、良き生活の源は金銭面での成功だと考える人は、一貫して、自尊心・活力・生活満足度の自己申告が低いという結果もある。

　具体的な要因の通説がないうえに、上の主張が正しいとすれば、幸福の基準は移ろいやすく、人により異なるであろう。しかし人々が何を求めているのかを正しく理解しなければ、その行動を予測することは難しく、ビジネスで成功を続けることも難しい。関係者が何を求めているかを知ることは簡単ではないが、ビジネスにおける意思決定の目的の適切さを左右する要因の多くは、この金銭以外の要因の見極めにあるではないだろうか。

第3章
ディシジョン・ツリー

この章では、意思決定の質を高める2つ目の重要な要素である、合目的性について考える。合目的性は1-2節で紹介した合理的意思決定を行うことで実践できる。意思決定の要素の中でも、練習で効果が上がりやすい部分である。

　合理的意思決定は、目的を最もよく満たす選択肢を選ぶという、シンプルな原則による決定である。しかし決定の対象になる問題は、シンプルなものばかりではない。一般に、意思決定すべき問題は複雑な構造をもっている。1つの問題が何段階かの意思決定に分かれていたり、選択肢にさまざまな不確実性が関与する。複雑な状況での意思決定の質を高めるためには、状況の構造を整理することが有効である。

　この章では合理的意思決定のツールである、ディシジョン・ツリー（意思決定樹形図）を紹介する。ディシジョン・ツリーは、複雑な意思決定の問題を、簡単な構造の組合せとして表現する。そして最適な選択肢を数量的に計算することを容易にする。ディシジョン・ツリーは、後で紹介するゲーム理論にも発展するが、合理的意思決定の基本的なツールでもある。

　まず、ごく基本的な応用例を紹介し、徐々に複雑な例に移る。

3-1 ディシジョン・ツリーの作成と分析

　ディシジョン・ツリーは、意思決定の対象になる問題を、選択肢、不確実性、結果の予想、結果の評価に分解して、それらの構造を図式化するものである。ディシジョン・ツリーの基本的な用法を説明する例として、次の事例3-1をあげる。

事例3-1

　ある玩具メーカーで若手社員から新製品のアイデアが提出され、商品化するか否かを決めることになった。商品化するには、製造設備に新たに5億円を投資する必要がある。そして玩具の常として、実際に遊ぶ子供に「うける」かどうかの判断は難しい。過去の例から、ヒット商品になるか否かで収

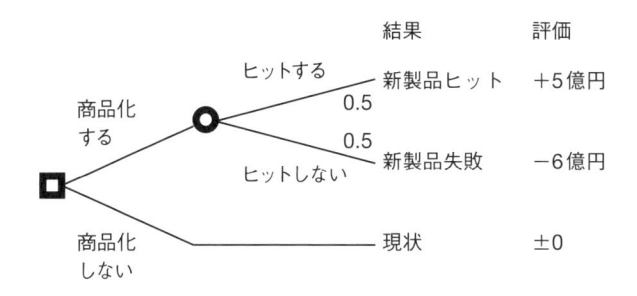

```
                        結果         評価
         ヒットする
              ○─────新製品ヒット   +5億円
  商品化     0.5
  する       0.5
         ─────新製品失敗   -6億円
    □    ヒットしない
    
  商品化
  しない ─────────現状         ±0
```

図3-1　事例3-1を表現するディシジョン・ツリー①

益は大きく変動する。新製品のデザインからみて、ヒット商品になる確率は50％程度あると見込まれる。ヒットしたときにはこの商品は、A社に設備投資とは別に10億円前後の利益をもたらすであろう。ヒット商品にならなかった場合は、設備投資のほかに1億円程度の損失が生まれるだろう。

　この事例では、商品化するか否かという決定と、商品がヒットするか否かという不確実性がある。事例の構造をディシジョン・ツリーに表わすと図3-1のようになる。

決定ノードと確率ノード

　ディシジョン・ツリーでは、左から右へ時系列の順に決定と不確実性を図示する。四角い節は**決定ノード**と呼び、その時点で何らかの決定がなされることを表し、分岐は選択肢を表す。たとえば図3-1の四角は、新製品を「商品化する」または「商品化しない」という選択肢を持つ決定ノードである。

　丸印は**確率ノード**と呼び（不確実性ノードあるいは情報ノードともいう）、その時点で何らかの情報が判明することを表わす。確率ノードにいたる前（左）は、起こりうる状況について不確実性があり、確率ノードで起こりうる状況のうちどれが実現するかが判明する。確率ノードからの分岐は、起こりうる状況を表わす。図3-1の確率ノードは、商品が「ヒットする」か「ヒッ

トしない」かは不確実だが、その時点で判明することを表わしている。

　確率ノードから分岐する状況には、それぞれが実現する確率が表記される。図3-1の例では、新製品がヒットするか否かの確率はそれぞれ50％なので、「0.5」が記されている。決定ノードからの分岐は、自分の選択であり、不確実性はないので確率はつけない[1]。

　ディシジョン・ツリーを作るうえで大切なことは、たとえば「商品化しない」とか「ヒットしない」など、消極的な選択や現状と変わらない状況も明示的に書き出すことである。そのようにして、どのノードからも必ずどれか1つの分岐に進むようなディシジョン・ツリーを作る必要がある。もし、あるノードからどの分岐にも進まない可能性が考えられるなら、選択肢または起こりうる状況が網羅されていないことを意味する。起こりうる状況はすべて書き出されるので、確率の性質により、1つの確率ノードから分岐する状況の確率を合計すると必ず1になる。

　起こりうる状況をどれだけ詳しく細分化するかは、必要に応じて柔軟に考えて良い。詳細に区分すれば、たとえば「ヒットする」場合にもさまざまな程度の違いがあるだろう。しかし分析に大きな影響がないと判断できれば、ある程度の範囲をまとめて1種類の事象として構わない。どこまで詳細に区分するかは、決められた理論があるわけではなく、判断の問題である。同様に、選択肢をどのくらい詳しく細分化するかも判断の問題である。細かく異なる選択肢が考えられる場合でも、分析に大きな影響がないと判断されれば、代表的な選択肢にまとめて良い。

　図3-1で確率ノードが「商品化する」の選択肢の後に位置しているのは、商品化する場合に限って、そのあとで、商品が「ヒットする」か「ヒットしない」かが判明するという構造を表わしている。「商品化しない」を選択したなら、ヒットするか否かはわからないので、そちらの選択肢に続く確率ノードはない。確率ノードが決定ノードより右に位置するのは、決定の後で

---

[1] 抽象的な表現をすると、決定は選択肢のいずれかを選んで確率1にして、他の選択肢を確率0にする能動的行為（ものごとを確実にすること）である。それに対して、確率ノードは確率が外的に決まっていて、決定者が決められない受動的状態（ものごとが不確実であること）を表している。

不確実性が解消するからである。もし商品化の決定をするより前にヒットするか否かがわかるならば、確率ノードは決定ノードより左に表示される。

　ディシジョン・ツリーを左から右へたどると、選択肢と状況ごとの結果にたどりつく。図3-1の例では、「新製品ヒット」、「新製品失敗」、「現状」という結果である。

結果の評価

　ディシジョン・ツリーの各終点に、結果の評価を記載する。評価は必ずしも金額である必要はないが、数値で表わす。その理由は、不確実性がある場合に確率を掛けて評価の期待値を計算するからである。

　評価に関して重要なことは、意思決定者が実質的にそれを最大化しようとしている基準で評価することである。評価基準を決めることは、意思決定の目的を定めることと同じ意味を持つので、重要な判断である。すべての終点の結果を、同じ基準で評価する。評価の基準が1種類にならない場合、たとえば市場シェアと利益の両方が重要であれば、両者を適切なウェイトで加重して合算した数値で評価するなどして、適切と考えられる1種類の数値にまとめる。

　図3-1の例では、新製品の商品化によって実現するキャッシュ・フローを評価にしている。一番下の「現状」は、プラス・マイナスどちらのキャッシュ・フローも生じないので評価は「±0」である。「新製品ヒット」の場合は、5億円の投資に対して10億円の利益が予想されるので、評価は差し引き5億円になる。「新製品失敗」となった場合は、5億円の投資に加えて1億円の損失で評価は－6億円となる。

期待値の計算と最適な選択肢

　最適な決定はディシジョン・ツリーから判断できる。つまり、各決定ノードで評価が最も高い選択肢を選ぶことになる。図3-1の例では、決定ノードは商品化するかしないかの1か所である。このノードでの「商品化しない」

という選択肢の評価は±0である。一方の「商品化する」の評価は、商品がヒットする場合が5億円、ヒットしない場合が−6億円である。ディシジョン・ツリーでは不確実な結果の評価に、期待値（加重平均値）を使う。「ヒットする」と「ヒットしない」の確率がそれぞれ0.5であるから、期待値は次のように計算できる。

$$5億円 \times 0.5 + (-6億円) \times 0.5 = -0.5億円$$

この期待値を、図3-1のディシジョン・ツリーの選択肢のそばにカッコつきで示すと、図3-2のようになる。2つの選択肢の評価を比較して、太線で描いた「商品化しない」が最適な選択肢であると判断できる。

この例では、商品化は確実に0.5億円の損失をまねくのではなく、ヒットすれば黒字、ヒットしなければ赤字の、リスクを含んだ選択肢である。もしA社がリスクに対して中立ではなく、リスクを取ること自体に価値を見出すならば（たとえば、失敗しても新製品の販売から何らかの学習効果があると考えれば）、商品化の評価は−0.5億円より上回ることになる。逆に、A社に財務的な余裕がなく、赤字のプロジェクトを避けたいなら、リスクを含む選択肢の評価は期待値よりさらに下回るものになる。この例では評価基準をキャッシュ・フローにしているが、もし上に述べた学習効果やリスク回避などの要素を意思決定で考慮する場合は、ディシジョン・ツリーの評価基準には、それらの要因を合算したものを用いる。

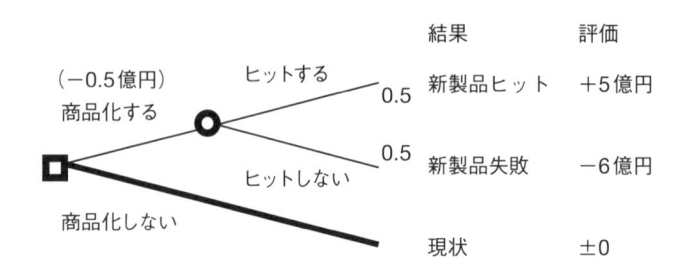

図3-2　事例3-1を表現するディシジョン・ツリー②

3-2 | 多段階の決定があるディシジョン・ツリー

より複雑な意思決定をモデル化するため、次の事例を考えてみる。

事例3-2

　事例3-1の新製品に関して、商品化を検討する前に市場調査をすることが可能である。あるコンサルタントは、玩具の試作品を子供たちに提供し、彼らがどの程度玩具に満足するかや、子供の間の評判の広がり方を観察して、玩具がヒットするか否かを予想する。そのコンサルタントは今まで何度も玩具の市場調査を引き受けていて、ヒットするか否かの予想はすべて的中させている。試作品の作製費用とコンサルタントに払う調査料は合わせて1億円になる。試作品を作るだけなら設備投資は不要で、調査結果は短期間で判明する。

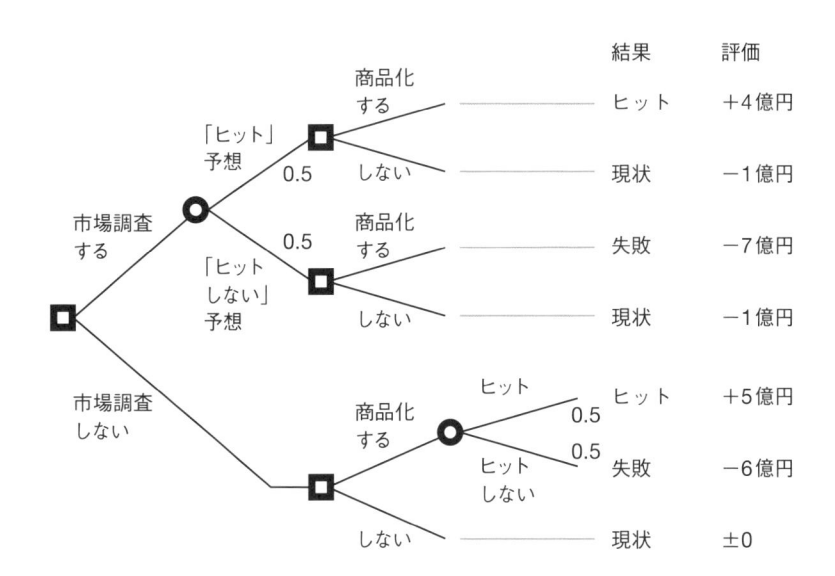

図3-3　事例3-2を表現するディシジョン・ツリー①

市場調査をするか否かの選択を含めた、事例3-2のディシジョン・ツリーを図3-3に示す。決定ノードは、市場調査をするかしないかと、商品化をするかしないかの2段階になる。最初に市場調査をするかしないかの決定ノードがある。「市場調査しない」を選ぶなら、それ以後のディシジョン・ツリーは図3-1と同じものである。すなわち商品化の決定ノードの後に、ヒットするか否かの確率ノードがある。もう一方の「市場調査する」を選ぶなら、調査結果としてヒットするかしないかが短期間で報告されるので、その後で商品化の決定をすれば良い。したがって、まず調査結果についての確率ノードがあり、その後に商品化の決定ノードがある。「市場調査する」から導かれる4つの最終結果の評価には、市場調査の費用が織り込まれている。

多段階のディシジョン・ツリーの分析

　多段階のディシジョン・ツリーの分析は、**後戻り推論**という手法を用いる。時間の流れと逆に、右から左へと、各段階の決定ノードで最適な選択肢を見つけていく手法である。つまりディシジョン・ツリーの最終結果から考えることになる。

　図3-3のディシジョン・ツリーを使って説明する。まず、一番右上の決定ノードから考えてみる。ここは、もし市場調査をして「ヒット」すると予想されたときの決定である。評価から明らかなように、ここでは「商品化する」が最適である。その下の決定ノード、つまり市場調査をして「ヒットしない」と予想された場合は、「商品化しない」が最適になる。この2つの決定ノードの最適な選択肢を太線で表わし、評価の期待値をカッコ内に書き添えると、図3-4のようになる。

　この2つの決定ノードでの最適な選択肢をふまえて、1つ左にさかのぼった確率ノードが分析できる。この確率ノードは市場調査の結果を表わすが、ここから0.5の確率で「ヒット」と予想され、右上の決定ノードに至り、そこで商品化して4億円の評価になる。また、0.5の確率で「ヒットしない」と予想され、上から2つ目の決定ノードに至り、そこで商品化しないで－1億円の評価になる。つまりこの確率ノードに達すれば、0.5の確率で

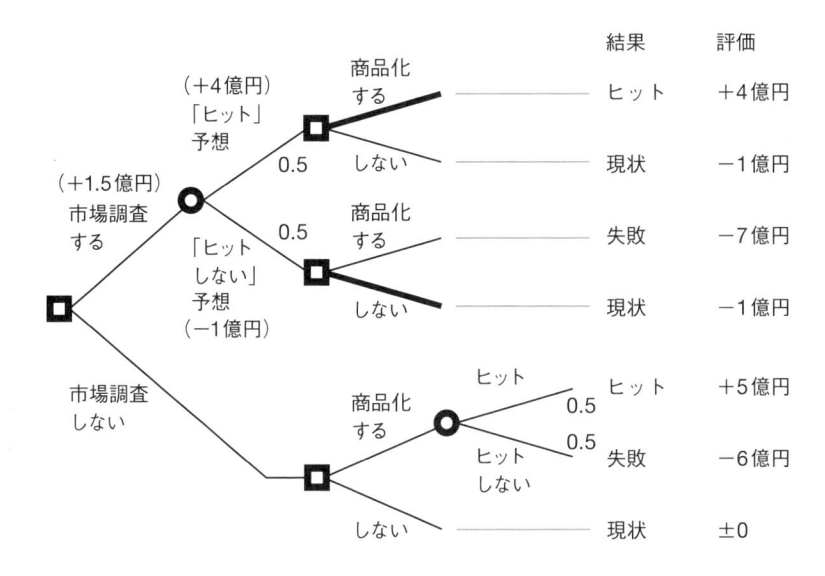

図3-4　事例3-2を表現するディシジョン・ツリー②

4億円の結果になり、0.5の確率で－1億円の結果になる。この結果を期待値で評価すると、

$$4億円 \times 0.5 + (-1億円) \times 0.5 = 1.5億円$$

になる。この期待値1.5億円が、図3-4の「市場調査する」の選択肢のそばに、カッコつきで書き添えてある。

　図3-4の左端の決定ノードで「市場調査しない」を選んだ場合は、当初の事例3-1と同じ状況になる。事例3-1のディシジョン・ツリーである図3-2の分析結果は、「商品化しない」が最適な選択で、評価は±０であった。その分析結果を図3-4に重ねると、ディシジョン・ツリーはさらに図3-5のようになる。最初の決定ノードでは、「市場調査する」を選択して平均1.5億円を期待するほうが良い。図3-5では各決定ノードにおける最適な選択肢を太線で表わしている。図に示したように、最適な決定は次のようになる。「市場調

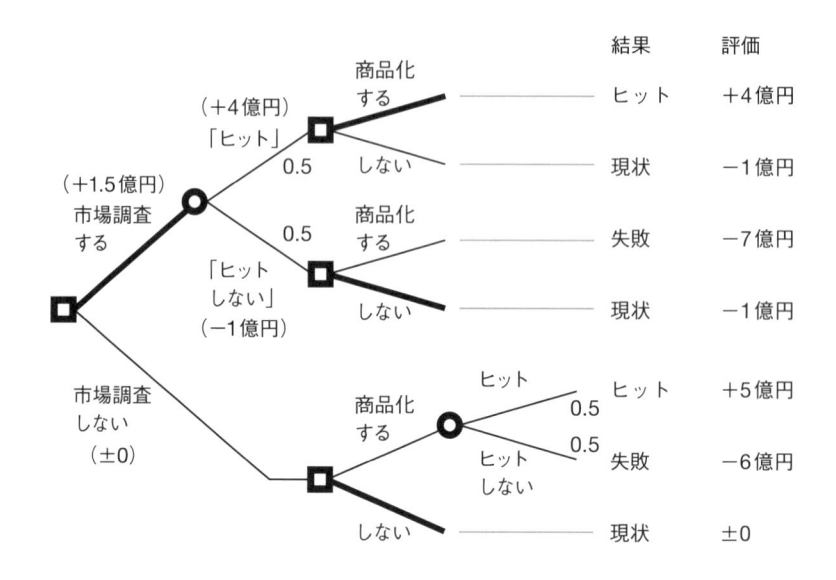

図3-5　事例3-2を表現するディシジョン・ツリー③

査を行い、その結果ヒットが予想されれば商品化し、ヒットしないと予想されれば商品化しない。」

情報の価値

　図3-5で注目すべきことは、商品化するか否かの決定は、決定の前に情報が得られる場合（市場調査をする場合）と、決定の後で情報が判明する場合（市場調査をしない場合）とで、異なる選択になりうることである。一般的に、できるだけ多くの情報を得てから意思決定を行うほうが、評価の高い選択肢を選ぶことができる。

　図3-5に示すように、市場調査の情報を得てから商品化の可否を決定するほうが、市場調査を行わずに決定する場合より、平均1.5億円多いキャッシュ・フローを実現する。この評価の差は市場調査を行うことの価値を示している。市場調査に1億円を費やしているので、市場調査自体には2.5億円

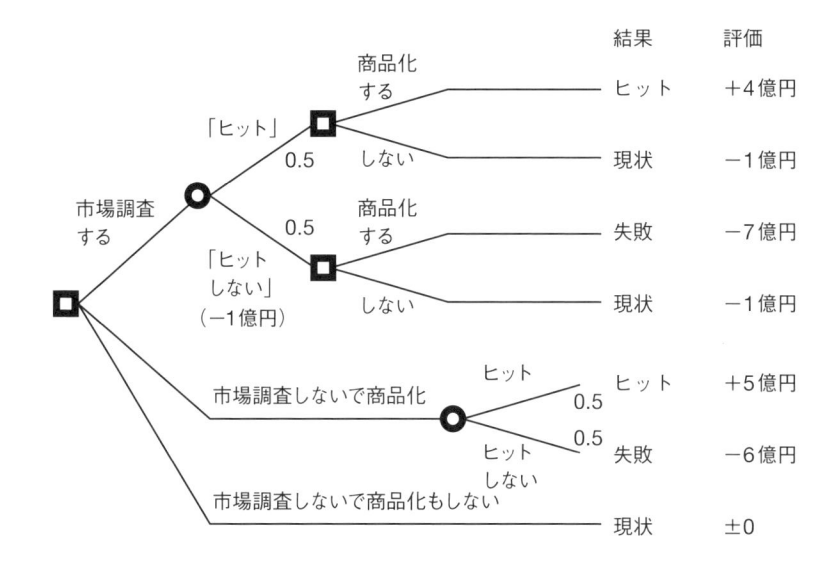

図3-6　図3-3の連節する決定ノードをまとめたディシジョン・ツリー

の価値があることがわかる。この市場調査のような、情報の価値については、第4章でさらに詳しく説明する。

連節する決定ノード

　図3-3〜3-5のディシジョン・ツリーでは、左端の決定ノードで「市場調査しない」を選ぶと、確率ノードを挟まずに、商品化するかしないかの決定ノードが続く。このように決定ノードが連節する箇所は、連節するノードを1つの決定ノードにまとめて表現しても、後戻り推論の結果や期待評価は同じものになる。

　たとえば図3-3を図3-6のように表現することもできる。図3-6でも、左端の決定ノードで評価を最大にする選択肢は「市場調査する」であり、図3-3から得られる結果と変わらない。後戻り推論は各決定ノードにおいて、最大の期待評価を持つ選択肢を残す。それを多段階に分けて行っても、1つの決

定ノードにまとめて行っても、最大評価の選択肢は同じものだからである。しかし図3-6のように決定ノードを1つにまとめると、市場調査をしてから商品化するという、意思決定の多段階の構造は表現できなくなる。その意味でディシジョン・ツリーの記述的な情報は少なくなる。したがって、記述的な利点と、分析の簡便さのどちらを重視するかによって、表現は多段階に分けても、1段階にまとめても良い。ただし、決定ノードの間に確率ノードが挟まるような状況では、決定ノードをまとめることはできない。

連節する確率ノード

　連節する決定ノードと同様に、連節する確率ノードを1つにまとめることもできる。たとえば図3-7（a）のような2段階の確率ノードを、図3-7（b）のように1段階の確率ノードにまとめても良い。ただし確率ノードの間に決定ノードが挟まる状況では、確率ノードをまとめることはできない。決定ノードをまとめる際に注意すべきことは、（b）の分岐は、（a）の2段階の事象の積（「かつ」で結ばれる事象）になるので、（b）の各分岐の確率は、（a）の2段階の確率の積（掛け算の答え）になることである。

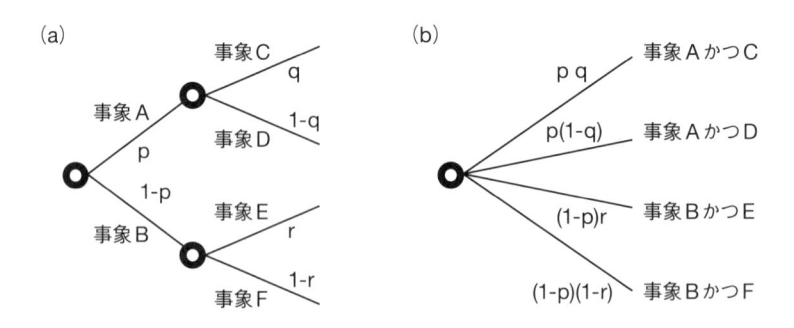

図3-7　(a) 連節する確率ノード（2段階）と、(b) 連節する確率ノードを1つにまとめた例

3-3 ディシジョン・ツリーの長所と短所

ディシジョン・ツリーの長所および利用法

　ディシジョン・ツリーを作成することで、複雑な問題を単純な構造の組合せとして整理できる。意思決定の分析のほか、コンピュータ・プログラムの機能の表現にも、よく似た樹形図を用いる。視覚的にわかりやすいほか、起こりうることの構造を漏れなく表現しやすい形式である。意思決定の状況に関して、自分の理解を整理するためにも、他者への説明や発表のツールとしても有効であろう。

　ディシジョン・ツリーは問題の共通認識を容易にする。同じツリーからは誰もが同じ最適解を得るはずなので、人により意見が違うときは、事実認識や評価基準の違いがあるはずで、その違いはツリーのどこかの違いになって現れる。

　プロジェクトの選択や評価など、多段階の決定と不確実性があるような問題は、ディシジョン・ツリーで整理することがとくに有効である。またディシジョン・ツリーの副産物として、選択肢の価値や情報の価値が計算される。計算値はそれ自体がデータとして役立つこともあり、その事例を次の3-4節で紹介する。

ディシジョン・ツリーの短所および対策

　ディシジョン・ツリーの特徴は問題を構造化することだが、逆に言うと、構造が確定していない問題はディシジョン・ツリーに表現しにくい。たとえば危機における意思決定は、どのような事象がどのような順番で起きるのか想定できない場合が多い。そのような状況を正確なディシジョン・ツリーで表すことは難しい。そもそも危機では状況についての情報が不足しているので、ディシジョン・ツリーを作って情報を整理するよりも、情報の収集や実際の行動に資源を集中させるべき場合が多いであろう。また技術革新やイノ

ベーションも、想定外の発見や幸運を柔軟にとり入れる必要があるので、あまり詳細なディシジョン・ツリーを作るのに向く課題ではない。

不確実性の扱いにも、ディシジョン・ツリーの長所と裏返しの限界がある。ディシジョン・ツリーは、不確実な状況を期待値という1次元の数値で評価することで、どれほど多段階の複雑な意思決定でも最適解を計算できるという長所を持つ。しかしその一方で、期待値に集約させることで、不確実性による結果のばらつきに関する情報が失われてしまう。この問題に対しては、ディシジョン・ツリーの補足情報として、結果のばらつきの範囲やばらつきに関する統計的測度を示す方法が考えられる。

また、ディシジョン・ツリーに含まれる情報には、信頼性の高いデータばかりでなく、信頼性の低いデータが混入する可能性がある。データの精度が低ければ、誤差が意思決定の質に影響を与える。この問題に対しては感度分析という手法があり、3-5節で説明する。

3-4 ディシジョン・ツリーの応用例：プロジェクト評価

多段階の意思決定と不確実性が存在するプロジェクトの評価は、ディシジョン・ツリーを利用するのに好適な事例の1つである。次の事例3-3を用いて、プロジェクト選択の意思決定と、プロジェクトの価値を評価する方法を検討する。

事例3-3

ある企業で、3つのプロジェクト、A、B、Cの中から1つを選ぶことになった。プロジェクトAは成功確率が0.5で、成功時には40億円の利益を企業にもたらす。逆に失敗の確率は0.5で、そのときには20億円の損失を企業にもたらす。プロジェクトBは成功確率が0.6で、成功時には20億円の利益をもたらし、失敗確率は0.4で、そのときには10億円の損失を企業にもたらす。プロジェクトCは成功確率が0.8で、成功時には10億円の利益をもたら

し、失敗確率は0.2でそのときには5億円の損失を企業にもたらす。

　どのプロジェクトを選択した場合にも、成功した場合に限って、残る2つのプロジェクトから1つを選択して2件目のプロジェクトとして実施することができる。そして2件目のプロジェクトにも成功した場合に限って、最後に残るプロジェクトを3件目として実施することができる。2件目と3件目のプロジェクトを実施するか否かは自由な選択である。各プロジェクトの成功確率は、プロジェクトを実施する順番、および他のプロジェクトの成功や失敗による影響を受けない。

1件目だけの利益で評価する場合

　ディシジョン・ツリーは意思決定に関連する事象の範囲を表現することになる。たとえば意思決定の評価基準が、(良い基準ではないが) 1件目のプロジェクトの期待利益だけの場合と、2件目や3件目のプロジェクトを実施できる可能性を含めた合計利益である場合とでは、ディシジョン・ツリーは異なるものになる。

　良い基準ではないが、後で参考比較するために、もし評価基準が1件目のプロジェクトだけの利益であれば、その視点でのディシジョン・ツリーは図3-8のようになる。図3-8では、各選択肢のそばに期待利益をカッコ内に示して、期待利益が最大になるプロジェクトAの選択肢を太線で表している。図3-8の各選択肢の期待利益を計算すると次のようになる。

　　プロジェクトA：　40億円 × 0.5 ＋ (－20) 億円 × 0.5 ＝ 10億円
　　プロジェクトB：　20億円 × 0.6 ＋ (－10) 億円 × 0.4 ＝ 8億円
　　プロジェクトC：　10億円 × 0.8 ＋ (－5) 億円 × 0.2 ＝ 7億円

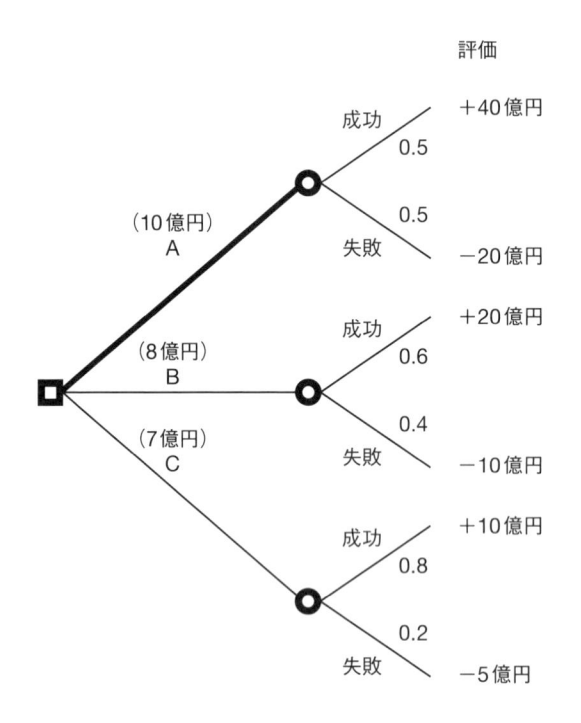

図3-8　事例3-3を説明するディシジョン・ツリー（1件目の利益だけで評価する場合）

3件合計の利益で評価する場合

　しかし評価基準が、1件目だけでなく2件目および3件目のプロジェクトを実施できた場合を含めた合計利益であれば、その視野でのディシジョン・ツリーは図3-9のようになる。最大3件目まで実施する可能性があるので、ツリーは図3-8より複雑になる。図3-9では、後戻り推論を行って、各選択肢のそばに期待利益をカッコ内に示して、各決定ノードで期待利益が最大になる選択肢を太線で表している。同じ決定ノードから分岐する2つの選択肢が太線である場合は、期待値が同値で最大になることを表している。

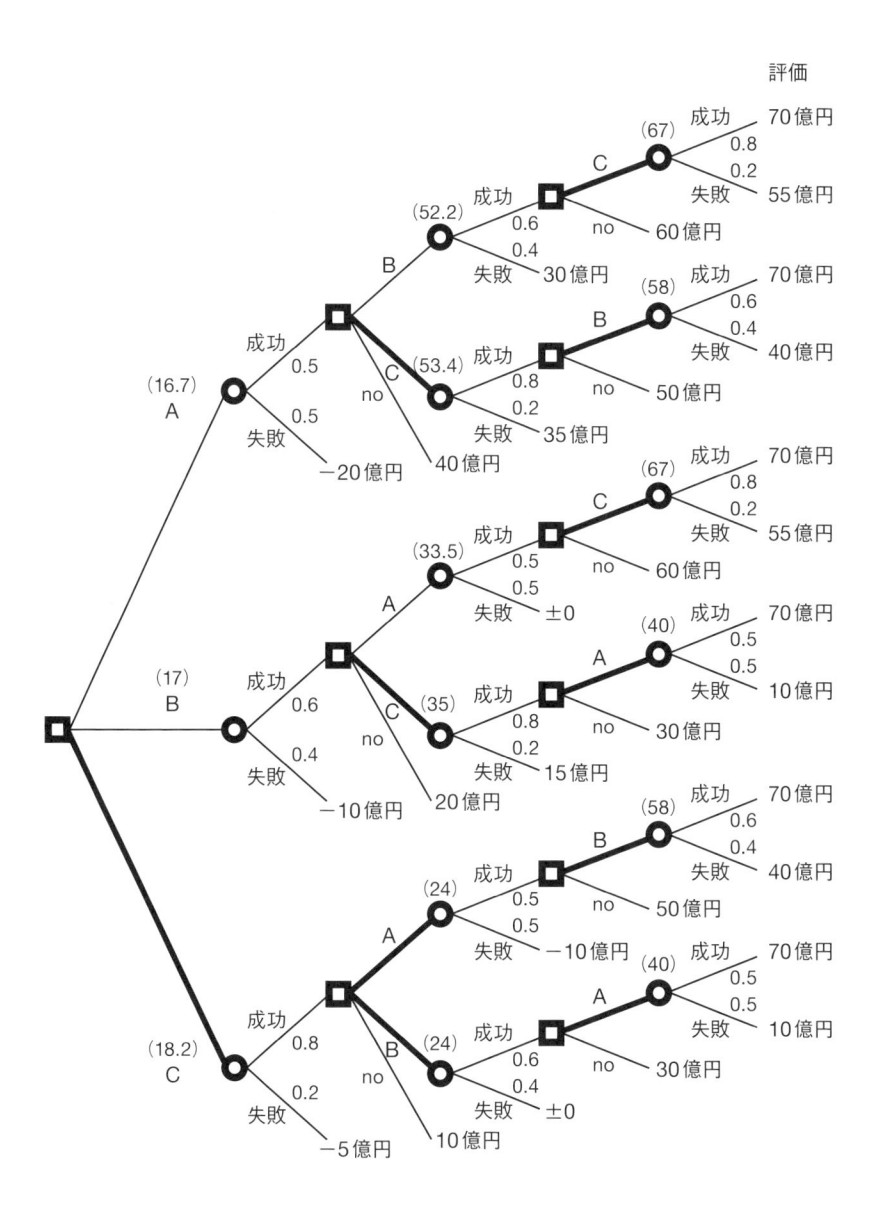

図3-9 事例3-3を説明するディジジョン・ツリー（3件合計の利益で評価する場合）

最適な実施の順番

　図3-9の太線を左から右へ追うと、合計の期待利益を最大にする行動がわかる。それは最初にプロジェクトCを選択し、Cが成功した場合には、残りのAまたはBのいずれかを2件目のプロジェクトとして実施し（どちらを選択しても期待利益は同じ）、2件目も成功した場合は、残りのプロジェクトを3件目として実施することである。

　注目すべきことは、図3-8に示した1件目のプロジェクトだけの期待利益を最大化する場合と、図3-9に示した3件合計の期待利益を最大化する場合とでは、最初に手がけるプロジェクトが異なることである。評価基準が変わると、合理的な行動も変わることがわかる。

　プロジェクトを1件だけ選ぶ場合は、期待利益の高いものを選べば良い。しかし事例3-3のように、成功し続ければ継続できる場合は、成功確率が高いプロジェクトを先に実施することで、実施できる件数を増やすことができる。したがって、成功確率の高いものを先に行うことで件数を増やす効果と、失敗する前に期待利益の高いものを行う効果の、最適なバランスをとることが、この事例での合理的な意思決定を特徴づけている。

プロジェクトの評価とオプションの評価

　ディシジョン・ツリーを用いて後戻り推論をする副産物として、各選択肢の期待評価が得られる。たとえば図3-8と図3-9では、カッコ内にプロジェクトごとの期待利益が示されている。図3-8ではプロジェクトAを単独で評価して10億円の期待利益だが、図3-9の最初の決定ノードでは、プロジェクトAを選択する場合の期待利益が16.7億円になる。これはプロジェクトAが成功した場合のオプションを含むことで、期待利益が6.7億円増えること、すなわちオプションを持つことの価値が6.7億円であることを意味する。

　また、プロジェクトの成功を重ねて行くほど、すでに成功して得た利益が加算されて、期待利益が高まっていくことがわかる。

3-5 感度分析（債権回収の例）

　意思決定の質は、根拠となる情報の質に依存する。しかし意思決定に用いられる情報には、信頼性の高いものばかりでなく、信頼性の低いものが混入する可能性がある。意思決定に用いるデータの信頼性が不十分だと思われるときには、意思決定の質を確保するために、**感度分析**という手法を使うことができる。感度分析はデータの値を変動させて、最適な選択を再計算する方法である。

　ディシジョン・ツリーを用いて感度分析を行う例として、次の事例3-4をあげる。

事例3-4

　A社の担当者にとっての懸念は、B社に対して持っている債権の回収である。B社はその取引先であるC社に対して多額の債権を持っているが、C社は資金不足に陥っている。もしC社が倒産すればB社の経営は深刻な影響を受け、B社に対して持っているA社の債権も回収不能になる可能性がある。C社が倒産したときに、A社の債権がB社によって履行されるか不履行になるかは難しい推測だが、どちらの確率も同じくらいに思える。もし不履行になれば債権は全額が回収不能になる可能性が高い。C社が今回の資金不足を切り抜けられず倒産する確率は、10％程度あるように思える。ただしC社が今回の資金不足を切り抜けられれば、A社がB社に対して持つ債権が不履行になる要因はあまり考えられず、99％程度の確率で履行されるであろう。

　いま、ある金融機関から、A社がB社に対して持つ債権を、債権の額面の90％で購入したいという申し出があった。この申し出を受けるかどうかを、明日までに返答しなければならない。

　事例3-4に書かれた数値情報を使ってディシジョン・ツリーを作ると図3-10のようになる。債務が履行されるか不履行になるかの確率は、「同じく

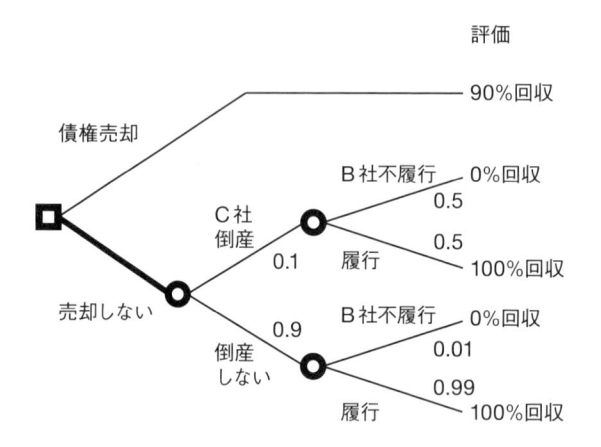

```
                                              評価
                                         ┌── 90%回収
                        債権売却         │
                                         │
                                    B社不履行 ── 0%回収
                              C社     0.5
                              倒産   
                                    0.5
                              0.1   履行 ── 100%回収
        ■────────●
         売却しない    
                      0.9   B社不履行 ── 0%回収
                     倒産    0.01
                     しない
                              0.99
                              履行 ── 100%回収
```

図3-10　事例3-4を表現するディシジョン・ツリー

らい」という文中の表現から、それぞれ0.5を付与している。債務が不履行になった場合は、全額が回収不能になる前提で評価している。時間と金利の影響は考慮していない。

債権を「売却しない」という選択をする場合の評価は、確率で加重平均して94.1%の回収になる。一方で、「債権売却」の選択をする場合は90%の回収である。以上から、債権を「売却しない」のが最適な選択になり、図3-10ではその選択が太線で示されている。

意思決定の根拠となるデータの正確さ

事例3-4では、最適な選択の根拠となるデータは主観的な推測が多く、それほど信頼性が高くないように思われる。ちなみに人間の認知能力は、確率を推定することが苦手なようである。たとえば次のような質問に対する、読者の答えを考えてみてもらいたい。

「あなたの通勤路（または通学路）で自宅を出て最初に渡る信号が、あなたが来たときに赤信号になっている確率は何%か。」

毎日渡る信号であれば、今まで何百回も何千回も渡っているであろうが、この質問にどれだけ正確に答えられるだろうか。実績のデータがあれば確率を計算することができるが、正確なデータがなく、記憶や主観的な予想から推定するときの確率は、高い信頼性を期待できない。この赤信号の例のような、自分の繰り返しの経験から確率を推定するときであっても、確率の絶対値で0.1や0.2程度の推定誤差はよく現れる。

事例3-4の感度分析

事例3-4はいくつかの主観的な推測に基づく意思決定である。したがって感度分析として、図3-10のディシジョン・ツリーにあるデータの値を変動させて、最適な選択を再計算してみる。それによって、最適な選択がデータの値によって変わるか否かがわかる。また、期待回収率などの計算値がどのように変動するかがわかる。

たとえば他の条件を図3-10のままにして、C社が倒産する確率を変えると、選択肢ごとの評価（期待回収率）は表3-1のようになる。仮にC社の倒産確率が0.2だとする。つまり0.1は過小評価で、正確な倒産確率は0.2だと仮定してみる。するとA社が債権を「売却しない」場合の期待評価は89.2%の回収になり、「債権売却」の90%を下回る。ちなみにC社の倒産確率が約0.184を超えると、「売却しない」の評価が「債権売却」の評価を下回る。確率0.1が主観的な推測であることを考えると、0.184は推定誤差の範囲内であ

表3-1　C社の倒産確率と選択肢の評価

C社の倒産確率	「債権売却」の評価	「売却しない」の評価
0	90%	99%
0.1	90%	94.1%
0.2	90%	89.2%
0.3	90%	84.3%

表3-2　C社倒産時のB社債務不履行の確率と選択肢の評価

B社不履行の確率	「債権売却」の評価	「売却しない」の評価
0.3	90%	96.1%
0.4	90%	95.1%
0.5	90%	94.1%
0.6	90%	93.1%
0.7	90%	92.1%

表3-3　C社が倒産しない場合のB社債務不履行の確率と選択肢の評価

B社不履行の確率	「債権売却」の評価	「売却しない」の評価
0	90%	95.0%
0.01	90%	94.1%
0.02	90%	93.2%
0.03	90%	92.3%

るように思われる。つまり、倒産確率の過小評価によって、誤った選択をする可能性があると思われる。

　次にたとえば、他の条件を図3-10のままにして（C社の倒産確率も0.1のままで）、C社が倒産したときにB社が債務不履行になる確率を変えると、選択肢ごとの評価は表3-2のようになる。B社不履行の確率を0.3から0.7まで変えても（同時に、債務が履行される確率は0.7から0.3に変わる）、債権を「売却しない」場合の期待評価はつねに「債権売却」による90％を上回り、債権を「売却しない」のが最適な選択であることは変わらない。ちなみにB社不履行の確率が0.91を超えると、「債権売却」の評価が「売却しない」を上回る。しかし、確率0.5の根拠が「五分五分くらい」という主観的な推測であることを差し引いても、確率0.91という値はかなり高い値である。

　同じように、C社が倒産しないときにB社が債務不履行になる確率を変えてみると表3-3のようになる。他の条件が図3-10のままならば、債務不履

行になる確率が約0.056を超えると、「債権売却」の評価が「売却しない」を上回る。確率0.056は、「99％程度の確率で履行されるであろう」という推測をもとにした不履行の確率0.01の5倍以上の数値で、かなり高い値である。

　上の例ではデータをそれぞれ単独で変動させたが、複数のデータを同時に変動させて構わない。むしろ複数のデータを適切な相関度に応じて変動させることで、より正確な感度分析ができる。また、変動させるのは確率だけに限らない。選択肢に含まれる数値や、各事象における費用や収入など、ディシジョン・ツリーに含まれるすべてのデータが感度分析の対象になりうる。

感度分析の解釈と応用

　上のような感度分析から次のことが言える。図3-10のディシジョン・ツリーから得られる、債権を「売却しない」という選択は、C社の倒産確率が0.184を超えない範囲で最適である。0.184を超えた場合の影響は、たとえば倒産確率が0.2の場合は、最適な選択より平均回収率を0.8％低下させ、倒産確率が0.3の場合には、平均回収率を5.7％低下させる。その一方で、B社が債務不履行になる確率は、C社が倒産する場合でもしない場合でも、値をかなり変動させても最適な選択に影響はない。

　つまり意思決定の質は、C社の倒産確率の信頼性によって影響を受けるが、B社が債務不履行になる確率の信頼性には大きく依存しないことがわかる。したがって、もし情報をさらに正確に調査することが可能であれば、C社の倒産確率を重点的に調査すべきといえる。この事例のように、意思決定の質がデータの信頼性に左右される程度は、問題の構造やデータの重要度に依存する。信頼性の低い情報しか得られない場合でも、必ずしも質の低い意思決定になってしまうとは限らない。

　感度分析は選択の適切さを判断するほかにも、計算値の変動幅の予想にも使われる。債権の期待回収率に大きな影響を与えるのはC社の倒産確率で、0から0.3に変化させると、期待回収率は99％から84.3％に変化する。

感度分析の範囲

　意思決定に使われるデータが統計的に推定されたものであれば、感度分析の範囲は、適当と考えられる水準の統計的な信頼区間を適用しても良い。データが主観的な推測によるものであれば、感度分析の範囲は判断の問題になる。一般的に人間は、自分の主観的な推定の精度を過大評価する傾向がある。つまり、意思決定者が想定する範囲外の事象は、意思決定者が想像するより頻繁に発生する傾向がある。したがって感度分析の範囲は、主観的に適切と考えられる範囲より、意識的に広くとるほうが良いであろう。もし範囲を他者からの聴き取りで決めるならば、「起こりうる最大および最小の値」というような尋ね方が良いかもしれない。

3-6 連続変数とディシジョン・ツリー

　ここまでのディシジョン・ツリーの例は、決定ノードは二者択一や三者択一のように、有限個数の選択肢から1つを選ぶものであった。しかし実際には、価格や生産数量の決定のように、連続する無数の選択肢から選ぶ決定もある。また不確実性についても、可能な状況は連続的に無数にあって、その中から特定の状況が実現するような不確実性もある。

　ディシジョン・ツリーでは、多くの選択肢の中から1つを選ぶ決定ノード

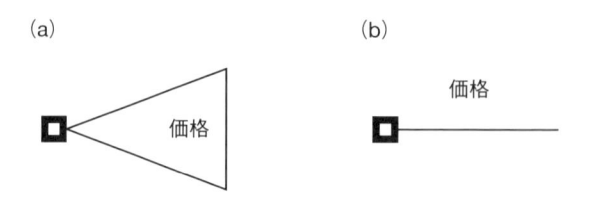

図3-11　多数の選択肢がある決定ノード

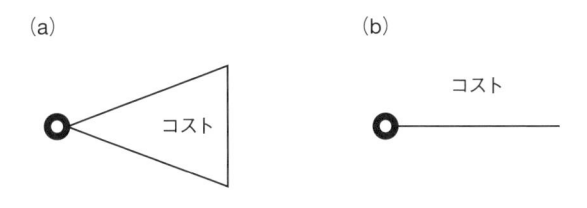

図3-12　多数の可能な状況がある確率ノード

を、図3-11の(a)や(b)のように簡略的に表現することがある。(a)は「価格」の選択肢が多数存在する決定ノードを表している。(b)はより単純化した表現で、選択肢を1本の線で代表させている。

　同様に、多くの可能な状況の中から1つが実現する確率ノードを図3-12の(a)や(b)のように表現することができる。(a)は「コスト」に関して多数の可能な値がある確率ノードを表している。(b)はより単純化した表現である。

連続変数を含むディジション・ツリー

　連続変数を含んだ意思決定の例として、次の事例3-5を考えてみる。

事例3-5

　事例3-1の玩具の新製品に関して、商品化する場合には新製品の価格（n万円）を設定する。nは0以上3以下の範囲で自由に設定できるものとする。価格が高くなるほど、ヒットした際の利益は多くなるが、商品がヒットする可能性は低下する。具体的には、価格がn万円の場合には、新製品がヒットする確率は$0.7-0.2n$になる（$n=1$の場合の確率は0.5すなわち50％になる）。そしてヒットしたときにはこの商品は、A社に設備投資とは別に10n億円の利益をもたらす。ヒットしなかった場合は、nの値にかかわらず、設備投資のほかに1億円の損失を生む。ちなみに事例3-1は、価格が1万円（つまり$n=1$で、ヒットする確率は0.5、ヒット時の追加利益は10億円）の場合に相当する。

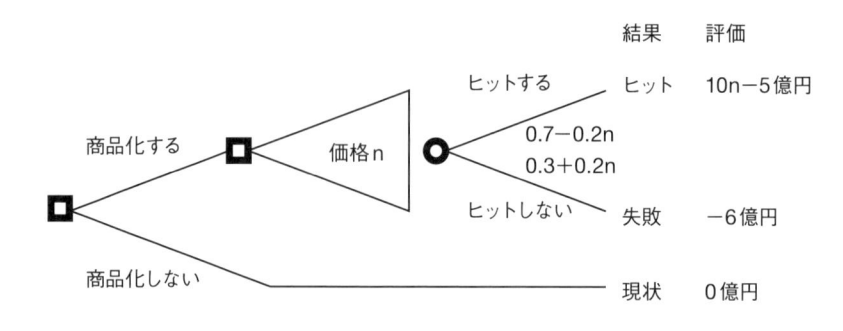

```
                                          結果      評価
                       ヒットする    ヒット    10n−5億円
                              0.7−0.2n
      商品化する  ■  価格n  ○
                              0.3+0.2n
   ■                   ヒットしない  失敗     −6億円
      商品化しない                    現状     0億円
```

図3-13　事例3-5を表現するディシジョン・ツリー

　事例3-5の構造をディシジョン・ツリーに表わすと図3-13のようになる。ただし図3-13のように、連続変数のノードを含むディシジョン・ツリーは、そのままでは個々の選択肢を比較する後戻り推論はできない。連続変数を含むディシジョン・ツリーを分析するには、連続変数の選択肢を近似的に有限個数の選択肢に置き換える方法と、連続変数のまま最適化する方法がある。

有限個数の選択肢に置き換える方法

　まず有限個数の選択肢に置き換える方法を紹介する。図3-13の「価格n」を決める決定ノードを、連続の選択肢ではなく、たとえばn＝0.5、n＝1、n＝1.5、n＝2、n＝2.5の5つの代表的な選択肢に置き換えてみる。すると図3-13は近似的に図3-14のように置き換えられる。いくつの選択肢をどの値で設定するかについては、とくに規則はない。図3-14で選択肢ごとの期待評価を計算すると、n＝0.5を選択した場合の期待評価は−2.4億円、n＝1の場合は−0.5億円、n＝1.5の場合は＋0.4億円、n＝2の場合は＋0.3億円、n＝2.5の場合は−0.8億円となる。商品化しない場合の±0億円を含めて検討すると、商品化して価格を1.5万円に設定することが、図3-14では最適な選択である。

第3章 ディシジョン・ツリー 061

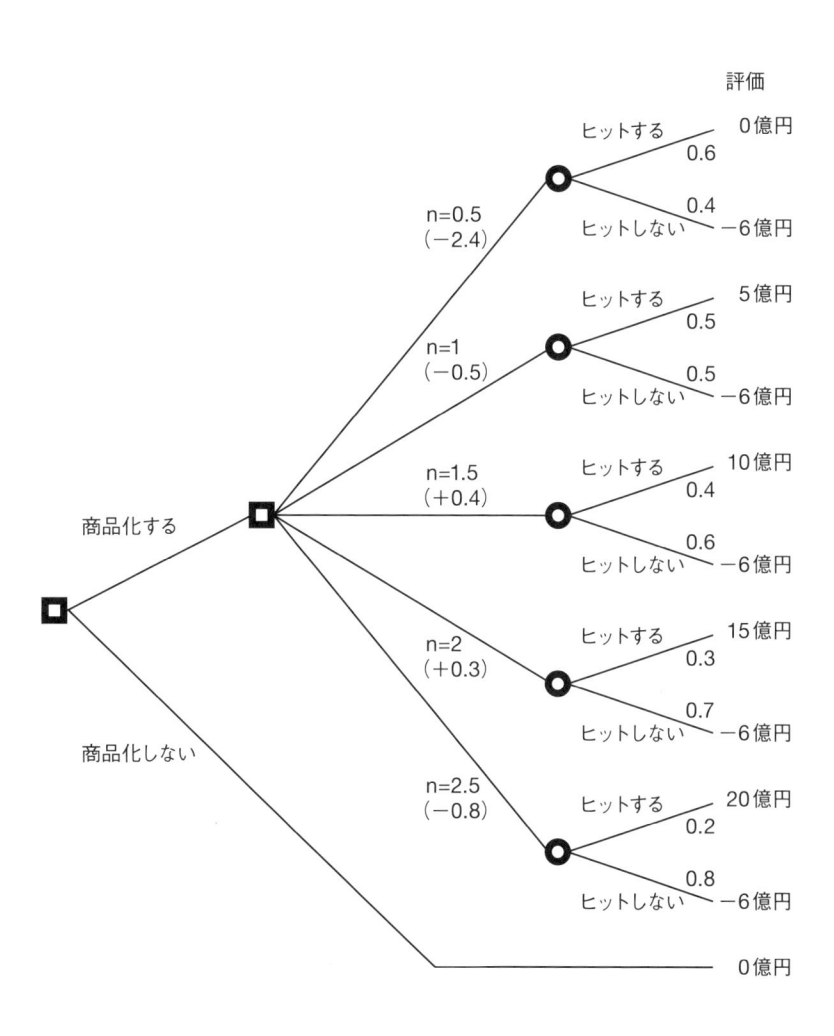

図3-14 図3-13をnの有限個数の選択肢で置き換えた例

連続変数のまま最適化する方法

　もう１つの方法として、価格 n を決める決定ノードを連続変数のまま最適化する方法がある。直接に最適化する方法は、計算不能な場合や、かなりの数学的知識を要することが多いが、事例3-5はたとえば次のように微分法を使って最適化することができる。

〈解法〉
　商品化して価格を n 万円に設定したときの期待評価は次のようになる。

(ヒットする確率)×(ヒット時の評価)＋(ヒットしない確率)×(ヒットしないときの評価)
＝ $(0.7-0.2n) \times (10n-5) + (0.3+0.2n) \times (-6)$
＝ $-2n^2 + 6.8n - 5.3$ 　　　　　　　　　　　　　　　(単位：億円)

　この期待評価を最大にするような n の値は、期待評価を n で微分した式をゼロにする条件を満たす。すなわち $-4n + 6.8 = 0$ を満たす n であり、n ＝ 1.7となる。(ただし一般に、微分した式がゼロになる条件を満たすものには、最大(極大)値のほかにも、最小(極小)値や変曲点の場合があるので注意が必要である。)

有限個数に置き換える方法と、連続変数のまま計算する方法

　連続変数のまま計算すると、最適な価格は1.7万円であり、そのときの期待評価は0.48億円である。一方で、図3-14のような有限個数の方法では最適価格は1.5万円であり、そのときの期待評価は0.4億円である。その違いは、図3-14で選んだ選択肢に n ＝1.7が含まれず、代わりに n ＝1.5が選んだ範囲の中の「近似的な」最適値になったからである。
　選択肢や不確実性に連続変数を含む場合は、問題の条件がよければ、微分法などで連続変数のまま計算することができる。そのほうが正確な答えを簡

単に導き出せるときもある。最適化の方法は微分法のほかにもあるが、連続変数のまま最適化する方法は、計算が可能であるための条件があり、どのような問題にも応用できるとは限らない。複雑な問題になると計算は不可能になることが多い。

その一方で、近似的に有限個数の選択肢や事象に置き換えて、それらを代表する数値を使ってディシジョン・ツリーの後戻り推論を行うことは、どのような問題に対しても可能である。有限個数の方法は、たまたま選択肢のなかに最適値が含まれていればそれを見つけることができるが、一般に最適解を求めることはできない。そして近似的な最適値は、どの選択肢を有限個数に含めるかによって異なる。ただし選択肢や事象をきめ細かく設定すれば、真の値に近づいていくことはできる。複雑な問題をコンピュータを使って分析する場合には、むしろ近似的な方法をきめ細かく行うことが多い。

3-7 | 時間割引と現在価値

時間の経過とともに選択肢の評価が変化する場合がある。典型的な例は、金銭の価値が時間の経過とともに変化する場合である。たとえば入金は、同じ金額であれば、一般に早く入金されるほうが遅い入金より価値が高い。なぜなら早期に入金されれば資金を運用して利益をあげられるからである。逆に出金は一般に遅いほうが評価が高い。出金を遅らせるほど資金を運用できる期間が延びるからである。

金銭評価の時間的な変化をモデル化する方法として、**時間割引**という手法がある。時間割引の基本的な考え方は、将来の金銭の価値を、時間あたりの割引率で割り引いて、現在の金銭の価値（**現在価値**）に換算するものである。現在持っている金銭の価値は、将来持つことになる同額の金銭の価値より高いと考える。その理由は、既に述べたように運用の機会があることと、将来の金銭はインフレによる減価があることである。（デフレは逆に、時間割引率を小さくする要因になる。）

時間割引率がかりに期間をまたがって一定であるとすると、時間割引による現在価値の計算は次のようになる。

(t期後に得られる金銭Yの現在価値) ＝ Y × (1－時間割引率)^t

　たとえば時間割引率が1期あたり5％であれば、1期後の1万円は、10,000 × 0.95 ＝ 9,500（円）の現在価値を持つ。そして2期後の1万円は、10,000 × 0.95 × 0.95 ＝ 9,025（円）の現在価値を持つ。時間割引率の水準は、基本的に当事者の資金コストによって決まる。資金コストとは、現在資金を使うことで将来払うコストである。企業が外部から調達する場合には、金利や配当およびそれらへの税など直接のコストであり、内部で調達する場合には、他の投資機会を失う機会コストである。将来の入金と同様に将来の支出も、現在価値に換算されると減価する。

時間割引によって最適な意思決定が変わる例

　3-4節で検討した事例3-3に時間割引を当てはめてみる。1件目のプロジェクトを実施するのは第1期、それが成功した際に2件目のプロジェクトを行うのは第2期、2件目のプロジェクトが成功した際に3件目のプロジェクトを行うのは第3期として、1期あたり時間割引率を10％と仮定する。すると1件目のプロジェクトの利益と損失は現在価値なので変わらないが、2件目のプロジェクトの利益と損失は90％に減価され、3件目のプロジェクトの利益と損失は81％に減価される。このとき図3-9に示したディシジョン・ツリーは、評価を第1期の現在価値に再計算して図3-15のようになる。
　最適な意思決定は、1件目にCを選択し、それが成功すれば2件目にA、それも成功すれば3件目にBを実施することである。ここで注目されるのは、時間割引のない図3-9では、2件目にAとBが無差別になるが、時間割引のある図3-15では、2件目はAを選択することが最適になる。その理由は、後のプロジェクトほど評価が割引かれるため、単体の期待値が大きいプロジェクトAをより早く実施するほうが、相対的に大きな現在価値になる

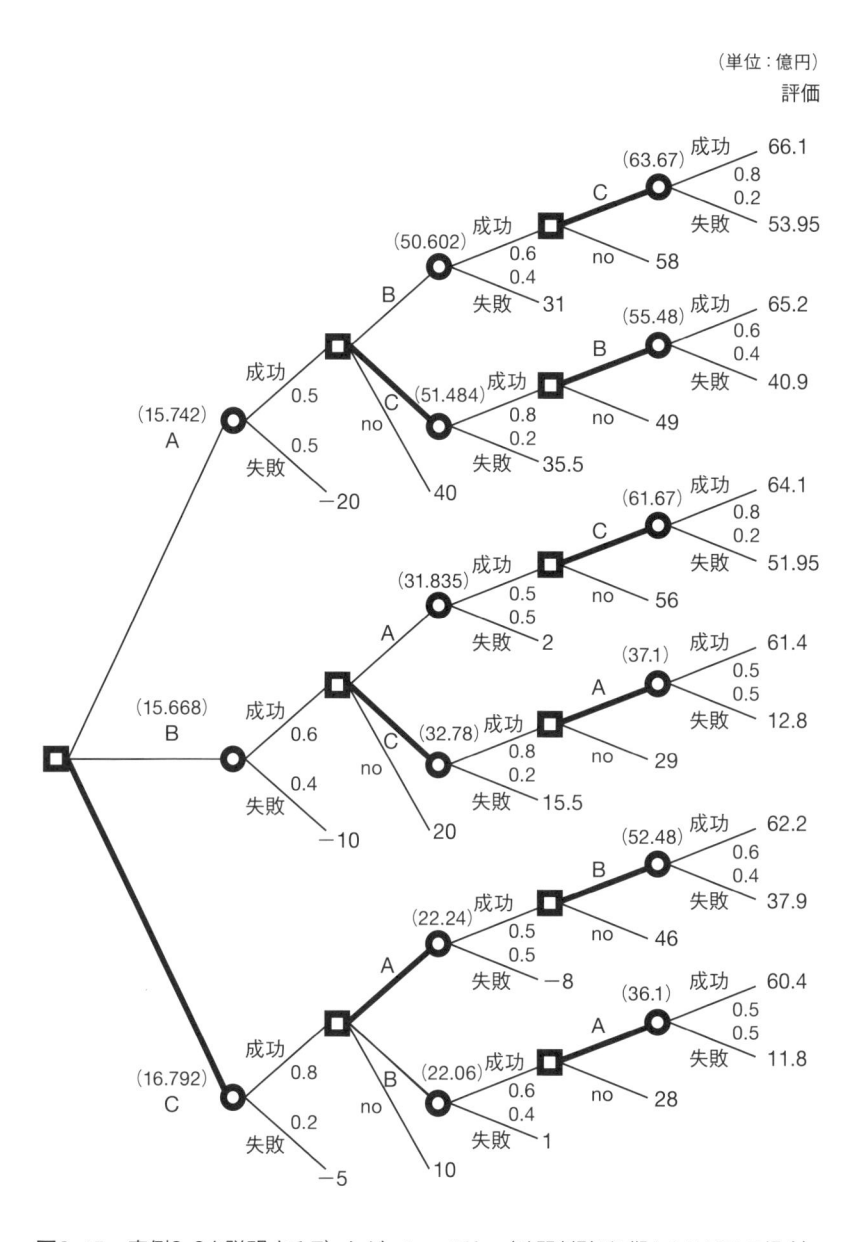

第3章 ディジジョン・ツリー 065

(単位：億円)
評価

図3-15　事例3-3を説明するディジジョン・ツリー（時間割引が1期あたり10%の場合）

ためである。

時間割引を考慮する状況

　厳密には、時間の経過を伴う状況で正確な評価をするためには、時間割引をする必要がある。ただし時間の経過が短時間で、時間割引率が小さい場合は、時間割引の影響は比較的小さく、わざわざ時間割引を行っても最適な選択肢は変わらないことが多いであろう。

　しかし逆に、評価の対象になる状況が長い時間にわたる場合や、時間割引率が大きい場合は、時間割引を行うか否か、および割引率の大小によって、最適な選択肢が変わることがある。投資案件などは支出と収入に時間差があり、時間割引が重要になる例の1つである。

第4章

意思決定のタイミング、情報、オプション

この章では意思決定のタイミングに関連する問題を、ディシジョン・ツリーを用いて検討する。タイミングは2つの視点に大別できる。1つは物理的なタイミングであり、もう1つは他者の決定や情報入手との前後関係からみた、相対的なタイミングである。
　物理的なタイミングについては、直前の3-7節で述べた時間割引や、個別の事象をディシジョン・ツリーに反映させて、事例ごとに分析することが中心になる。
　相対的なタイミングについては、より一般的な傾向がある。意思決定は、多くの情報を利用するほど質が高くなる。言いかえれば、急ぐ必要のない意思決定は遅らせても良い。意思決定のタイミングの良否は、情報入手との前後関係や、意思決定を変更または延期できるオプションの存在と関係がある。
　4-1節では情報やライバルとの競争が意思決定のタイミングに与える影響について概説する。4-2節と4-3節は情報の役割と価値計算について、4-4節はオプションの役割と価値計算について述べる。4-5節では情報探索のモデルを検討する。他者の決定との前後関係については、第5章と第6章のゲーム理論でも詳しく述べる。

4-1 ｜ 意思決定のタイミング

　意思決定は多くの情報を利用するほど質が高くなる。その意味では、**一般的に、できるだけ多くの情報を得たあとで意思決定を行うのが良い**といえる。言いかえれば、急ぐ必要のない意思決定は遅らせても良い。ただし個々のケースでは、物理的にも相対的にも早い意思決定が有利になることがあるので、必ずしも意思決定を遅らせることがつねに最適とは限らない。

競争と意思決定のタイミング

　情報のほか、他者の意思決定や行動との相対的なタイミングも重要な課題

である。たとえば同業他者との競争では、情報が少なくても相手より早く意思決定をすることが有利になる場合がある。ライバルより先に適切な選択肢を選ぶことで、競争で先行できる場合がある。

「早い」意思決定とは、必ずしも意思決定の「速さ（スピード）」を意味しない。早い時期に問題を見つけて検討を始めれば、時間をかけて情報を集めても、ライバルより先に決定ができる。英語のビジネス慣用句に、"Do it quick, slowly."というものがある。「早めに手がけて焦らずに進める」ことは、意思決定においても有効であろう。

しかし、相手より先行することが優位になるのに、早めに検討を始められなかった場合は、意思決定の速さ（スピード）が必要になる。十分な情報が集まるまで待たずに、不確実性が高くても意思決定をすべき場合がある。つまり、決定を遅らせて最適な選択肢が選べる確率を高めるよりも、先行優位を取れる確率を高めるのである。最適な選択肢がわかるまで待っていると、誰かが先行して優位を得て、正しい選択をしても収益をあげる機会が無くなってしまうからである。

ただし競争がない場合や、競争相手に左右されない程度の大きな規模を持つ企業なら、先行するために性急な意思決定をする必要はない。十分な情報を集めて慎重に考える、いわば王道的な意思決定が適することも多い。そのような企業では、多数の関係者の協力と信用を得るためにも、朝令暮改を避けて、多くの人が納得する選択を、最初から１回で行うことが戦略上重要になる場合がある。大規模でなくても独占的なシェアを持つ企業、あるいは政府や自治体などの意思決定は、競争のために意思決定を早める理由はない。

4-2 情報の役割と価値

決定ノードと確率ノード（情報入手）の前後関係

意思決定と情報入手との前後関係が意思決定の質に影響を与える例とし

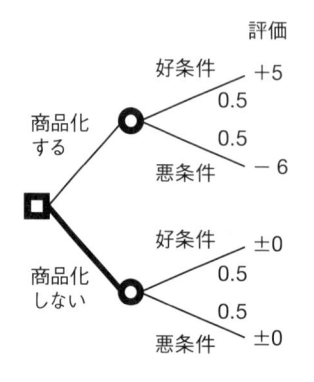

図4-1　決定ノードが先行するツリー
　　　　（市場調査をしない場合）

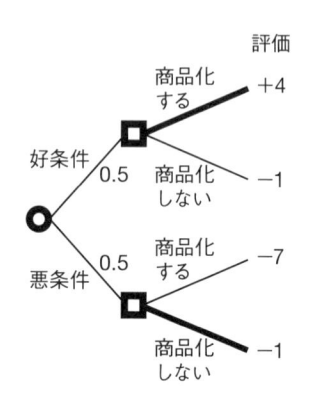

図4-2　確率ノードが先行するツリー
　　　　（市場調査をする場合）

　て、図4-1と図4-2のディシジョン・ツリーを比較する。図4-1と図4-2は、事例3-2で玩具の市場調査をするか否かの決定に続く状況を、それぞれのディシジョン・ツリーに表している。図4-1は「市場調査しない」を選択した後に続く状況で、商品化をするか否かを決めてから、事業環境が好条件か悪条件かがわかる。決定ノードが確率ノードに先行する形である。図4-2は「市場調査する」を選択した後に続く状況で、事業環境がわかってから意思決定を行う。確率ノードが先行する形である。どちらも好条件と悪条件の確率はそれぞれ0.5で、評価は、好条件で商品化する場合が＋5、悪条件で商品化する場合が－6、事業を行わない場合が±0である。それに加えて図4-2では、市場調査のために1単位のコストが発生する。

　図4-1では、「商品化する」の選択肢の期待評価が＋5×0.5＋（－6）×0.5＝－0.5であるのに対して、「商品化しない」の期待評価が±0であり、最適な行動は「商品化しない」で期待評価は±0である。図4-2では、好条件の場合には商品化して＋4の評価、悪条件の場合には商品化しないで－1の評価が最適であり、全体の期待評価は＋4×0.5＋（－1）×0.5＝＋1.5になる。このように、意思決定が先行する図4-1より、情報を集めてから意思決定をする図4-2のほうが期待評価が1.5単位高い。

しかし、決定を情報入手より遅らせるほうが有利になるのは、つねに成り立つ法則ではない。たとえば、情報を得るためにコストが発生する場合や、早く意思決定をすること自体に価値がある場合は、意思決定を早めるほうが良いケースもある。この事例では、情報を得るための調査費用がもっと高ければ、情報を得ないで意思決定をするほうが有利になる可能性がある。そのほか、情報に誤差がある場合は、わざわざ得た情報が誤情報であれば、結果的にむしろ意思決定の質を下げる可能性がある。

情報の価値とその源泉

　図4-1と図4-2の比較では、情報を入手してから意思決定をする図4-2のほうが期待評価は1.5単位高い。情報を入手するためのコストが1単位あることを考えると、情報自体の価値は2.5単位であると言える。

　この情報の価値は、次の要因によって生み出される。<u>図4-1では情報を入手する前に決定をするので、情報の内容に応じて選択肢を変えることができない。それに対して図4-2では、情報の内容に応じて選択肢を変えることができる</u>。期待評価の差は、情報で知り得る状況ごとに最適な選択肢を選び分けることによる、期待評価の増分である。したがって、情報を得てもそれによって選択肢が変わる可能性がない場合は、期待評価に差は生まれない。つまり情報の価値はないことになる。

　意思決定における期待評価の増分で情報の価値を表わすこの方法では、情報の価値は意思決定ごとに異なるものになる。複数の意思決定で使われる情報の価値は、期待評価の増分の合計になる。そして情報の価値は、意思決定の評価基準によっても異なる。そのほか意思決定者が想定するデータや確率の値によっても異なるものになる。たとえば図4-1や図4-2の例では、好条件や悪条件が生まれる確率や、終点におけるキャッシュ・フローの予想値が異なれば、情報の価値が変わることになる。

情報の価値の計算

より複雑な例でも、ディシジョン・ツリーを用いて情報の価値を計算することができる。情報の価値がわかれば、情報を得るためにどれだけのコストをかけて良いか、あるいは情報を入手できないことがどれだけの損失になるかがわかる。情報の価値を計算する方法を、次の事例4-1を使って説明する。

事例4-1

3-5節で紹介した事例3-4で、経営危機でＣ社が倒産するか否かを、即座に正確にわかる情報源があるとする。その情報を得るために、Ａ社の担当者はいくらまで支払って良いか。なお、この情報はＡ社の担当者にのみ伝えられ、Ｂ社やＣ社や債権の買取を申し出ている金融機関には伝えられない。したがって買取価格には影響を与えない。

意思決定における情報の価値は、その情報を持たずに意思決定をする場合の期待評価と、情報を持って意思決定をする場合の期待評価の差に現れる。その差を求めるために、図4-3と図4-4のディシジョン・ツリーを比較する。

図4-3はＣ社が倒産するか否かの情報を持たないで意思決定をする場合のディシジョン・ツリーで、事例3-4で検討した図3-10と同じものになる。最適な行動は債権を「売却しない」ことで、債権の平均94.1%を回収できる。

図4-4はＣ社が倒産するか否かの情報を持って意思決定をする場合で、最初の確率ノードで「Ｃ社は倒産する」または「Ｃ社は倒産しない」という情報を得る。その情報によって、債権を売却するかしないかの意思決定を行う。債権を「売却しない」場合は、続く確率ノードで、実際にＣ社が倒産するかしないかが判明する。情報は正確なので、情報が「Ｃ社は倒産する」であれば、確率1で実際にＣ社は倒産する。情報が「Ｃ社は倒産しない」であれば、確率1で実際にＣ社は倒産しない。Ｃ社の倒産に関する確率ノードの次に、Ｂ社の債務履行に関する確率ノードがある。

図4-4を後戻り推論で分析すると次のようになる。最初の確率ノードで「Ｃ社は倒産する」という情報が得られたときは、「債権売却」で90%、「売却し

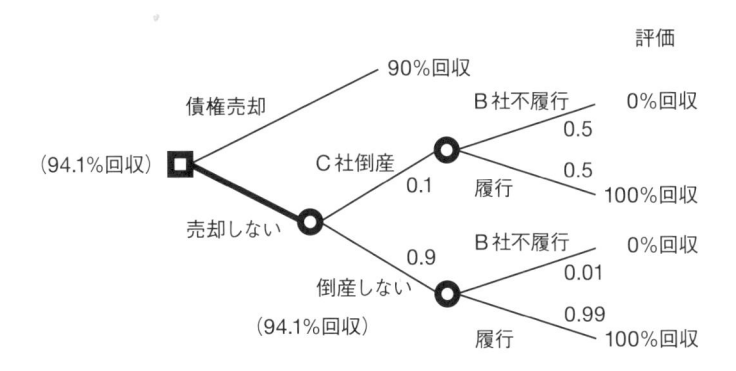

第4章 意思決定のタイミング、情報、オプション　073

図4-3　事例4-1を表現するディシジョン・ツリー（C社倒産に関する情報を持たない場合）

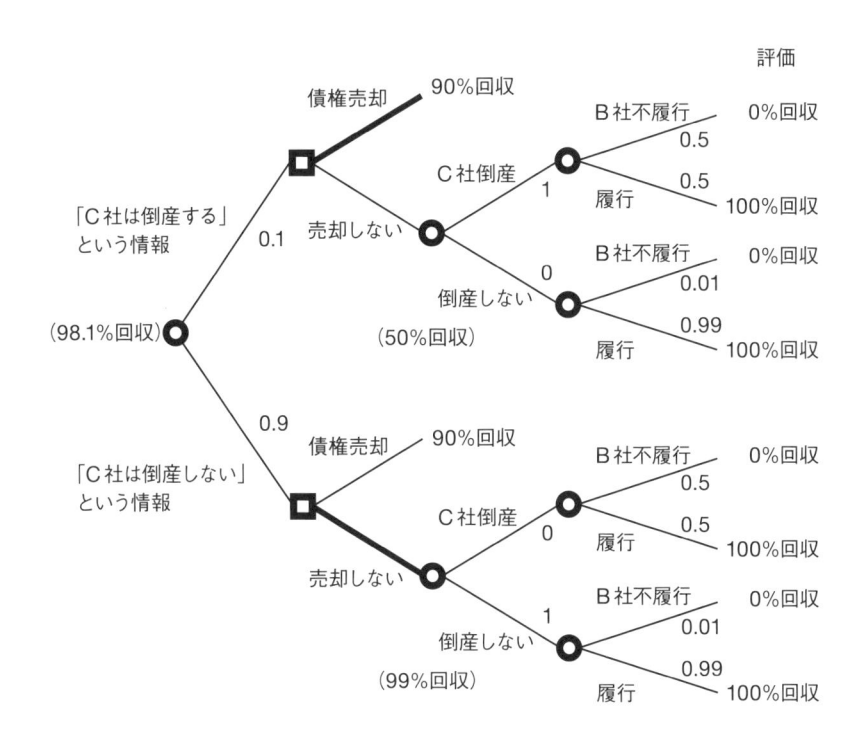

図4-4　事例4-1を表現するディシジョン・ツリー（C社倒産に関する情報を持つ場合）

ない」で50％の回収が期待されるので、債権を売却する。「C社は倒産しない」という情報が得られたときは、「債権売却」で90％、「売却しない」で99％の回収が期待されるので、債権を売却しない。ここまでの最適な選択肢を、図4-4に太線で示している。

　以上から、情報の価値を計算することができる。情報を得てから決定する図4-4では98.1％、情報を得ないで決定する図4-3では94.1％の回収が期待できる。つまり情報の価値は債権額の４％ということができる。したがって、情報を入手するためには債権額の４％までは支払っても良いことになる。

事例4-1における情報の価値の源泉

　この事例でも情報の価値は、情報の内容に応じて最適な選択肢を選び分けることから生じている。情報を持つ図4-4では、「C社は倒産する」か「C社は倒産しない」かの情報によって、「債権売却」と「売却しない」を選び分けている。それに対して情報をもたない図4-3では、選び分けずに「売却しない」ことになる。

情報の価値はそれを使う者によって異なる

　2つのディシジョン・ツリーに関して注意すべきことは、図4-4の最初の確率ノードで「C社は倒産する」になるか「C社は倒産しない」になるかの

表4-1　主観的なC社の倒産確率と情報の価値

C社の倒産確率	図4-3の期待評価	図4-4の期待評価	情報の価値
0	99％	99％	0％
0.1	94.1％	98.1％	4％
0.2	90％	97.2％	7.2％
0.3	90％	96.3％	6.3％

（単位に％がつくのは、債権額に対する割合で価値を表している）

確率は、図4-3のＣ社は倒産するか否かを推測する確率と同じになることである。

　倒産確率は意思決定者の主観的な推測であるが、その確率が情報の価値を決めている。ちなみに意思決定者が推測するＣ社の倒産確率について、0から0.3の範囲で感度分析を行うと、他の条件は同じとして、情報の価値は表4-1のように変化する。

　つまり仮に同じ客観的状況にあるとしても、担当者の主観的な確率判断によって情報の価値は変わり、情報のために支払っても良いと考える対価が変わる。ちなみに情報の価値は倒産確率が約0.184のときに最大になり、その値から離れるほど情報の価値は低下する。この事例では、たとえば倒産確率が0.2と推測する担当者は、0.1と推測する担当者より、情報に高い対価を支払う可能性がある。ほどほどに悲観的な推測をしている者が、高い対価を支払うとでも言えようか。倒産確率が0と推測する者にとっては、かりにその推測が客観的には過小評価であったとしても、主観的には起こらないはずの事に関する情報なので、情報の価値はないと考える。情報の価値は不確実性に由来するので、個人が感じる不確実性に主観的な違いがあれば、情報の価値は個人ごとに異なることになる。

4-3 ｜ 精度の低い情報の価値

　前節では正確な情報の価値について検討したが、不正確で誤りの可能性がある情報の価値を検討することもできる。そのような情報の役割と価値について、次の事例4-2を使って説明する。

事例4-2

　事例3-4のＡ社の担当者は、今回の経営危機でＣ社が倒産するか否かを、ある程度正確に予想できる人物を知っている。その人物には即座に連絡ができ、予想も即座に得ることができる。ただしその人物が「Ｃ社は倒産する」

と予想しても、30％程度の確率でその予想は外れ、C社は倒産しないように思われる。逆にその人物が「C社は倒産しない」と予想しても２％程度の確率でその予想は外れ、C社は倒産するように思われる。この人物から予想情報を得るために、A社の担当者はいくらまで支払って良いか。なお、この情報はA社の担当者にのみ伝えられ、B社やC社や債権の買取を申し出ている金融機関には伝えられない。したがって買取価格には影響を与えない。

精度の低い情報のディシジョン・ツリーでの表現

　情報の価値を計算するためのディシジョン・ツリーを図4-5と図4-6に示す。図4-5は、情報が正確な場合の図4-3と同じものである。図4-6は、情報が正確な場合の図4-4と同じ分岐になるが、確率ノードに付与される確率が異なる。C社の倒産に関する予想情報は不正確で、「C社は倒産する」という情報を得ても、実際にC社が倒産する確率は0.7であり、「C社は倒産しない」という情報を得ても、確率0.02で実際にC社は倒産する。その他の違いは、最初の確率ノードで「C社は倒産する」および「C社は倒産しない」の情報を得る確率である。ディシジョン・ツリー全体として実際にC社が倒産する確率は、情報を持たない時点で担当者が考えるC社が倒産する確率

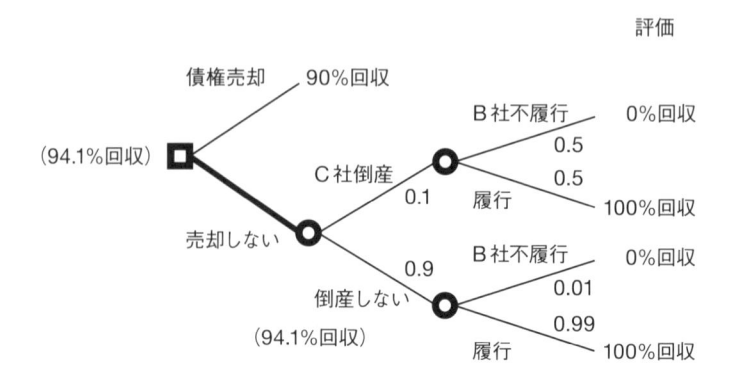

図4-5　事例4-2を表現するディシジョン・ツリー（C社倒産に関する情報を持たない場合）

第4章　意思決定のタイミング、情報、オプション　077

（つまり0.1）と同じはずである。（これはベイズの定理からも導かれる。）したがって、「C社が倒産する」という情報が得られる確率をPとすれば、次の式が成立しなければならない。

$$P \times 0.7 + (1 - P) \times 0.02 = 0.1$$

この式からP＝2／17が得られる。つまり、「C社が倒産する」という情報が得られる確率は約11.8％で、「C社が倒産しない」という情報が得られ

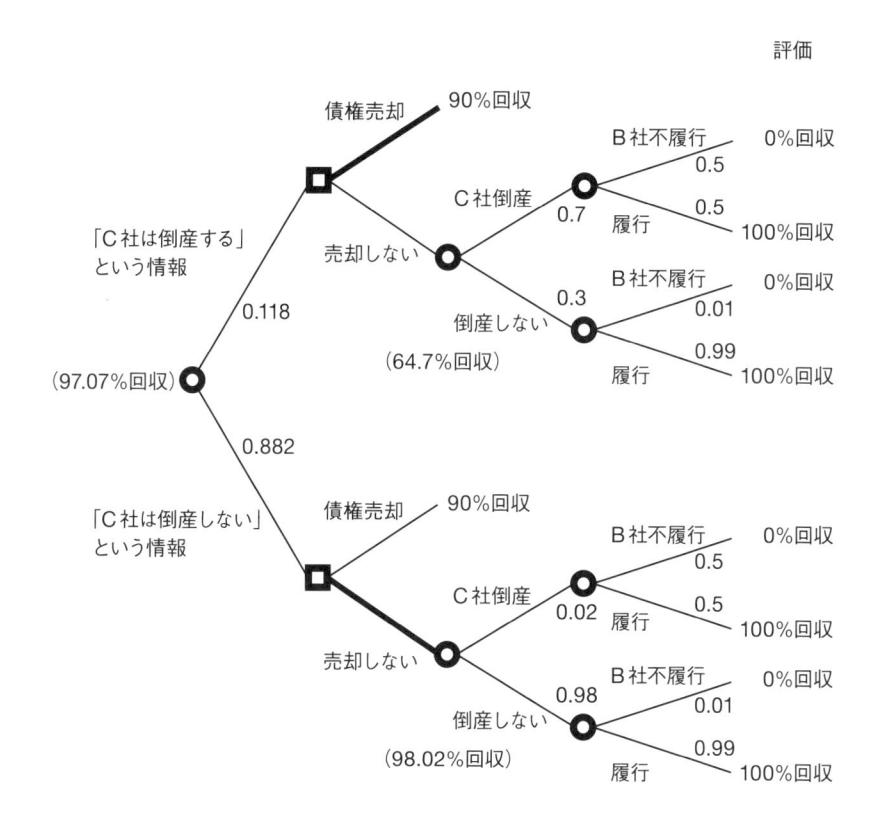

図4-6　事例4-2を表現するディシジョン・ツリー（C社倒産に関する情報を持つ場合）

る確率は約88.2%になる。

　図4-6のディシジョン・ツリーにおける最適な選択は、「C社は倒産する」という情報が得られれば債権を売却し、「C社は倒産しない」という情報が得られれば債権を売却しないというものである。このような行動をとることで、債権の平均約97.07%を回収する。

　以上から、事例4-2における不正確な情報の価値を計算することができる。情報がなければ94.1%の回収率だが、情報があれば97.07%の回収率に上がる。したがって情報の価値はその差にあたる、債権額の2.97%になる。正確な情報の価値より低いが、不正確な情報であっても、その精度に応じて意思決定の質を上げて、情報としての価値を持つことがある。

不正確な情報によって効用が低下することはあるか

　もし情報を得ることによって選択が質の低いものに変わるような状況があるとすれば、その情報は負の価値を持つ。つまり、コストを払ってもその情報を知らないようにするのが望ましいことになる。

　意思決定者が合理的で、かつ情報が誤りになる確率を正しく把握していれば、期待評価としては、情報を得ることで不利になることはない。なぜなら、意思決定の質を下げると計算される情報であれば、それを無視することで、その情報を知らないときと同じ選択ができるからである。

　しかし現実では、意思決定者が情報の精度を過大評価した場合に、精度の低い情報を利用して、意思決定の期待評価を下げることが起こりうる。

　また、期待評価ではなく実際の結果としては、誤りの可能性があることを承知してあえて情報を利用して、運悪く誤情報だった場合に、意思決定の質を下げる可能性がある。

4-4 オプションの役割と価値

　一般的な傾向として、情報を得てから決定をするほうが、情報を得る前に決定をする場合より、期待評価は高くなる。このことは視点を変えると、情報が得られるまで決定を遅らせることで、期待評価が高まるとも言える。意思決定を遅らせることの効果を、オプション契約の事例を使って検討する。

事例4-3

　事例3-4の金融機関によるA社の債権買取の申し出は、明日までに契約すれば債権額の90％で買い取る条件であった。その一方で、A社から金融機関に手数料を払うことで、今後6カ月以内にA社の依頼があればいつでも、金融機関は債権額の90％で債権を買い取る義務を持つオプション契約を提案しようと考えている。このときA社は、オプション契約の手数料としていくらまで支払っても良いか。C社が倒産する場合には、必ず今後6カ月以内に倒産する。B社が債務不履行を起こす場合は、C社が倒産するか否かにかかわらず、必ず今後6カ月以上が経ってから不履行を起こす。当事者たちの時間割引率はゼロとする。

　A社の担当者の視点から作ったディシジョン・ツリーを図4-7と図4-8に示す。図4-7はオプション契約をしない場合のツリーで、事例3-4を表現した図3-10と同じものである。図4-8はオプション契約をする場合で、最初の確率ノードでC社の倒産があるか否かがわかったあとで、オプションを行使して債権を売却するか否かの決定ノードがある。図4-8を後戻り推論で分析すると次のようになる。C社が倒産した場合の決定ノードでは、「債権売却」を選択し、オプション契約をしてC社が倒産しない場合の決定ノードでは、「売却しない」を選択する。このように最適な行動をとることで、オプション契約をする図4-8では債権の平均98.1％を回収し、オプション契約をしない図4-7では債権の94.1％を回収する。以上から、<u>オプションの価値は債権額の4％</u>であり、オプション契約の手数料として最大でその金額まで支払っ

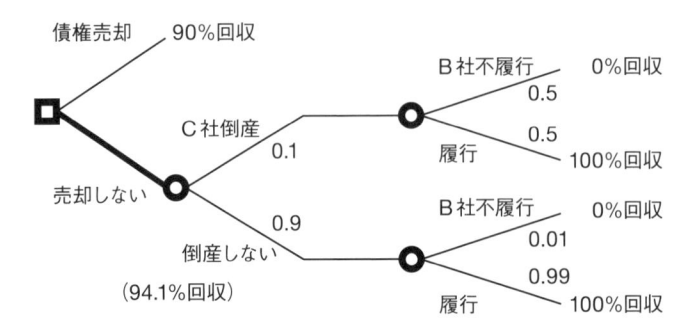

図4-7　事例4-3のオプションを表現するディシジョン・ツリー
　　　（オプション契約をしない場合）

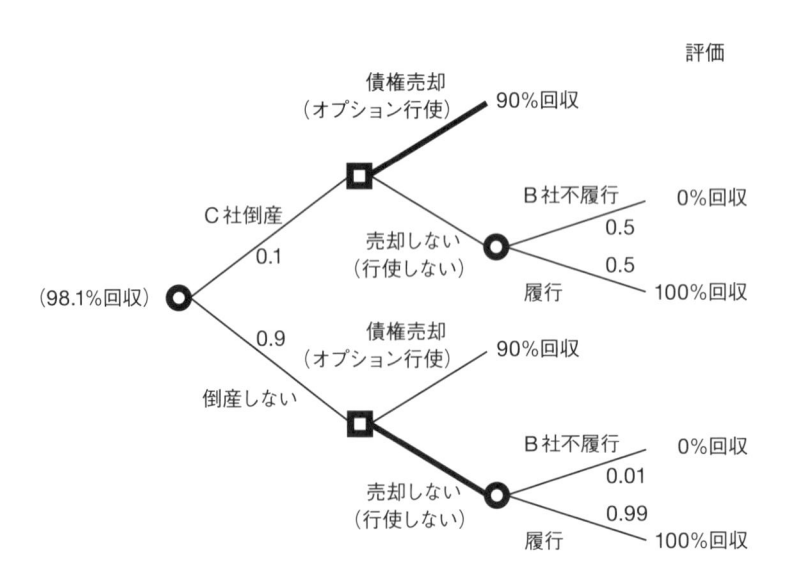

図4-8　事例4-3のオプションを表現するディシジョン・ツリー
　　　（オプション契約をする場合）

て良いことがわかる。

オプションと情報の類似性

　注目すべき点は、上で求めたオプションの価値は、事例4-1で求めた情報の価値と同じになることである。オプション契約の図4-7および図4-8と、情報の価値を求めるために用いた図4-3および図4-4のディジション・ツリーを比較すると、決定ノードと確率ノードの前後関係で、似た構造がある。図4-4で情報を得ることの効果は、C社が倒産するか否かが判明する確率ノードの位置を、債権売却の決定ノードの前に移すことである。決定の前に不確実性が解消するので価値を生む。一方で図4-8のオプション契約の効果は、債権売却の決定ノードを、C社倒産に関する確率ノードの後に遅らせることである。いずれも情報やオプション契約がなければ、「決定ノード→（倒産の）確率ノード」となる前後関係を、逆転させて「（倒産の）確率ノード→決定ノード」の順にする。情報とオプション契約の効果は、モデルでは同じ構造で表わされる。したがってそれらの価値も、債権額の4％で等しくなる。

4-5 ｜ 探索と満足化

　意思決定のタイミングと情報入手についての重要な問題として、情報の探索がある。一般に、多くの情報を使うほど意思決定の質は高まる。しかし情報を集めることにコストがかかる場合には、最大量の情報でなくても、費用対効果を最適にする量の情報だけを使うほうが、広い意味での意思決定の質は高くなると言える。情報のコストには、情報を集めたり検討するための時間の価値も含まれる。時間を節約するために、あえてすべての情報を検討しないことが適切な場合はある。

　ここでは情報のコストを明示化して、合理的に、あえてすべての情報を探索しない意思決定を検討する。これは経済学では**探索理論**として研究される

分野で、次の事例4-4を使って検討する。

事例4-4

　三輪氏は自家用車の購入を考えている。三輪氏は買うのは安い小型車で充分だと思い、購買対象をＡ、Ｂ、Ｃの３車種に絞った。適当と思われる装備をつけた定価は、３車種とも100万円前後で大差がない。三輪氏の自宅の近くには、この３車種を扱っているディーラーがそれぞれ１軒、計３軒ある。そこで、ディーラーを回って交渉して、安い価格を提示したディーラーの車を買うことにした。

　ただし休日にディーラーを訪ねて交渉する時間の価値や労力を考えると、１軒ディーラーを回るのは１万円の出費に値するものに感じられる。三輪氏としては、車に払う価格とディーラーを回るコスト（１軒あたり１万円）の合計を最小にしたい。どのディーラーがいくらで売るかは交渉するまで判らないが、交渉して得られる価格の範囲は、どのディーラーも90万円から100万円の間で一様の確率分布をしていると思われる。各ディーラーの価格は、他のディーラーの価格とは無関係に決まっているようだ。１軒ずつディーラーを回りながら、適当な価格が得られればそこで決めることにしたい。一度訪問して購買をあきらめたディーラーには、あとで比較的有利な価格だったとわかっても、戻って再交渉しないつもりである。その場で買うか買わないかを決めてしまいたい。

　２軒目までに購入せず３軒目のディーラーを訪ねた場合は、３軒目で必ず購入する。１軒目と２軒目のディーラーでは、それぞれいくらの価格提示があれば、それ以上ディーラーを回らずに購入を決めてしまったほうが良いだろうか。

　事例4-4における三輪氏の意思決定を、ディシジョン・ツリーに表したものが図4-9である。図4-9の確率ノードの右側の三角形は、確率ノードで判明する各ディーラーの価格が90〜100万円の区間の連続変数であることを表している。選択肢が連続して無数にあるので、評価数値は図4-9には書いていない。しかし評価基準は、自家用車の購買金額と探索コストの合計であり、

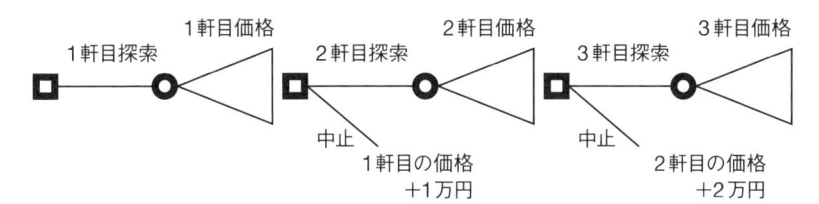

第4章　意思決定のタイミング、情報、オプション　083

図4-9　事例4-4を表現するディシジョン・ツリー

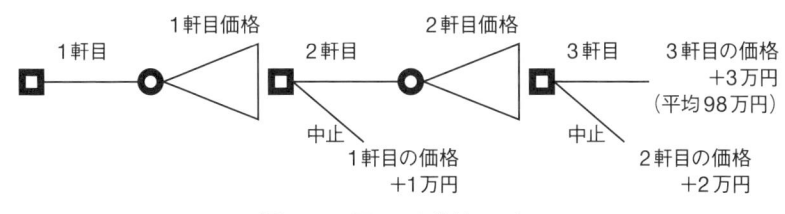

図4-10　図4-9を縮約したもの

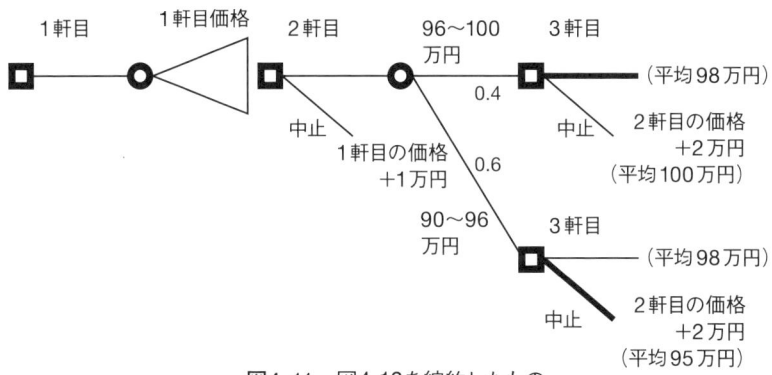

図4-11　図4-10を縮約したもの

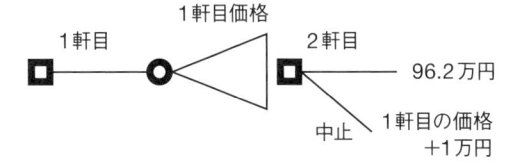

図4-12　図4-11を縮約したもの

この合計が最小になるような選択をする。

　図4-9を後戻り推論で分析すると次のようになる。図4-9の右端の確率ノード（3軒目）における評価を期待値で置き換えると、図4-10になる。すなわち、3軒目で提示される金額の期待値は95万円であり、3軒分の探索コストと合わせて合計平均98万円のコストが予想される。したがって、2軒目で買う合計コストが98万円より安いなら2軒目で買い、そうでなければ3軒目に行く。2軒目までの探索コスト2万円を引くと、2軒目の提示金額が96万円以下なら2軒目で買い、それより高ければ3軒目に行くことになる。

　2軒目の確率ノードを、価格が96万円より高いか低いかで場合分けをしたディシジョン・ツリーが図4-11である。2軒目の価格が96〜100万円になる確率は0.4で、そのときは3軒目に進み平均98万円の評価になる。2軒目の価格が90〜96万円になる確率は0.6で、そのときは2軒目で探索を中止する。そして90〜96万円の区間の平均93万円の価格と、2軒分の探索コストを合わせて、平均95万円の評価になる。

　さらに後戻り推論を進めて、図4-11の2軒目の確率ノードを期待値で置き換えたものが図4-12である。2軒目に進んで、それ以後のディーラーで合理的に買う場合の合計費用は平均96.2万円になる。したがって1軒目の価格が、探索コスト1万円を引いて、95.2万円以下なら1軒目で購入したほうが良い。

　以上をまとめると、合計コストを最小にする行動は次のようになる。1軒目の価格が95.2万円以下なら1軒目で購入し、それを超えるなら2軒目に向かう。2軒目の価格が96万円以下なら2軒目で購入し、それを超えるなら3軒目に向かう。3軒目ではどのような価格でも購入する。

買手の交渉力

　上の最適行動は、他に探索できるディーラーが多く残っているほど、交渉は買手に有利になり、買手は簡単に妥協しないことを表している。参考までに、同様な条件でディーラーが4軒あるときには、買手は1軒目の価格が94.848万円以下、2軒目の価格が95.2万円以下、3軒目の価格が96万円以

表4-2　探索コストと境界価格

1軒あたり 探索コスト (円)	購入するか否かの 境界価格 (円)	購入までの 平均訪問軒数
10,000	944,721	2.24
1,000	914,142	7.07
100	904,472	22.36
10	901,414	70.71

下、でそれぞれそのディーラーで購入する。もしディーラーが無数に残っている状況では、買手は94万4721円以下の場合に購入する。

　買手の交渉力は、残っているディーラーの数のほか、探索コストによっても変化する。かりにディーラーが無数に残っているとして、買手が購入するか否かを決める境界の価格は、探索コストによって表4-2のように変化する。すなわち探索コストが下がるほど、買手が購入を決める価格は下がり、購入するまでの平均訪問軒数は増える。つまり情報を得るためのコストが小さくなれば、買手は有利な価格を求めてより多くのディーラーを回り、より有利な条件で購入する。その結果、買手の交渉力は強くなるのである。

　この傾向は、インターネットを介した購買行動の変化とよく符合する。従来の、買手が店舗を回って価格情報を得たときは、探索コストが高いので十分に比較購買ができず、比較的高い価格でも商品が売れる可能性があった。しかしインターネット上では簡単に価格の比較ができるので、探索コストが下がった状態になり、かなり低価格を提示しないと購買にいたらない。コスト競争力のある売手ならば、インターネットを利用して多くの顧客を誘引できる可能性がある。しかし単純な価格訴求であれば、利益率は高くなりにくいであろう。コスト競争力がないならば、価格面の不利は従来以上に厳しくなる。サービスなどで差別化する必要が従来以上に高まるであろう。

探索と満足化

　事例4-4の分析で得られた考察は、一般的に次のようなことと言える。情報を入手し利用するためのコストが小さくなれば、より多くの情報を利用して選択肢の最適化をはかることが意思決定の質を高める。しかし情報を入手し利用することのコストが大きい場合は、コストを含めた費用対効果を最適にするように、あえて情報を使わない条件を適切に選ぶことで意思決定の質が高まる。

　合理的あるいは直感的に、一定以上の評価が期待できる選択肢が見つかれば、それ以上さらに選択肢を探索しないで決めてしまう意思決定の方法を、**満足化**という。探索理論は、情報収集に関する合理的な満足化のモデルの1つとも言える。

第5章 ゲーム理論

競争で優位に立つための最適な行動は、競争相手の行動によって変わることがある。発注先への最適な報酬は、相手の仕事ぶりによって変わることがある。競争や協調など、いわゆる他者との駆け引きでは、意思決定の良否は自分の選択だけでなく、相手の選択との組合せに依存する。そのような意思決定を、戦略的意思決定という。この章では、戦略的意思決定の代表的な分析ツールであるゲーム理論を紹介する。

　ゲーム理論はその名が示すように、トランプやチェスなど室内ゲームの分析から始まった。ゲームの定石や戦い方には何か共通の法則があるのではないかと、数学者たちが研究し始めたのである。そしてゲームを有利にプレーするための法則は、戦場での戦い方や、経済活動、政治の駆け引きなどにも共通することがわかった。このような経緯は、確率論がギャンブルにおける賭け率の計算から始まって、さまざまな分野で応用されているのに似たところがある。

　室内ゲームの分析から発達したゲーム理論が応用できるケースは、極端に言えばゲームにたとえられるような状況である。すなわち２、３人から数人といった少数者の（あるいは少数企業の）、競争や協調の分析にとくに適している。

　他のツールとの使い分けを考えると、意思決定者の数がポイントになる。意思決定者が１人の状況、つまり他者の選択と切り離して考えられる意思決定には、ディシジョン・ツリーほか多くのツールがある。しかし、２人以上の決定が相互に影響する状況の分析は、ゲーム理論の独擅場と言って良い。

　この章の5-1節から5-4節では、ゲーム理論の基礎知識である、ゲームの表現と均衡を紹介する。5-5節から5-10節ではゲーム理論を用いた分析の事例を紹介するが、そこでゲーム理論の使い方が良くわかるであろう。5-11節と5-12節では追加的な手法を紹介し、5-13節ではゲーム理論の長所と限界を述べる。次の第６章では、代表的なゲームのパターンと、そこでの「定石」を紹介する。さまざまな事例にゲーム理論を使いこなすための、重要なスキルである。

5-1 ゲーム理論による分析の例

　ゲーム理論のもっともわかりやすい説明は、実例を示すことだろう。ゲーム理論による分析は、状況をゲームに表現することから始まる。すなわち、プレーヤー（意思決定者）と、各プレーヤーの選択肢の組合せを表示する。選択肢の組合せが導く結果を数量的に評価すると、最適な選択肢と結果を予想することができる。ゲームを表現する方法にはさまざまなものがあるが、マトリクス（縦横表）を用いるものや、ツリー（樹形図）を用いるものが便利である。

ゲーム・マトリクス

　マトリクスを用いる表現では、2人のプレーヤーの選択肢をそれぞれ横行と縦列にとった**ゲーム・マトリクス**を作成する。通常は図5-1のように、マトリクスの左辺に一方のプレーヤーの名前とその選択肢、上辺にもう一方のプレーヤーの名前と選択肢を書き出す。マトリクスの各横行は左辺のプレーヤーの選択肢に対応し、各縦列は上辺のプレーヤーの選択肢に対応する。
　マトリクスの**セル**（升目）は、交差する行と列の選択肢の組合せを示す。各セルには、その組合せの結果として実現する、各プレーヤーの利得が書き入れられる。**利得**とは結果に対するプレーヤーの評価であり、たとえば事業収益など、プレーヤーがそれを最大化するように行動する基準である。利得はディシジョン・ツリーにおける評価数値と同様に、結果を評価する数値で、各プレーヤーの実質的な行動基準になるものを表す。何が利得になるかは、プレーヤーによって異なる。習慣として左辺のプレーヤーの利得をセル内の左に、上辺のプレーヤーの利得を右に記入する。
　例として2社の小売チェーンによる出店競争の状況を図5-1に表す。図5-1ではチェーンAの選択肢を上下に、チェーンBの選択肢を左右にとって、その組合せが2×2のセルに表されている。各セルの数字はプレーヤーの利得で、左側がAの、右側がBの年間利益を億円単位で表したものである。

```
                    チェーンB
                  現状    店舗増
         現状    10 , 10  0 , 15
チェーンA
         店舗増  15 , 0   5 , 5
```

図5-1　出店競争のゲーム①

　図5-1のゲーム・マトリクスは次のような状況を表している。両社が「現状」の出店を維持すれば、左上のセルに示すように、それぞれ年間10億円の利益を得る。一方のチェーンだけが「店舗増」を行うと、右上または左下のセルに示すように、店舗増を行ったチェーンの利益が15億円に増えて、現状維持のチェーンは利益がゼロになる。両社が「店舗増」を行うと、右下のセルに示すように、両社は5億円の利益になる。

　各社ともに利得が自社の年間利益であることは、ともに利益の最大化が行動基準であることを表している。もし利益額でなく、市場シェアや売上高が行動基準であるならば、その数値を利得としてマトリクスに表示する。複数の行動基準があって、たとえば売上と利益の両方が重要であれば、両者を適切なウェイトで加重して合算した数値を利得にする。

ゲーム・マトリクスを分析する

　ゲームの分析の主要な部分は、各プレーヤーの行動を予想することである。たとえば、図5-1でチェーンAの最適な行動を考えると、相手のBが現状を選択するなら、自分は「店舗増」を選択するほうが利益は高い。また、相手が「店舗増」を選択しても、やはり自分は「店舗増」を選択したほうが利益は高い。いずれにしてもAは「現状」より「店舗増」を選ぶほうが利得は高いので、チェーンAの意思決定者は「店舗増」を選択するであろう。

　単純にAの最適行動を考えるとそのようになる。ただしゲーム理論の価値は、1者だけではなく各プレーヤーの行動をあわせて予想することにあ

		チェーンB	
		現状	店舗増
チェーンA	現状	10, 10	0, 8
	店舗増	8, 0	5, 5

図5-2　出店競争のゲーム②

る。たとえば図5-1のゲームで、Bの最適行動を予想すると、Aの最適行動と同じことが当てはまる。つまり、Aの行動いかんにかかわらず、Bも「店舗増」を選ぶほうが利得は高い。すると結果は右下のセルになり、両社が店舗を増やして過剰になり、ともに年間5億円の利益に下がってしまう。この結果は、両社が「現状」を維持してそれぞれ10億円を得る状況に比べて、どちらのチェーンにとっても不利益な結果である。

このゲームは「**囚人のジレンマ**」と呼ばれる非生産的な状況を表している。つまり、当事者がそれぞれ自分の利得を最大化しようとすると、その行動が互いの足を引っ張り、全体として両者がともに望まない結果になってしまう。囚人のジレンマはこのような出店競争のほか、価格競争、公共施設のコスト負担など、社会や集団の問題に広く見られる。

ところが、出店競争のゲームが図5-1ではなく図5-2に表わされるものならば、結果はどうなるだろうか。図5-1と図5-2の違いは、一方のチェーンだけが店舗増を行った場合の（右上または左下のセル）、店舗を増やしたチェーンの利益である。図5-1では15億円だったものが、図5-2では8億円である。その他は何も変わらない。しかし図5-2の状況では、どちらのチェーンも店舗増を行わないだろう。なぜなら、現状の各社10億円の利益はどちらにとっても最高の利得になっていて、店舗増を行うチェーンは自らの利得を下げることになるからだ。

図5-1と図5-2を比べてわかるように、ゲームの利得の構造が変わると、予想される結果も変わる。図5-1では右下のセルで各社5億円になる結果が予想されたが、図5-2では左上のセルで各社10億円の利益が予想される。この

違いを生むのは、実現する5億円あるいは10億円という数値ではなく、実現しない右上や左下のセルの数値である。図5-1の利得では、相手が現状を維持しても自分は店舗増を行う誘因があったが、図5-2ではそれがない。この比較検討から次のことが言える。何らかの方法で、店舗を増やしても利得が上がらないようになれば、ゲームの構造が変わり、非生産的な囚人のジレンマから抜け出せる。その方法は、店舗増に対してより多くのコストやペナルティが発生する仕組み、顧客が既存店から流れ出さない仕組みなど、具体的な状況にあわせて考える必要がある。しかし考える方向性やヒントをゲーム理論による分析が示してくれる。

このようにゲーム理論の分析から、状況を整理して最適な行動や結果を予想できるほか、状況の問題点を発見して、事態を改善するための見通しを得ることが、ゲーム理論の利点である。

意思決定に利用するときには、相手の立場からも利得と行動を考えることが、ゲーム理論の長所になる。相手の行動を予測することで、より質の高い意思決定につなげることができる。

5-2 | ゲーム・マトリクスとナッシュ均衡

ゲーム・マトリクスから結果を予想する方法

ゲーム・マトリクスは前節の図で見たような2×2の形式だけでなく、一般にm×n（m, nは自然数）のマトリクスとして表現される。ゲームで各プレーヤーがどの選択肢を選ぶかは、一見して明らかに予想できる場合もあるが、そうではない場合もある。以下にゲーム・マトリクスから結果を予想する方法を紹介する。これらは各プレーヤーが、自分の利得を最大化する選択肢を選ぶ、合理的意思決定をすることを前提にする。

予想法1：支配戦略の探索

　あるプレーヤーが特定の選択肢を選ぶと、相手プレーヤーがどの選択肢を取ったとしても、自分にとって他のどの選択肢を選ぶときよりも上回る利得をもたらす場合は、その特定の選択肢を**支配戦略**という。合理的なプレーヤーは、支配戦略があればそれを選ぶであろう。たとえば図5-1のマトリクスでは、チェーン店Aにとって「店舗増」は「現状」より、相手の選択肢が何であっても利得が高い。したがってAにとって「店舗増」は支配戦略である。同様にBにとっても「店舗増」は支配戦略なので、結果は両社の支配戦略が交差する出店競争（右下のセル）になると予想される。

　もし両方ではなく一方のプレーヤーだけに支配戦略がある場合はどうだろうか。支配戦略を持つプレーヤーはその選択肢を選ぶ。そして、それは相手も予想する。したがって相手のプレーヤーは、支配戦略が選択されたうえで自らに最善になる選択肢を選ぶであろう。つまり、一方のプレーヤーの支配戦略に該当する行または列の中で、もう一方のプレーヤーにとって利得が最大になるセルがゲームの結果になるであろう。

　もしどちらのプレーヤーにも支配戦略がない場合は、さらに他の方法で予想する。

予想法2：被支配戦略の排除

　あるプレーヤーの特定の選択肢が、相手プレーヤーがどの選択肢を取ったとしても、自分にとって他の特定の選択肢よりも下回る利得にしかならない場合は、その利得の低い選択肢を**被支配戦略**という。合理的なプレーヤーは被支配戦略を選択することはないはずである。たとえば図5-3では、CとDがプレーヤーAにとっての被支配戦略である。Cの利得は、相手のプレーヤーBがどの選択をしてもEより下回り、Dの利得は同様に常にFを下回る。したがってプレーヤーAがとる選択は、EまたはFに絞られる。（ただし、EとFはどちらも支配戦略ではない。）プレーヤーに支配戦略があれば、そのプレーヤーの他の選択肢はすべて被支配戦略である。しかしこの例のよう

図5-3 ゲーム・マトリクス例

プレーヤーB

プレーヤーA	G	H	J	K
C	3, 6	3, 2	5, 4	5, 8
D	6, 2	4, 6	2, 8	2, 4
E	6, 6	4, 2	8, 3	6, 4
F	8, 4	5, 8	4, 2	4, 6

図5-3　ゲーム・マトリクス例

図5-4

プレーヤーB

プレーヤーA	G	H	J	K
E	6, 6	4, 2	8, 3	6, 4
F	8, 4	5, 8	4, 2	4, 6

図5-4　ゲーム・マトリクス例（図5-3からCとDを取り除いたもの）

図5-5

プレーヤーB

プレーヤーA	G	H	K
E	6, 6	4, 2	6, 4
F	8, 4	5, 8	4, 6

図5-5　ゲーム・マトリクス例（図5-4からJを取り除いたもの）

に、支配戦略がなくても被支配戦略が存在していて、予想される選択肢を絞り込めることがある。

図5-3から被支配戦略のCとDを除くと、図5-4の2×4のマトリクスが残る。予想される結果はこの残されたマトリクスの中にあると考えられる。このようにして残されたマトリクスに、新たに支配戦略や被支配戦略が見つかることがある。図5-4で残されるEとFの行に限って見れば、プレーヤーBにとってJはつねにKの利得を下回る被支配戦略である。（JはGにも下回る。）したがって、さらにJの縦列を予想の対象から外すことができる。支配戦略の探索と被支配戦略の排除は、どのような順番で行っても、繰り返して行っても構わない。そして、それらを繰り返して特定のセルが残れば、それが予想される結果である。

しかし特定のセルに絞り切れないこともある。たとえば図5-3のマトリクスは、CとDとJを除いても、なお図5-5のような2×3のマトリクスが残り、それ以上は支配戦略も被支配戦略もない。そのような場合でも、次に述べるナッシュ均衡を探すことができる。

予想法3：ナッシュ均衡の探索

ナッシュ均衡はJohn Nash（ジョン・ナッシュ）により提唱された概念で、ゲームの結果を予想する手法として最も一般的なものである[1]。ナッシュ均衡とは、次の条件を満たすような、複数のプレーヤーの選択肢の組合せである。「1人のプレーヤーの選択肢は、他のプレーヤーの選択の組合せに対する、最善の選択になっている。このような、他者の選択に対する最善の対応が、すべてのプレーヤーについて成り立っている組合せである。」ナッシュ均衡では、どのプレーヤーも自ら選択肢を変えて均衡から逸脱しよう

---

1 ゼロサム・ゲームという種類のゲームでは、均衡概念としてミニマックス原理が用いられる。しかしミニマックス原理の予想は、ゼロサム・ゲームにおけるナッシュ均衡と同じものである。ナッシュ均衡は、ゼロサム、非ゼロサムいずれのゲームにも有効な予想であるが、ミニマックス原理は一般に非ゼロサム・ゲームでは有効な予想にならない。ビジネスの事例では圧倒的に非ゼロサム・ゲームが多い。

とはしない。このような安定性がナッシュ均衡の特徴である。図5-5の例ではFとHの交点である中央下のセルがナッシュ均衡である。他のセルでは、少なくともどちらか一方のプレーヤーにとって、選択肢を変える誘因がある。

　ナッシュ均衡になるセルは次のような性質を持っている。まず、そのセルはそれ自体を含む縦列の中で、左辺のプレーヤーにとって最大の利得を示している。また同時に、それ自体を含む横行の中で、上辺のプレーヤーにとって最大の利得を示している。両方の条件を満たしていれば、どちらのプレーヤーもそのセルから逸脱する誘因がないので、ナッシュ均衡になる。ただしナッシュ均衡は複数存在することがある。したがって、予想に厳密を期すためには、特定のセルがナッシュ均衡であることを確認するだけでなく、すべてのセルについて確認する必要がある。それには次の網羅的な方法が便利である。

　ナッシュ均衡の探索法は、まず各縦列の中で、左辺のプレーヤーにとって最大の利得を持つセルに印を付ける。これにより、各縦列に対する左辺のプレーヤーの**最適反応**がプロットされることになる。続いて各横列の中で、上辺のプレーヤーにとって最大の利得を持つセルに印を付ける。これは各横列に対する上辺のプレーヤーの最適反応である。このとき両者の印が重なるところがナッシュ均衡である。**ナッシュ均衡**は、相手の選択を所与とすれば、**どちらのプレーヤーにとっても最適反応となっている。**

　図5-5の2×3のマトリクスにおけるナッシュ均衡（FとHの交点）は、図5-3における4×4のマトリクスのナッシュ均衡でもある。支配戦略の探索や被支配戦略の排除を行わずに、初めから全体のマトリクスに対してナッシュ均衡の探索を行っても、簡略化したマトリクスに対してナッシュ均衡の探索を行っても同じ結果が得られる。ナッシュ均衡の性質から、支配戦略の探索や被支配戦略の排除を繰り返しても、それによりナッシュ均衡が取り除かれることはない。そして、支配戦略の探索や被支配戦略の排除で1つのセルだけが残る場合は、そのセルは必ずナッシュ均衡である。つまり予想法の1〜3は、どのような順番で行っても構わない。

　ナッシュ均衡となるセルが複数存在することもある。そのときはそれぞれ

のナッシュ均衡は安定的な性質をもっているが、複数のナッシュ均衡のうちどれが実現するかは確定できない。ゲームがプレーされる経緯やプレーヤーの過去の経験等に基づく信念によって決まることになる。

　ナッシュ均衡になるセルが見つからない場合もある。しかしそのような場合でも、プレーヤーが複数の選択肢を確率的に選択する「混合戦略」を広義の選択肢として認めれば、実はどのようなゲームにも必ず最低1つのナッシュ均衡が存在することが証明されている。混合戦略は147ページ以降の5-12節で説明する。

5-3 ゲーム・ツリーとサブゲーム完全ナッシュ均衡

　前節で紹介したゲーム・マトリクスの他に、よく用いられる表現形式としてゲーム・ツリーがある。ゲーム・マトリクスでは表現されない選択の前後関係が、ゲーム・ツリーでは表現される。前後関係を表現することは、選択の順序しだいで最適な選択肢やゲームの結果が変わる場合に重要である。たとえば前節の図5-3のゲーム・マトリクスでは、同時選択のナッシュ均衡はF-Hである。しかし、もしプレーヤーAが先に選択肢を決定し、Aの選択を知った後でプレーヤーBが選択肢を決めるならば、予想される結果はE-Gになり、ナッシュ均衡とは異なる。つまり同じマトリクスに表わされる場合でも、**同時選択と逐次選択ではゲームは別のものになり、予想される結果も変わりうる。**

　ゲーム・マトリクスのナッシュ均衡は、プレーヤーが同時に意思決定をする場合、または決定に前後関係があってもプレーヤーがあとから決定を変更できる状況を想定している[2]。前後関係がある場合の結果は、同時決定のナッ

2　プレーヤーの意思決定が物理的に同時ではなく前後関係があったとしても、どちらのプレーヤーも相手の決定を知らないまま決定をするなら、戦略的には同時に決定しているのと同じことになる。つまりゲームの分析では、先行したプレーヤーの行動を後続のプレーヤーが知るときに限って前後関係の意味がある。

シュ均衡と同じこともあれば、違うこともある。また、どのプレーヤーが先行するかの順序次第で結果が異なることもある。

ゲーム・ツリー

　逐次選択の分析には、**ゲーム・ツリー**（ゲームの樹形図）が便利である。たとえば図5-3のゲーム・マトリクスにある選択肢で、プレーヤーAが先に選択肢を決定し、プレーヤーBはそれを知った後で選択肢を決めるゲームは、図5-6のゲーム・ツリーで表現される。

　一般的にゲーム・ツリーによる表現は、次のようなものである。第3章で紹介したディシジョン・ツリーと同様に、左から右へ時間の流れに沿って、決定ノードと確率ノードを用いて意思決定の構造を図示する。意思決定者が1人であるディシジョン・ツリーとの違いは、決定ノードごとに意思決定者になるプレーヤーの名前を明示することと、意思決定の評価基準になる利得の数値を、意思決定者ごとに表示することである。図5-6のゲーム・ツリーでは、左端の四角はプレーヤーAの決定ノードである。そこからの分岐は選択肢を表わす。その右につながる4つの四角は、Aのそれぞれの選択肢に続く、プレーヤーBの決定ノードである。Aの4つの選択肢に対してそれぞれBの4つの選択肢があり、計16通りの結果がある。右端には、16通りの結果に対するプレーヤーAとBの利得が、カッコ内の左と右にそれぞれ示されている。

サブゲーム完全ナッシュ均衡

　ゲーム・ツリーで表わされる状況で、各プレーヤーが合理的に意思決定をする場合に選ばれる選択肢を予想する概念として、**サブゲーム完全ナッシュ均衡**というものがある。

　サブゲーム完全ナッシュ均衡を導出するには、ディシジョン・ツリーの場合と同様に、後戻り推論を用いる。つまり時間の流れと逆に、右から左へと、各決定ノードのプレーヤーにとって最適な選択肢を選んでいくのである。図5-6を例にとると、まず右上のプレーヤーBの決定ノードについて考

```
                                    利得
                       G  (3, 6)
                   B   H  (3, 2)
                   □   J  (5, 4)
                       K
                          (5, 8)
           C
                       G  (6, 2)
                   B   H  (4, 6)
           D       □   J  (2, 8)
                       K
   A                      (2, 4)
   □
                       G  (6, 6)
           E       B   H  (4, 2)
                   □   J  (8, 3)
                       K
                          (6, 4)
           F
                       G  (8, 4)
                   B   H  (5, 8)
                   □   J  (4, 2)
                       K
                          (4, 6)
```

図5-6　ゲーム・ツリー例

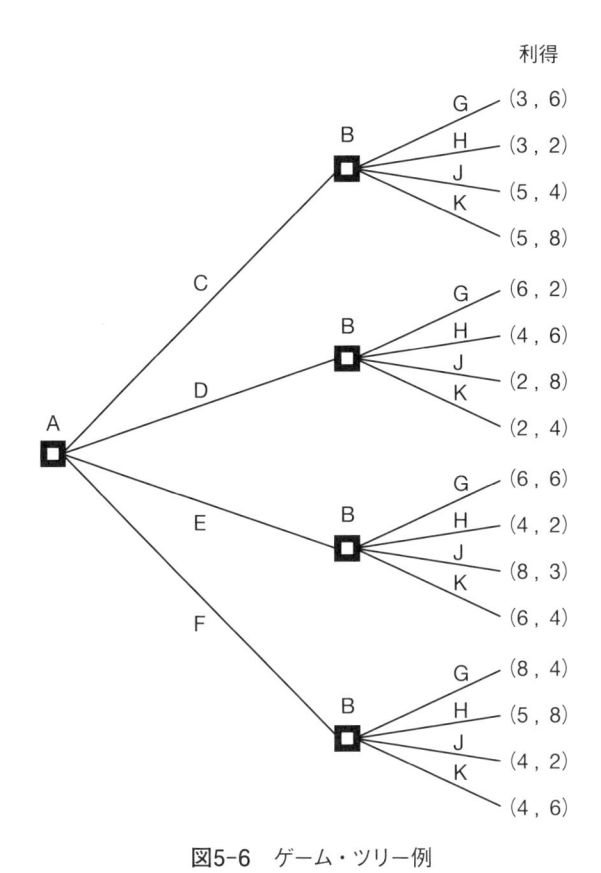

えてみる。ここは、仮にAが選択肢Cを選択した場合に、Bがどの選択肢を選ぶかの意思決定である。その決定ノードから分岐する4つの結果の、Bにとっての利得を比較すると、BはKを選ぶことが最適である。同様に上から2番目のBのノードは、プレーヤーAが選択肢Dを選んだ場合で、ここではBはJを選ぶのが最適である。同じく3番目のノードではBはGを選び、4番目のノードではBはHを選ぶと予想される。

　これら4つのノードでのBの最適な選択肢をふまえて、左にさかのぼったAのノードを分析できる。ここでAが選択肢Cを選ぶと、次のBのノー

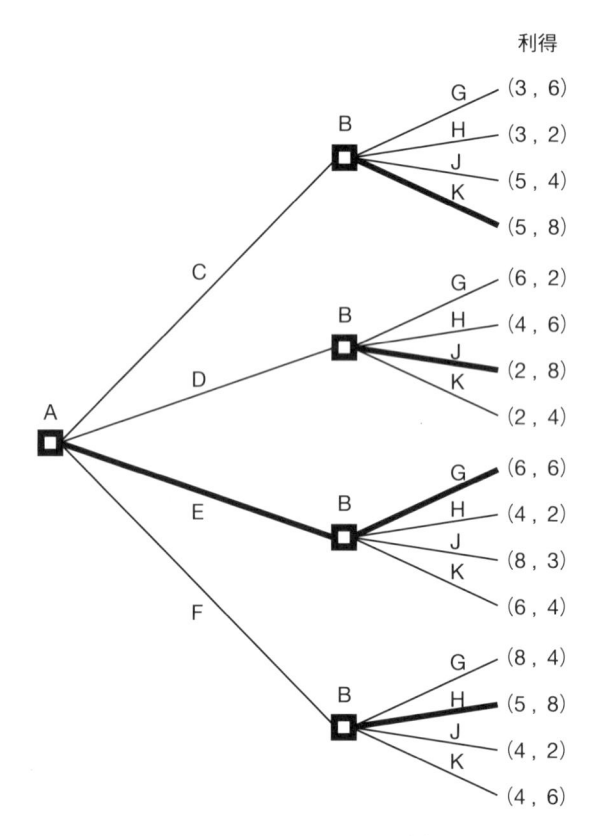

図5-7　ゲーム・ツリー例

ドでKが選択されることが予想される。その場合のAの利得は5である。AがDを選ぶと、その先のノードでJが選ばれ、Aの利得は2である。同様にAがEを選ぶと、その先はGで、Aの利得は6である。AがFを選ぶと、その先はHで、Aの利得は5である。したがって、左端のノードでAは選択肢Eを選ぶであろう。この後戻り推論で求められるような、ゲーム・ツリーの各ノードにおける最適な選択の集合が、サブゲーム完全ナッシュ均衡である。図5-6の例で、5つのノードにおける最適な選択肢をそれぞれ太線にしたものを図5-7に示す。この太線の選択肢の集合体が、サブゲーム完全ナッ

シュ均衡である。その中で、左端のノードにおける選択肢Eと、右の上から3番目のノードにおける選択肢Gが、実際にプレーされると予想される経路（**均衡経路**ともいう）である。

　先行プレーヤーの行動が後続プレーヤーにわかる逐次選択のゲーム・ツリーには、必ずサブゲーム完全ナッシュ均衡が存在する。そして、不確実性や同時決定がなく、各ノードの意思決定者にとって複数の選択肢の利得が最高値で等しくなることがなければ、後戻り推論によって必ず1つのサブゲーム完全ナッシュ均衡と均衡経路を予想できる。

マトリクスで前後関係を検討する

　前後関係を考慮する際にはゲーム・ツリーが便利だが、ゲーム・マトリクスを用いることも可能である。たとえば図5-3のゲーム・マトリクスから、プレーヤーAが先行してプレーヤーBが後続する場合の意思決定を分析してみる。先行するプレーヤーAの選択肢ごとに、後続のBにとっての最適な選択を予想する。もしAが選択肢Cをとったら、Cの横行の中では、プレーヤーBはKを選ぶと最大の利得8を得る。同様にもしAがDをとったら、BはJをとる。プレーヤーAがEをとるならBはGを選び、プレーヤーAがFをとるならBはHを選ぶであろう。これらはプレーヤーAの選択肢に対するプレーヤーBの最適反応であるが、最適反応は先行者のAから予想できる。するとAの選択肢は、最終結果を選択するのと同じことになる。予想される4つの最終結果であるセルC-K、D-J、E-G、F-Hの中から、プレーヤーAは自らの利得が最大になるE-Gが実現するように、選択肢Eを選ぶであろう。それを見て、Bは選択肢Gを選ぶであろう。これはゲーム・ツリーを用いたサブゲーム完全ナッシュ均衡と同じ結果になる。

前後関係の影響と本質

　Aはナッシュ均衡における選択肢Fを選んでF-Hを実現させるより、先行してEを選択することでE-Gを実現させ、1単位高い利得を得る。利得

の違いは、Aが先に行動を起こすことでゲームを自分にとって有利な1×4のマトリクスに限定することに起因している。これはAの先行利益というべきもので、Aの決定はあとから変更されないことが条件になる。もしAが決定を変更できる場合は、Bは後続でも選択肢Hに固執すれば、Aが譲歩して選択肢Fに変更する可能性がある。そのため、Aの先行者としてのコミットメントが絶対ではなくなる。

5-4 マトリクスとツリーの使い分け、およびその他の表現方法

ゲーム・マトリクスとゲーム・ツリーの使い分け

　ゲーム・ツリーによる表現に適しているゲームは、プレーヤーの選択に前後関係があり、先行者の決定を確認してから後続者が決定するゲームや、プレーヤーが複数段階の決定を行うゲームである。プレーヤーが何人いても、また選択が何回におよんでも表現できる記述性の高さは、ゲーム・ツリーの長所である。

　それに対してゲーム・マトリクスは、プレーヤーが同時に選択をするゲームや、選択の前後関係が重要な要因にならないゲーム、プレーヤーが選択を変更できるゲームの表現に適している。ゲーム理論でいう同時決定は、必ずしも物理的に同時に決定することではない。決定に前後関係があったとしても、後続者が先行者の選択を知らないまま意思決定をする場合は、理論的には同時に決定する場合と同じ条件になるので同時決定という。

　マトリクスは2人のプレーヤーの選択肢を可視化するにはすぐれた方法である。しかし3人以上の選択肢を見通しよく書き出すことは難しい。理論的には、3人のゲームは2人の選択肢を縦横にとるマトリクスを、3人目の選択肢の数だけ作れば良いのだが、それは見てわかりにくい。プレーヤーが3人以上の場合は、ゲーム・ツリーあるいは文章や数式による表現のほうが適している。

その他の表現方法

　ゲームの表現はマトリクスやツリー以外にも、文章や数式を用いて行うことができる。マトリクスやツリーを使う場合でも、文章による説明を添えることがある。視覚的なわかりやすさではマトリクスやツリーが優れ、複雑な状況を表現する能力では文章が優れている。ただしどのような表現を用いるにしても、ゲームの構成要素である、プレーヤー、プレーヤーの決定の順序と選択肢、選択肢の組合せによる各プレーヤーの利得、などが明示されなければならない。これらゲームの構成要素を、**ゲームのルール**とも言う。

5-5　同時決定と逐次決定を比較する例

　同時決定と逐次決定を比較する例として、次の事例をあげる。ゲーム・マトリクスとゲーム・ツリーの使い分けも、あわせて検討できる。

事例5-1　海岸リゾートの開発方針

　ある島の東海岸と西海岸にリゾート地がある。どちらのリゾートも開発から40年がたち、多くのホテルが建て替えや改装の時期を迎えている。

　東海岸のリゾートを域内に持つサンライズ市の担当者は、同市最大の産業である観光業がリゾート間の競争に生き延びるために、東海岸リゾートが明確な特徴を打ち出して差別化する必要があると感じている。リゾートとしての特徴を出すうえで、宿泊施設は旅行の印象を大きく左右する要因である。多くのホテルが建て替えをするこの時期に、建築様式を統一させてリゾート全体としての強みを作り出したい。しかし東海岸は多数のホテルが割拠して、ホテル間の話し合いで方針が決まる見通しが立たない。そこで、公共施設を含めて地域で最大の投資をする市当局が、開発方針のイニシアチブを取ることが期待されている。サンライズ市の担当者は、東海岸リゾートが作り出しうる新しい特徴として、次の3種類のうちのどれかが適当であると考え

		西海岸		
		コテージ	都市型	コンド
東海岸	コテージ	40 , 50	60 , 90	60 , 80
	都市型	70 , 70	45 , 60	57.5 , 80
	コンド	50 , 70	50 , 75	35 , 55

図5-8　開発方針の組合せによる稼働室数の予想（単位：万室・日）

ている。無計画な建て替えがなされないように、どれかの方針に決定する必要がある。

1つは低層のコテージ風の建物を多くして、プライベートで落ち着いた雰囲気のリゾートにする方針である。もう1つは、都市型の雰囲気と利便性を持ったリゾートにする方針である。さらに1つは、コンドミニアムを中心にする方針である。

サンライズ市としてのリゾート開発の成功の目安は、宿泊施設の稼働室数である。ただし稼働室数は、同じ島にあるもう1つの西海岸リゾートの開発方針の影響を受ける。西海岸も東海岸と同様にホテルの建て替えの時期を迎え、リゾートとしての特徴づけを検討している。西海岸リゾートを域内に持つサンセット市でも、コテージ風、都市風、コンドミニアムの3種類の開発方針が検討されている。

東海岸と西海岸の開発方針の組合せによる、それぞれのリゾートの稼働室数の予想は、かなり正確に図5-8のように推定できる。東海岸と西海岸の担当者は、ともに地元リゾートの稼働室数の最大化を図り、稼働室数について図5-8のような共通の予想をしていることを、互いに理解している。

事例5-1に関する設問

1．東海岸と西海岸の担当者が同時に決定をするならば、東海岸の担当者は

		西海岸		
		コテージ	都市型	コンド
	コテージ	40 , 50	60 , 90	60 , 80
東海岸	都市型	70 , 70	45 , 60	57.5 , 80
	コンド	50 , 70	50 , 75	35 , 55

図5-9　事例5-1のゲーム・マトリクス

どのような決定をすべきか。
2．2者が同時ではなく逐次に決定するのであれば、東海岸の担当者にとって、西海岸の担当者より先に決定をするほうが有利か、それとも西海岸の決定を待って、その後から決定するほうが有利か。

設問1の検討

　設問1では同時決定の結果を予想する。事例5-1の状況をゲーム・マトリクスに表わすと図5-9のようになる。プレーヤーの利得のうち、四角で囲んでいるものは、相手の選択に対する最適反応であることを表している。たとえば、西海岸が「コテージ」を選択した場合は、東海岸は「都市型」を選択して70単位の利得を得ることが最適反応になる。そこで、東海岸の利得70を四角で囲んでいる。同様に、西海岸が「都市型」を選択する場合には、東海岸は「コテージ」を選択して60単位を得ること、西海岸の「コンド」に対しては、東海岸は「コテージ」を選択して60単位を得ることが、それぞれ最適反応になる。反対に、西海岸の利得を四角で囲んでいるところは、それぞれが東海岸の選択に対する最適反応である。
　図5-9には、最適反応が重なるセルが1箇所ある。それは東海岸が「コテージ」を、西海岸が「都市型」を選択するセルで、このゲームの唯一のナッシュ均衡である。したがって両者が同時決定をする場合には、東海岸が

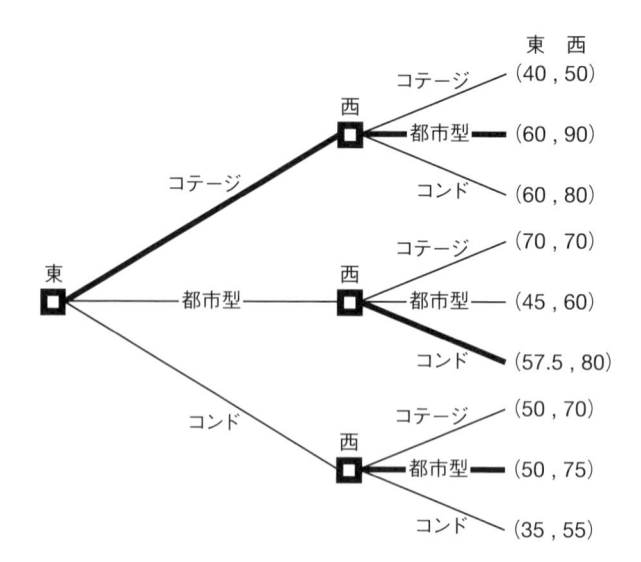

図5-10 事例5-1を表すゲーム・ツリー（東海岸が先行する場合）

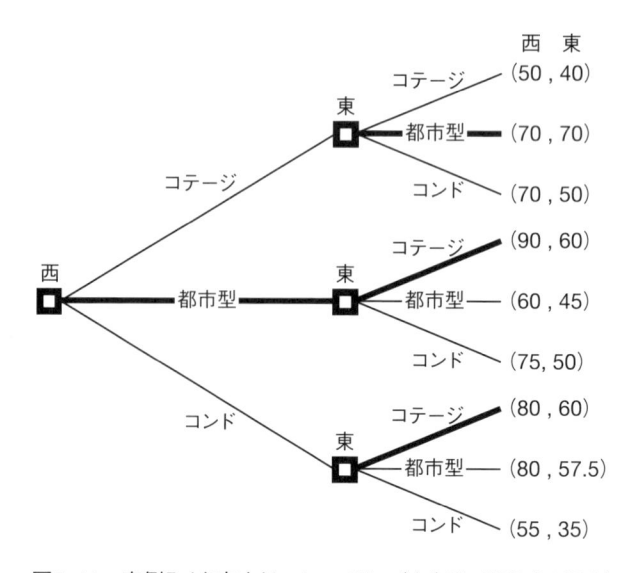

図5-11 事例5-1を表すゲーム・ツリー（東海岸が後続する場合）

「コテージ」を、西海岸が「都市型」を選択する可能性が高いと予想される。したがって各プレーヤーにとって、その選択肢をとることが最適である可能性が高い。

設問2の検討

　逐次決定なのでゲーム・ツリーを作ると図5-10および図5-11のようになる。図5-10は東海岸が先行する場合で、東海岸は「コテージ」を選択するのが最適で、利得は60万室・日になると予想される。図5-11は西海岸が先行して東海岸は後続する場合で、先行の西海岸は「都市型」、後続の東海岸は「コテージ」を選択して、東海岸の利得は60万室・日になると予想される。2つの比較から、どちらの順番でも東海岸は「コテージ」、西海岸は「都市型」を選ぶことになり、利得も変わらないと予想される。したがって、東海岸は先行でも後続でも同じ利得になると分析できる。

　プレーヤーが2人だけで決定が各1回という簡単なゲームなので、前後関係に留意しながら、マトリクスで分析することもできるだろう。ゲーム・ツリーによる比較と同様に、どちらの順番でも同じセルが予想結果になると分析できる。

　この事例は、結果がプレーヤーの順序にかかわらず同じになる特別なケースである。さらに言うと、設問1の同時決定におけるナッシュ均衡でもプレーヤーの選択と利得は同じになる。各プレーヤーが合理的であれば、同時を含めてどのような決定の順番でも利得は変わらないことが予想される。ただし一般には、同時決定と逐次決定の結果は異なり、逐次決定の中でも順序が変われば結果が異なる。したがって各プレーヤーにとって有利あるいは不利な順序がある。

より深い分析と質の高い意思決定

　しかしより深く分析すると、東海岸にとって有利あるいは不利な順序がありうることに気づく。意思決定の質を高めるためのポイントとして、「能力

や情報の限界を考慮する」ことがあるが、この事例にそれを応用できる。

　もし西海岸の担当者が合理的に意思決定をするならば、西海岸の担当者は「都市型」を選択するだろう。しかし、もし西海岸の担当者が、稼働室数以外の基準で意思決定をするならば、あるいは稼働室数を基準にしても、図5-7と違うデータを使っていたら、あるいは計算を間違えたら、西海岸の担当者は「都市型」を選択しないかもしれない。東海岸の「コテージ」は、西海岸の「都市型」と「コンド」に対しては最適反応だが、「コテージ」に対しては最適反応ではない。したがって、西海岸の担当者が「コテージ」を選択する可能性がわずかでもあるならば、東海岸の担当者は、先行して「コテージ」を選ぶよりも、後続して相手の選択に対する最適反応を選ぶほうが、期待利得が高くなる。その一方で、判断基準や使用データが違う可能性を考慮に入れても、東海岸の担当者が先行して「コテージ」を選ぶことで、後続の場合より期待利得が高まる可能性は小さいように思われる。

　この考え方は、ディシジョン・ツリーにおける感度分析に似ている。ゲーム理論はプレーヤーの合理的意思決定を前提にする。しかし相手や自分の合理性、情報の精度などに完全な信頼性がない場合は、合理性の前提とゲーム理論による分析が非現実的なものになりかねない。したがって、利得や相手の選択などを変動させて、分析の結果が変動に対して敏感であるか頑健であるかを調べるのである。

　事例5-1に関して、「東海岸の利得は、先行、後続、同時選択のいずれでも変わらない」という分析は、事例の前提とデータがすべて正しい限り適切である。しかし担当者の能力や情報の限界の可能性を考えて、慎重に後続で決定する、あるいは西海岸の意思決定に関する情報をさらに集めることが、より質の高い意思決定と言えるだろう。

5-6　価格競争の分析例：差別化バートラン・モデル

　この節で扱うのは、ライバルと競合する製品の価格を決定する事例であ

る。寡占における価格競争の分析によく使われる、**差別化バートラン・モデル**を使って分析する。

　価格決定のポイントは、ライバルより安い価格で供給すれば、自社の市場シェアを高めることができるが、価格を下げるほど利益率は低下する点である。最適な価格はライバルの価格に依存するので、相手の行動を予測することが重要である。この事例ではあわせて、競争環境の条件を変えながら、市場競争や利益のシミュレーションを行う。

事例5-2

　藤村技研の担当者は、医薬品原料に用いる高純度フェノールの価格設定を考えている。医薬品原料のフェノールは、不純物が薬品の安全性に影響するため、品質が低下しないように、流通価格が規制によって定められていた。最近は製造技術が改善して製品の品質が安定してきたので、3カ月後に公定価格が廃止される予定である。現在の公定価格は1キログラムあたり16万円で、藤村技研が市場の80％をおさえ、増田化学が残りの20％をおさえている。

　高純度フェノールの市場規模は年間2万キログラムである。医薬品は粗利益率の高い製品であり、フェノールの価格はその原価のごく一部にすぎない。したがって、フェノールの価格によって市場全体の需要量が変わるとは思われない。しかし、自由化によって供給者間に価格の差ができれば、製薬企業は同じ取引量であってもより安い供給者から購入したいはずである。供給価格に差がなければ、価格の水準にかかわらず、現在の80％対20％という数量シェアは変わらないであろう。しかし価格差がある場合は、1キログラムあたりの価格差が500円広がる度に、より低価格の供給者は1パーセンテージ・ポイントずつ数量シェアを増やすであろう。（したがって、藤村技研の供給価格が増田化学より1万円以上安ければ、増田化学のシェアはゼロになるであろう。）このシェアの変動は、価格変更後すぐに起こると予想される。

　藤村技研にとって、高純度フェノールの平均生産費用は1キログラムあたり12万円であり、それを超える売上は利益になる。高純度フェノールの市場シェアは他の製品の売上や利益に影響を与えない。そのため藤村技研はフェノール単品での利益を最大化させる方針である。ライバルの増田化学の

平均生産費用も1キログラムあたり12万円と見られ、同様にフェノール単品の利益を最大化させる方針のようである。両社は互いの平均費用と方針を承知していると思われる。

事例5-2に関する設問

1. 公定価格が廃止された後で藤村技研が価格を据え置いたとすると、増田化学はいくらの価格をつけてくると考えるか。
2. 価格自由化後に藤村技研はいくらの価格をつけるべきか。
3. 価格差によるシェアの移動が、200円あたり1パーセンテージ・ポイントずつそれぞれ増減するのであれば、藤村技研の最適な価格はいくらになるか。また、1,000円あたり1パーセンテージ・ポイントの増減ではどうか。

ゲーム・マトリクス

　図5-12は事例5-2の状況を表したゲーム・マトリクスの一例である。各プレーヤーの選択肢はそれぞれが設定する価格で、キログラムあたり18万円から12万円までを0.5万円の刻みで示している。もちろんその価格の範囲の外にも選択肢はあるし、価格は0.5万円刻み以外にもありうる。

　価格は連続変数なので、有限個数の選択肢で示すゲーム・マトリクスではすべての選択肢を示すことができない。したがって代表的な選択肢を選ぶことになるが、選んだ選択肢に真の最適解が含まれるとは限らない。一般に、選択肢の刻みを細かくすれば分析の精度は上がるが、マトリクスを作るための計算量は多くなる。折衷的な方法は、まず大きな刻みでマトリクスを作り、焦点になる価格帯に見当がついたらその周辺を細かい刻みで分析するものである。ここではその方法をとってみる。ただしマトリクスによらず、微分法などで最適値を直接計算する方法もある。

　図5-12の各セルの、左側にある藤村技研の利得が四角で囲まれている所は、0.5万円刻みのなかでの、増田化学の選択に対する藤村技研の最適反応

増田化学

藤村技研 キロあたり ＼ 増田化学 キロあたり	12万円	12.5	13	13.5	14	14.5	15	15.5	16	16.5	17	17.5	18
18万円	0 0	1 0	2 0	3 0	4 0	4.5 1.2	4.8 2.4	**4.9** 3.6	4.8 4.8	4.5 6	4 7.2	3.3 8.4	2.4 9.8
17.5	0 0	1 0	2 0	3 0	3.6 1.1	4 2.2	**4.2** 3.3	**4.2** 4.4	4 5.5	3.6 6.6	3 7.7	2.2 8.8	1.2 9.9
17	0 0	1 0	2 0	2.7 1	3.2 2	3.5 3	**3.6** 4	3.5 5	3.2 6	2.7 7	2 8	1.1 **9**	0 **10**
16.5	0 0	1 0	1.8 0.9	2.4 1.8	2.8 2.7	**3** 3.6	**3** 4.5	2.8 5.4	2.4 6.3	1.8 **7.2**	1 **8.1**	0 **9**	0 9
16	0 0	0.9 0.8	1.6 1.6	2.1 2.4	2.4 3.2	**2.5** 4	2.4 4.8	2.1 **5.6**	1.6 **6.4**	0.9 **7.2**	0 8	0 8	0 8
15.5	0 0.7	0.8 1.4	1.4 2.1	1.8 2.8	**2** 3.5	**2** **4.2**	1.8 **4.9**	1.4 **5.6**	0.8 6.3	0 7	0 7	0 7	0 7
15	0 1.2	0.7 1.8	1.2 2.4	1.5 **3**	**1.6** **3.6**	1.5 **4.2**	1.2 4.8	0.7 5.4	0 6	0 6	0 6	0 6	0 6
14.5	0 1.5	0.6 **2**	1 **2.5**	**1.2** **3**	**1.2** 3.5	1 4	0.6 4.5	0 5	0 5	0 5	0 5	0 5	0 5
14	0 **1.6**	0.5 **2**	0.8 2.4	**0.9** 2.8	0.8 3.2	0.5 3.6	0 4	0 4	0 4	0 4	0 4	0 4	0 4
13.5	0 1.5	0.4 1.8	**0.6** 2.1	**0.6** 2.4	0.4 2.7	0 3	0 3	0 3	0 3	0 3	0 3	0 3	0 3
13	0 1.2	0.3 1.4	**0.4** 1.6	0.3 1.8	0 2	0 2	0 2	0 2	0 2	0 2	0 2	0 2	0 2
12.5	0 0.7	**0.2** 0.8	**0.2** 0.9	0 1	0 1	0 1	0 1	0 1	0 1	0 1	0 1	0 1	0 1
12	0 0	**0.1** 0	0 0	0 0	0 0	0 0	0 0	0 0	0 0	0 0	0 0	0 0	0 0

セル内の単位は年間利益（億円）

図5-12　事例5-2を表現するゲーム・マトリクス（価格は0.5万円刻み）

である。すなわち、各縦列の中で藤村技研の利得が最大になる所である。セルの右側にある増田化学の利得が四角で囲まれている所は、同様に増田化学の最適反応、すなわち、各横行の中で増田化学の利得が最大になる所である。各縦列と横行の中で、最適反応が２か所にある場合は、両方を四角で囲んでいる。

設問1の検討

この設問は相手プレーヤーの最適反応を求めるもので、戦略的思考の基本になるものである。分析はゲーム・マトリクスを用いても、数式を用いても可能である。図5-12のゲーム・マトリクスでは、藤村技研の16万円に対して

増田化学の14.5万円が最適反応になっている。図5-12の価格の刻みは、たまたま最適反応の値を含んでいて、数式を用いて厳密な最適化の計算を行っても最適値は14.5万円である。

設問2の検討

増田化学の14.5万円に対する藤村技研の最適価格を求めると、図5-12のマトリクスでは15万円と15.5万円がともに4.2億円の利益で最適である。図5-12では藤村技研の15.5万円に対しては、増田化学の14.5万円は最適反応である。しかし藤村技研の15万円に対しては、増田化学の最適反応は14万円になる。どちらの組合せも、互いに相手の価格に対する最適反応になる。

実はさらに細かい刻みのマトリクスで分析すると、あるいは数式で計算すると、増田化学の14.5万円に対しては、藤村技研の最適反応は15.25万円であることがわかる。藤村技研が15.25万円に値下げすれば、増田化学はさらに14.125万円に価格を下げるのが最適になる。すると藤村技研はさらに価格を下げるのが最適になる。しかし価格はどこまでも下がるのではない。最適価格への修正は、(藤村15万円、増田14万円) という組合せに限りなく近づいていくが、それより低価格にはならない。

詳細に調査すると、両プレーヤーが互いに相手の価格に対する最適反応に修正すると、(藤村15万円、増田14万円) の組合せに近づく。そしてこの組合せだけが、両プレーヤーの最適反応が同時に満たされるナッシュ均衡であることがわかる。

設問2のナッシュ均衡

ナッシュ均衡の近傍を詳しく見るために、0.1万円刻みで作ったゲーム・マトリクスが図5-13である。0.5万円刻みの図5-12では、(藤村15.5、増田14.5)、(藤村15、増田14)、(藤村14.5、増田13.5)、の3つのセルがナッシュ均衡の条件を満たしている。しかし図5-13を見ると、そのうち (藤村15.5、増田14.5)、(藤村14.5、増田13.5) はナッシュ均衡の条件を満たさない。その代わ

第5章　ゲーム理論　113

増田化学

	キロあたり 13.4万円	13.5	13.6	13.7	13.8	13.9	14	14.1	14.2	14.3	14.4	14.5	14.6
キロあたり 15.6万円	1.792 2.592	1.86 2.736	1.92 2.88	1.972 3.024	2.016 3.168	2.052 3.312	2.08 3.456	2.1 3.6	2.22 3.744	**2.26** 3.888	2.22 4.032	2.1 4.176	2.08 4.32
15.5	1.736 2.66	1.8 2.8	1.856 2.94	1.904 3.08	1.944 3.22	1.976 3.36	2 3.5	2.016 3.64	**2.024** 3.78	**2.024** 3.92	2.016 4.06	1.9 4.2	1.976 4.34
15.4	1.68 2.72	1.74 2.856	1.792 2.992	1.836 3.128	1.872 3.264	1.9 3.4	1.92 3.536	1.932 3.672	**1.936** 3.808	1.932 3.944	1.92 4.08	1.9 4.216	1.872 4.352
15.3	1.624 2.772	1.68 2.904	1.728 3.036	1.768 3.168	1.8 3.3	1.824 3.432	1.84 3.564	**1.848** 3.696	**1.848** 3.828	1.84 3.96	1.824 4.092	**4.224**	1.768 **4.356**
15.2	1.568 2.816	1.62 2.944	1.664 3.072	1.7 3.2	1.728 3.328	1.748 3.456	1.76 3.584	**1.764** 3.712	1.76 3.84	1.748 **3.968**	1.728 **4.096**	1.7 **4.224**	1.664 4.352
15.1	1.512 2.852	1.56 2.976	1.6 3.1	1.632 3.224	1.656 3.348	1.672 3.472	**1.68** 3.596	**1.68** **3.72**	1.675 **3.844**	1.656 **3.968**	1.632 4.092	1.6 4.216	1.56 4.34
15	1.456 2.88	1.5 3	1.536 3.12	1.564 3.24	1.584 3.36	1.596 **3.48**	**1.6** **3.6**	1.596 **3.72**	1.584 3.84	1.564 3.96	1.536 4.08	1.5 4.2	1.456 4.32
14.9	1.4 2.9	1.44 3.016	1.472 3.132	1.496 **3.248**	1.512 **3.364**	**1.52** **3.48**	**1.52** 3.596	1.512 3.712	1.496 3.828	1.472 3.944	1.44 4.06	1.4 4.176	1.352 4.292
14.8	1.344 2.912	1.38 **3.024**	1.408 **3.136**	1.428 **3.248**	1.44 3.36	**1.444** 3.472	1.44 3.584	1.428 3.696	1.408 3.808	1.38 3.92	1.344 4.032	1.3 4.144	1.248 4.256
14.7	1.288 **2.916**	1.32 **3.024**	1.344 3.132	1.36 3.24	**1.368** 3.348	**1.368** 3.456	1.36 3.564	1.344 3.672	1.32 3.78	1.288 3.888	1.248 3.996	1.2 4.104	1.144 4.212
14.6	1.232 2.912	1.26 3.016	1.28 3.12	1.292 3.224	**1.296** 3.328	1.292 3.432	1.28 3.536	1.26 3.64	1.232 3.744	1.196 3.848	1.152 3.952	1.1 4.056	1.04 4.16
14.5	1.176 2.9	1.2 3	1.216 3.1	**1.224** 3.2	**1.224** 3.3	1.216 3.4	1.2 3.5	1.176 3.6	1.144 3.7	1.104 3.8	1.056 3.9	1 4	0.936 4.1
14.4	1.12 2.88	1.14 2.976	1.152 3.072	**1.156** 3.168	1.152 3.264	1.14 3.36	1.12 3.456	1.092 3.552	1.056 3.648	1.012 3.744	0.96 3.84	0.9 3.936	0.832 4.032

藤村技研

セル内の単位は年間利益（億円）

図5-13　事例5-2を表現するゲーム・マトリクス（価格は0.1万円刻み）

りに、（藤村15.1、増田14.1）、（藤村14.9、増田13.9）が条件を満たし、（藤村15、増田14）と合わせて3つのセルがナッシュ均衡の条件を満たしている。実はこれらの中で、事例5-2の真のナッシュ均衡は（藤村15、増田14）だけで、他はマトリクスの刻みのためにナッシュ均衡のように見えるセルである。

　事例5-2のナッシュ均衡は1つであり、両プレーヤーが互いに相手の価格に対する最適反応に修正すると、当初の価格がどのような組合せであろうと、必ずナッシュ均衡の（藤村15、増田14）に収れんする。

特定価格にコミットする戦略

　ナッシュ均衡では藤村技研が60％のシェアで3.6億円の利益をあげ、増田

化学は40％のシェアで1.6億円の利益をあげる。事例の公定価格（藤村16、増田16）の時の利益と比べると、藤村技研の利益は6.4億円から2.8億円低下する。増田化学の利益は1.6億円で変わらない。全体として利益が低下するのは、価格競争によってコストとの間の利益幅が縮小することによる。

　この事例では、藤村技研の最適な価格設定を考えると、ナッシュ均衡以外の価格設定で、ナッシュ均衡より高い利益をあげることができる。たとえば設問1で求めた、増田化学の最適反応（藤村16、増田化学14.5）の状況では、藤村技研は4億円の利益がある。この時点の藤村技研の利益は、公定価格のときより低下しているが、価格競争が進んでナッシュ均衡にいたったときの3.6億円より高い。つまり増田化学が値下げをしても、藤村技研はそれに対応しないほうが利益は高い。短期的に見れば値下げは利益を増やすが、相手がそれに対応してさらに値下げをすれば、長期的には利益を下げることになるからである。

　そのような特定の価格にコミットする戦略は、公定価格でなくても良い。相手の値下げに対応しないで一定の価格を維持する場合の、藤村技研にとっての最適価格は次のように求められる。つまり相手（増田化学）の最適反応のなかで、藤村技研の利得を最大にするような価格を探すのである。図5–12の増田化学の最適反応のセルを見比べると、（藤村16、増田14.5）と（藤村17、増田15）の4億円という利得が高い。実は計算すると、図5–12のセルにはないが、藤村技研は値上げして16.5万円を維持するときに、増田化学は14.75万円で対応し、藤村技研の利益は最大の4.05億円になることがわかる。

　しかし藤村技研の利益を最大にする戦略は、この16.5万円を維持する戦略とは限らない。藤村技研による価格維持は、増田化学に一方的な利益の最大化を許すので、どちらかといえば増田化学に有利な状況である。藤村技研が価格維持をせずに価格競争を進めれば、藤村技研は利益を減らすが、増田化学の利益も1.6億円に低下する。増田化学がそれを嫌えば、逆に増田化学が特定価格にコミットする可能性がある。たとえば増田化学にとってコミットする場合の最適価格は15万円で、その時の藤村技研の最適反応は15.5万円で利益は4.9億円になる。増田化学がコミットするなら、藤村技研にとってより有利な状況になる。

特定価格へのコミットは、どちらか１社ではなく、両社が行う可能性もある。たとえば（藤村16、増田15）は、両社にとってナッシュ均衡より高い利益をもたらす。両社が比較的高い価格にコミットすれば、大きな利益を両社にもたらす。しかし現実では、法規制、（事例の前提とは異なり）値上げによる需要低下、高い利益率が促す新規参入などにより、極端に高い価格での協調はできないか、持続しないことが多い。そしてどちらのプレーヤーにも、相手がコミットするなら自分は値下げして利益を上げるインセンティブがある。したがって両社による協調的なコミットが持続するかどうかは不確実である。

5-7　ナッシュ均衡の算出と図解

　事例5-2の設問３の検討は数式を使うと便利なので、ここで計算の方法を紹介し、あわせて数式とゲーム・マトリクスの関連を図解する。

ナッシュ均衡の算出

　ナッシュ均衡を求めるには、ゲーム・マトリクスを利用する方法のほかに、数式による計算でも可能である。ナッシュ均衡は各プレーヤーの最適反応を式で表して、その連立方程式を解くことで求められる。（以下は、かりに方程式は読み飛ばしても、文章の説明を追うことで、考え方を理解できるであろう）。

　まず藤村技研の最適反応を式で表わすことにする。藤村技研の最適反応は利益の最大化である。その藤村技研の利益は、次のように表現できる。

$$
\begin{aligned}
&\quad (利益幅) \times (数量) \\
&= (利益幅) \times (市場の大きさ) \times (藤村技研の市場シェア) \\
(1)\quad &= (P_f - 12) \times 20{,}000 \times \{0.8 + 0.2(P_m - P_f)\}
\end{aligned}
$$

ここで Pf は藤村技研の価格をキログラムあたり万円単位で表し、Pm は増田化学の価格をキログラムあたり万円単位で表す。(1) の (Pf − 12) は藤村技研の売上1キログラムあたりの利益を表し、それに続く20,000は市場の大きさを、{0.8 + 0.2 (Pm − Pf)} は藤村技研の市場シェアを表している。市場シェアに関しては、たとえば藤村技研と増田化学の価格差がなければ、Pm − Pf = 0 になり、中カッコの式は0.8すなわち80%になる。もし藤村技研の価格のほうが500円安ければ、Pm − Pf = 0.05 となり、中カッコの式は 0.8 + 0.2 × 0.05 = 0.81 になる。つまり藤村技研のシェアは0.01増加、すなわち1%増加する。逆に藤村技研の価格のほうが500円高ければ、Pm − Pf = −0.05となり、藤村技研のシェアは1%減少する。このシェア増減の割合は、1万円あたり20%に相当する。

　藤村技研の選択肢は自社の価格 Pf なので、藤村技研の最適反応は、(1) を最大化する Pf を求めることである。(1) は Pf の2次方程式なので、(1) を最大化する Pf の条件は、(1) の Pf に関する1次微分がゼロになることで、次のようになる[3]。

(2)　　1 × 20,000 × (0.8 + 0.2Pm − 0.2Pf) + (Pf − 12) × 20,000
　　　　× (− 0.2) = 0

　この両辺を20,000で割り、Pf について式をまとめると、藤村技研の最適反応は (3) になる。

(3)　　Pf = 8 + 0.5Pm

　同様に増田化学の最適反応は、増田化学の利益を表す (4) の最大化として表される。

3　Pf の2次方程式グラフの頂点の Pf 座標を求める方法でも、(3) と同じ Pf = 8 + 0.5Pm が得られる。

（4）　$(P_m - 12) \times 20{,}000 \times \{0.2 + 0.2(P_f - P_m)\}$

（4）は（1）の式の P_f を増田化学の価格である P_m で置き換え、市場シェアを表す中カッコでは、P_f と P_m を入れ換えている。そして価格差がないときのシェアを20％すなわち0.2に置き換えている。（4）を最大にする P_m の条件は、（4）の P_m に関する一次微分がゼロになる条件で、次のようになる。

（5）　$1 \times 20{,}000 \times (0.2 + 0.2P_f - 0.2P_m) + (P_m - 12) \times 20{,}000 \times (-0.2) = 0$

この両辺を20,000で割り、P_m について式をまとめると、増田化学の最適反応は（6）になる。

（6）　$P_m = 6.5 + 0.5P_f$

したがって、ナッシュ均衡は両社の最適反応である（3）と（6）を同時にみたす連立方程式（7）の解であり、$P_f = 15$、$P_m = 14$、（単位万円）と求められる。

（7）　$\begin{cases} P_f = 8 + 0.5P_m & \cdots\cdots（3） \\ P_m = 6.5 + 0.5P_f & \cdots\cdots（6） \end{cases}$

ナッシュ均衡の図解

参考までに（3）と（6）が表わす直線をグラフに描くと、図5-14のようになる。図で P_f と P_m がそれぞれ12以上18以下になる範囲を点線で囲んでいるが、これは図5-12のゲーム・マトリクスの範囲になる。

ちなみに、図5-12のゲーム・マトリクスに（3）と（6）の最適反応を太

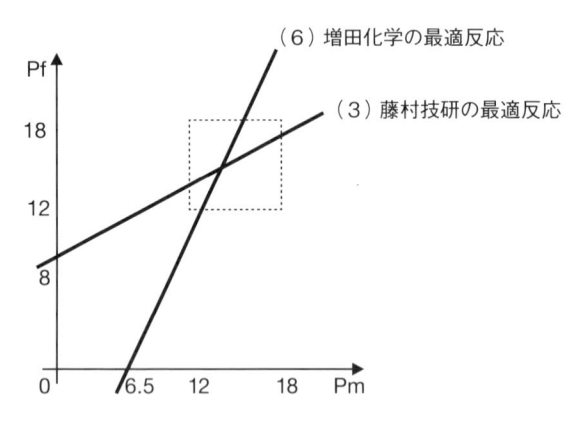

図5-14 最適反応のグラフ

図5-15 事例5-2を表現するゲーム・マトリクスに最適反応線を重ねたもの

図5-15で表わされるように、**プレーヤーの最適反応線が重なるところがナッシュ均衡**である。プレーヤーの行動は、特定のセルから、自分の最適反応線への移動として表現される。たとえば、公定価格の（藤村16、増田16）から増田化学が最適反応として（藤村16、増田14.5）に移行することや、それに続いて藤村技研が値下げをすることは、図5-16の矢印のように、交互に最適反応線へ移動することとして表わされる。最適反応への移動を繰り返すと、やがてナッシュ均衡に収れんしていく。

　実は事例5-2では、グラフ上のどの点から始めても、どちらのプレーヤーから始めても、プレーヤーが最適反応を繰り返すと、図5-17に示すように必

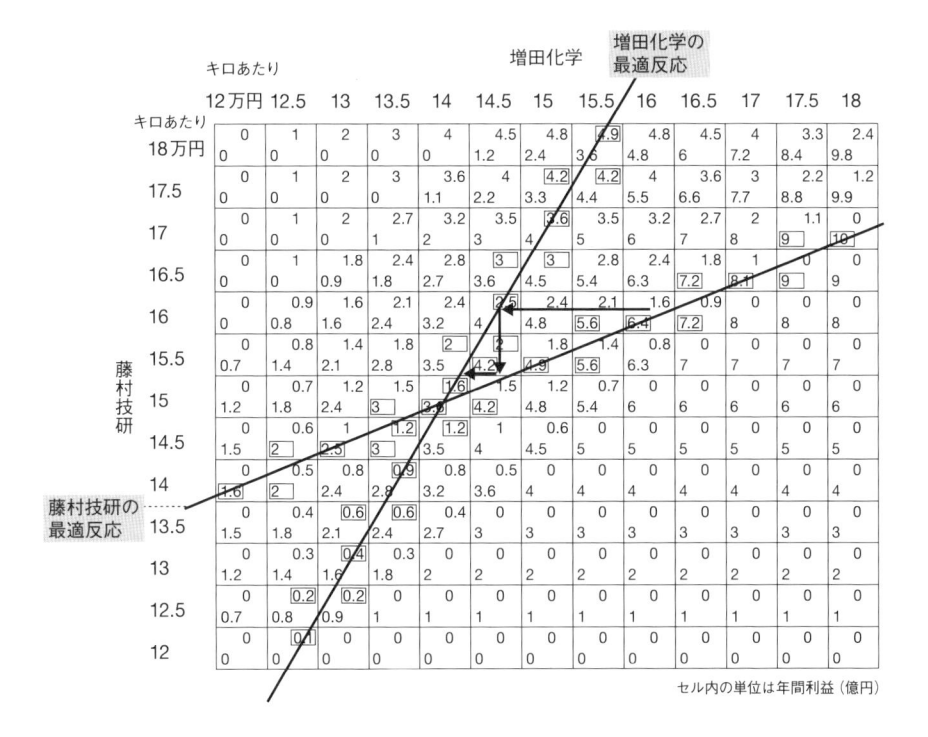

図5-16　事例5-2におけるナッシュ均衡への収れん

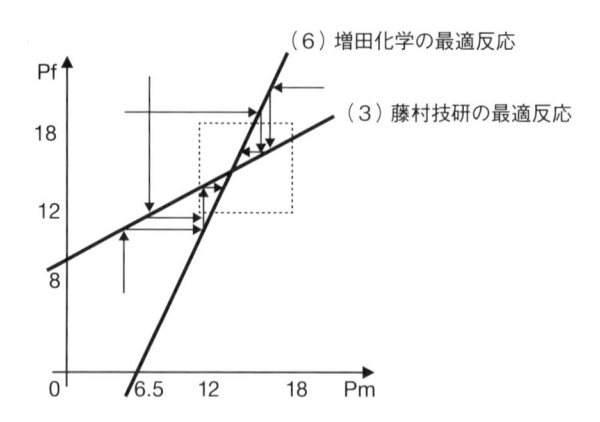

図5-17　最適反応とナッシュ均衡への収れん

ずナッシュ均衡に収れんする[4]。

設問3：各種のシミュレーション

　設問3の検討は、前述のナッシュ均衡の算出に用いた数値を、適宜に置き換えて行うことができる。たとえば、価格差による<u>シェアの変動が200円あたり1パーセンテージ・ポイント</u>（1万円あたり50パーセンテージ・ポイント）であれば、（1）を次の（8）で置き換えて藤村技研の利益を表す式が得られる。

（8）　　$(Pf - 12) \times 20{,}000 \times \{0.8 + 0.5\,(Pm - Pf)\}$

（8）と（1）の唯一の違いは、シェアを表す中カッコの式の価格差に対する係数が、0.2から0.5に代わっている点である。そして同様な計算を進める

---

[4] ナッシュ均衡が複数ある場合には、出発点や最適反応の順番によって、収れんする均衡が変わることがある。

と、(8) を最大にする価格の条件は、(8) の Pf に関する一次微分がゼロになることで、次のようになる。

(9) 　　$1 \times 20{,}000 \times (0.8 + 0.5\text{Pm} - 0.5\text{Pf}) + (\text{Pf} - 12) \times 20{,}000$
　　　　　$\times (-0.5) = 0$

この両辺を20,000で割り、Pf について式をまとめると、藤村技研の最適反応が次のように得られる。

(10) 　　$\text{Pf} = 6.8 + 0.5\text{Pm}$

同様に増田化学の利益は、(4) の価格差に対する係数を0.5に代えて次のとおりとなる。

(11) 　　$(\text{Pm} - 12) \times 20{,}000 \times \{0.2 + 0.5(\text{Pf} - \text{Pm})\}$

そして (11) を最大にする価格の条件は、(11) の Pm に関する一次微分がゼロになることで、次のとおりとなる。

(12) 　　$1 \times 20{,}000 \times (0.2 + 0.5\text{Pf} - 0.5\text{Pm}) + (\text{Pm} - 12) \times 20{,}000$
　　　　　$\times (-0.5) = 0$

この両辺を20,000で割り、Pm について式をまとめて、増田化学の最適反応が (13) のように得られる。

(13) 　　$\text{Pm} = 6.2 + 0.5\text{Pf}$

したがって、ナッシュ均衡は両社の最適反応である (10) と (13) を同時にみたすような連立方程式 (14) の解であり、Pf = 13.2、Pm = 12.8（単位万円）である。

$$(14) \begin{cases} Pf = 6.8 + 0.5Pm & \cdots\cdots (10) \\ Pm = 6.2 + 0.5Pf & \cdots\cdots (13) \end{cases}$$

　この価格水準は、本来の前提におけるナッシュ均衡の $Pf = 15$ と $Pm = 14$ よりかなり低い。つまり、需要家が価格に敏感になると価格競争が激化し、両社ともより低い価格水準まで価格競争を続けることを意味している。ちなみに利益は、藤村技研が1.44億円、増田化学が0.64億円になる。

　逆の傾向が現れるのが、需要家が価格に鈍感になって、あるいは供給者が価格以外の要因で製品を差別化することに成功して、シェアの変動が価格差1,000円につき1パーセンテージ・ポイントになった場合である。これは1万円の価格差に対してシェアが10％ずつ増減することに相当する。この前提では、前節の（1）と（4）における中カッコの式の価格差に対する係数を、10％を表す0.1で置き換える。そして同様な計算をして、ナッシュ均衡である $Pf = 18$ と $Pm = 16$（単位万円）が得られる。利益は藤村技研が7.2億円、増田化学が3.2億円になる[5]。

　この価格は、本来の前提のときより高い水準である。つまり、供給者が差別化に成功して需要家が価格に対して鈍感になれば、供給者は自由に競争をしても高い価格でとどまり、利益幅を稼ぐことができる。実際には利益幅は生産コストを引き下げることでも確保できるが、ここでの比較から明らかなように、差別化によっても利益幅を確保できる。そして、差別化による利益幅の違いはときに数倍に及ぶ。

　図5-18は、価格差に対するシェア変動率が大きくなる場合と、小さくなる場合を比較している。左の図はシェア変動が大きくなる、すなわち顧客は価格に対して敏感に供給者を変える状況である。両者の最適反応線は矢印の方向に動いて、その交点であるナッシュ均衡は原点に近づく。すなわちナッシュ均衡の価格水準は低下する。右の図はシェア変動率が小さくなる、すな

5　シェア変動が大きくなっているので、価格の組合せに対応する利益は、図5-15や図5-16のセルにある利益とは異なるものになる。

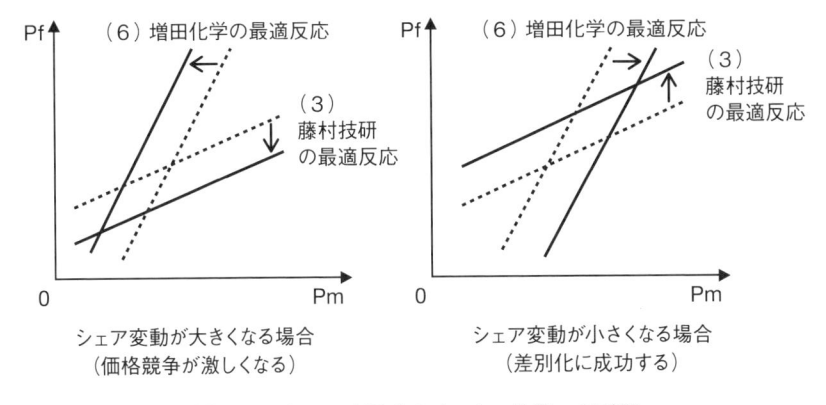

図5-18 シェア変動率のナッシュ均衡への影響

（左：シェア変動が大きくなる場合（価格競争が激しくなる）／右：シェア変動が小さくなる場合（差別化に成功する））

わち顧客は価格以外の要素で供給者を選ぶ傾向が強く、供給者は差別化に成功している状況である。最適反応線の交点であるナッシュ均衡は、逆に原点から遠ざかる。すなわちナッシュ均衡の価格水準は上昇する。

競争の条件を変えてのシミュレーションは、上のようなシェア変動率の他にも、コスト構造、競争する企業の数、新規参入の可能性などを変えることが考えられる。事例5-2は単純な前提にしているが、より現実的な分析のためにさまざまな前提にすることが可能である。

5-8 価格競争ゲーム

この節で紹介する「価格競争ゲーム」は、寡占における価格決定のシミュレーション・ゲームである。価格競争が起こると価格はどのように変化するか、競争している企業はどのように行動するかを模擬体験するほか、ナッシュ均衡の現実的なイメージを持つための材料にもなる。シミュレーションは、前節の事例5-2に似せた次のようなものである。実際にシミュレーションを行う際に参加者にそのまま配布できるように、「です・ます」調で書い

てある。

事例5-3　価格競争ゲーム

　このゲームは3〜7人程度の集団で行うのが適当です。参加者が8人以上のときは、複数の集団に分けてください。集団の最適な人数は4〜6人です。1つの集団が、ゲームでは1つの市場に相当します。集団では一人ひとりが、それぞれ1企業に相当します。

　各集団（市場）のなかで価格競争を行います。プレーヤー（企業）は化学製品の市場で競争を行っていて、各企業は自社製品の価格を決定します。価格が単位コストの120円を超える部分が、企業の利益幅になります。各社の設定する価格にしたがって、各社のシェアが決まり、利益が決まります。シェアと利益は次の方法で決まります。

1. まず各社が今回の自社製品の価格を申告してください。申告の方法は、順番に1人ずつ述べる方法でも、他の人にわからないように紙に書いて提出する方法でも構いません。

2. 申告価格の単純平均を計算してください。

3. 平均価格とちょうど同じ価格を申告した企業は、ちょうど平均のシェアを得ます。つまり市場が4社の場合なら25％、5社の場合なら20％、6社の場合なら16.7％のシェアになります。申告した価格が平均価格より1円低くなるごとに、その企業のシェアは2パーセンテージ・ポイント上昇します。逆に平均価格より1円高くなるごとに、その企業のシェアは2パーセンテージ・ポイント下降します。たとえば、市場が5社で各社の申告価格が次のような場合は、

　　A社：150円、B社：145円、C社：140円、D社：135円、E社：130円
平均価格が140円になり、各社のシェアは次のようになります。

　　A社：0％、　B社：10％、　C社：20％、　D社：3：0％、E社：40％
　申告価格のばらつきが大きいと、この計算でシェアがマイナスになる

企業が出ます。その際には調整が必要ですが、方法は最後の（注）を参考にしてください。

4. 各社の利益幅を計算します。利益幅は、申告価格からコストの120円を引いたものです。上の例では次のようになります。
　　Ａ社：30円、　Ｂ社：25円、　Ｃ社：20円、　Ｄ社：15円、　Ｅ社：10円

5. 各社の利益を計算します。利益はその企業のシェア（％単位の数字）に、その企業の利益幅（円単位）を掛けて求めてください。上の例では次のようになります。
　　Ａ社：0、　　Ｂ社：250、　Ｃ社：400、　Ｄ社：450、　Ｅ社：400

6. 1〜5. を行うと、価格競争の1ラウンドが完了します。企業の目標は利益を最大にすることと考えて、結果を参考にあらためて価格を設定して、次のラウンドを行ってください。
　たとえば上の例からＡ社とＢ社が申告価格を変更して、次のようにすると、
　　Ａ社：140円、Ｂ社：138円、Ｃ社：140円、Ｄ社：135円、Ｅ社：130円
平均価格は137.4円になり、各社のシェアは次のようになります。
　　Ａ社：13.2%、Ｂ社：17.2%、Ｃ社：13.2%、Ｄ社：23.2%、Ｅ社：37.2%
そして利益は次のようになります。
　　Ａ社：264、　Ｂ社：310、　Ｃ社：264、　Ｄ社：348、　Ｅ社：332
　5. と比較して、Ａ社とＢ社の利益は改善しました。Ｃ社、Ｄ社、Ｅ社は価格を変えていませんが、利益が減少しています。

　このような要領で、何ラウンドでも繰り返して構いませんが、少なくとも3ラウンドはやってみてください。各ラウンドで申告価格や平均価格がどのように推移したかを記録しておくと、ナッシュ均衡のイメージをつかむために参考になります。

（注）3．の計算でマイナスのシェアが現れる場合は、次のように調整します。申告価格の低い企業から順に、3．の計算通りのシェアで確定させます。ただしシェアの累計が100％を超えるところでは、その企業のシェアを、累計がちょうど100％になるように調整します。その企業より高い価格を申告した企業のシェアはゼロに調整してください。たとえば、5社の申告価格が次のような場合は、

　A社：155円、B社：148円、C社：140円、D社：132円、E社：125円
平均価格が140円になり、3．の計算では各社のシェアは次のようになります。

　A社：－10％、B社：4％、　C社：20％、　D社：36％、　E社：50％

　申告価格の低い方から順に、E社とD社までは累計が100％を超えないので確定します。そして、E社、D社に、C社の20％すべてを加えると累計が100％を超えるので、ちょうど100％になるようにC社のシェアを14％に調整します。累計が100％に達したので、残りのA社とB社はシェアをゼロに調整します。すると、調整後のシェアは次のようになります。

　A社：0％、　B社：0％、　C社：14％、　D社：36％、　E社：50％

　もし累計が100％を超える時点で、2社以上が同じ申告価格で並んでいる場合は、それらに同じシェアを割り振って、累計がちょうど100％になるように調整します。

シミュレーション・ゲームのナッシュ均衡

　ちなみにシミュレーションのゲームのナッシュ均衡は、すべてのプレーヤーが同じ価格を申告するもので、その価格は、プレーヤーが4人のときは136.7、5人のときは132.5、6人のときは130である。

ナッシュ均衡への収れんと乖離

　筆者はこのゲームを毎年、ビジネススクールの学生、それ以外の学生、社

会人ビジネスパーソンなどの、多くの集団で行ってきた。そして一般的な傾向として、次のような点があげられる。多くの集団で、申告価格のばらつきは当初は大きいが、ラウンドを重ねると徐々に小さくなる。最初のラウンドの平均価格は、ほとんどの集団がナッシュ均衡よりかなり高い。しかし半数以上の集団は、3、4回のラウンドで、平均価格はナッシュ均衡の上下2円程度の範囲に収れんしていく。ただし全体の20%程度の割合で、平均価格がナッシュ均衡よりかなり高い水準で安定する集団もある。

　筆者はナッシュ均衡を事前にプレーヤーには知らせないし、ほとんどのプレーヤーがナッシュ均衡を計算せずにゲームを行ったと思われる。それでも、自分の利得を最大化しようと行動するうちに、ナッシュ均衡に収れんしていく。プレーヤーは正確なナッシュ均衡の行動をとってはいないが、経験学習によって行動はナッシュ均衡に近づいていく。

　それでも20%ほどの、高価格で安定した集団は、ナッシュ均衡に収れんしていない。協調的に高価格を維持することを学習したのであろう。彼らは短期的な最適反応とは異なる戦略で、ナッシュ均衡とは乖離した行動をとっている。協調のメカニズムについては、次ページの事例5-4を解説する5-10節でも詳しく述べる。

　寡占業界における価格設定は、企業間の協調の程度や新規参入の容易さなどによりさまざまに変化する。しかし短期利益の最大化を求めて価格競争を行う場合は、ナッシュ均衡の価格に収れんすることが予想される。実証的にも、競争的な性格を持つ業界の分析では、市場価格はナッシュ均衡の価格に良く近似する（たとえば、ベサンコ他、『戦略の経済学』第7章3節の寡占の説明が参考になる）。

5-9 投資競争の分析例：クールノー・モデル

　この節で扱うのは、競争する企業がそれぞれの供給能力を決定する事例で

ある。寡占における供給量の経済分析によく使われる、**クールノー・モデル**を使って分析する。

　意思決定のポイントは、自社の供給能力が大きければ高い市場シェアを得られるが、市場の総供給能力が増えると価格と利益率は下がることである。競争相手も同様なジレンマを抱えて意思決定をする。最適な供給能力は相手の供給能力に依存するので、相手の行動を予測するとともに、相手の行動が自社に有利なものになるよう働きかける駆け引きも重要である。

事例5-4

　南洋航空の担当者にとっての仕事は、あらたに認可される新路線の便数の決定である。新路線に就航するためには、航空会社は政府に対して2週間後までに便数枠を申請する必要がある。新路線への就航は、南洋航空と北洋航空に限られる。便数枠は、代表的な機種の旅客機に換算して、各社が1日に飛ばす便数で示す。

　路線の利益率は旅客機の占席率に大きく影響される。できれば満席にして飛ばしたいが、便数を少なくするとライバル社に客を取られる。新路線の旅客需要は、近隣空港の利用度などからかなり正確に予測できる。南洋航空が両社の路線利益を予測した結果は表5-1の通りである。表5-1は、新路線の総便数に対して、1便の枠あたりの年間利益を示している。旅客は南洋航空と北洋航空をほとんど区別なく利用すると思われる。また、両社のコスト構造もほぼ同様であり、1便あたりの利益は同じ水準と考えられる。旅客需要や両社の利益に関しては、北洋航空も同様な予測をしていると考えられる。

　新路線の便数が、他の路線の旅客数や利益に与える影響はほとんどない。南洋航空の担当者には、新路線での利益の最大化が指示されている。北洋航空の方針も同様と思われる。

　新路線の便数枠には余裕があり、便数は両社に対して申請のまま認可されるであろう。ただし、今回の申請する便数は少なくとも1年間は必ず就航させなくてはならない。増便や減便は1年後に改めて見直されるが、その際には今年の便数に関わりなく、改めて申請したものが認可されるであろう。路線枠の申請に先だって航空会社間で便数の取り決めをすることは違法である。

表5-1　新路線の利益予測

1日あたり総便数	1便あたり年間利益（億円）
1	32
2	29
3	26
4	23
5	20
6	17
7	14
8	11
9	8
10	5
11	2
12	−1

以下、総便数が1増えるごとに、1便あたり利益は3億円減少する。

事例5-4に関する設問

　事例5-4において南洋航空は何便の申請をすべきか。次の設問1〜3の前提で、それぞれ検討する。

1. 南洋航空が先に申請して、その申請便数を知ってから北洋航空が申請する場合。
2. 南洋航空と北洋航空が、互いに相手の申請便数を知らずに意思決定をする場合。どちらの企業も一度下した決定は変更できない。
3. 上の2．の状況で、共謀ではなく一方的に、便数の情報を発信することは法的にも社会的にも許されるとする。たとえば事業計画の発表などである。ただし発信する便数は、最終的に申請する便数と同じでなくても良い。このような状況で、南洋航空は便数に関する何らかの情報発信を

すべきだろうか。そして申請便数は何便にするか。

設問1は逐次決定、設問2は同時決定である。設問3はコミュニケーションや情報操作の可能性を考える。

設問1の検討：自社が先行する場合

この状況は、1〜3のなかで最も分析しやすい状況であろう。分析はゲーム・マトリクスでもゲーム・ツリーでも可能であるが、設問2および設問3の検討と比較する際に便利なように、マトリクスを用いる例を示す。図5-19は事例5-4の状況を表したゲーム・マトリクスである。各プレーヤーの選択肢は0便から8便までしか示していないが、9便以上の選択肢も可能である。

北洋航空

便数	0便	1便	2便	3便	4便	5便	6便	7便	8便
8便	0 / 88	8 / 64	**10** / 40	6 / 16	−4 / −8	−20 / −32	−42 / −56	−70 / −80	−104 / −104
7便	0 / 98	11 / 77	**16** / 56	15 / 35	8 / 14	−5 / −7	−24 / −28	−49 / −49	−80 / −70
6便	0 / 102	14 / 84	22 / 66	**24** / 48	20 / 30	10 / 12	−6 / −6	−28 / −24	−56 / −42
5便	0 / 100	17 / 85	28 / 70	**33** / 55	32 / 40	25 / 25	12 / 10	−7 / −5	−32 / −20
4便	0 / 92	20 / 80	34 / 68	42 / 56	**44** / 44	40 / 32	30 / 20	14 / 8	−8 / −4
3便	0 / 78	23 / 69	40 / 60	51 / 51	**56** / 42	55 / 33	48 / 24	35 / 15	16 / 6
2便	0 / 58	26 / 52	46 / 46	60 / 40	68 / 34	**70** / 28	66 / 22	56 / 16	40 / 10
1便	0 / 32	29 / 29	52 / 26	69 / 23	80 / 20	**85** / 17	84 / 14	77 / 11	64 / 8
0便	0 / 0	32 / 0	58 / 0	78 / 0	92 / 0	100 / 0	**102** / 0	98 / 0	88 / 0

（南洋航空：行）

（セル内の単位は億円）

図5-19　事例5-4を表現するゲーム・マトリクス①

第5章　ゲーム理論　131

　設問1は逐次選択の状況なので、後戻り推論で最適な選択を考えることができる。図のセルの右側にある北洋航空の利得が四角で囲まれている所は、先行の南洋航空の選択肢に対する、後続の北洋航空の最適反応である。すなわち、横行のなかで北洋航空の利得が最大になるセルである。北洋の最適反応のセルのみが、南洋の選択しだいで実現すると予想される。それらを比べると、（南洋7便、北洋2便）のセルで、南洋の利得が最大の56になる。（9便以上の選択肢を含めて考えても、それ以上の利得になることはない。）したがって、設問1における南洋航空の最適な申請便数は7便である。図5-19で（南洋7便、北洋2便）のセルを太線で囲んでいる。このセルは98ページで説明したサブゲーム完全ナッシュ均衡にあたる。

北洋航空

便数	0便	1便	2便	3便	4便	5便	6便	7便	8便
8便	0 / 88	8 / 64	**10** / 40	6 / 16	−4 / −8	−20 / −32	−42 / −56	−70 / −80	−104 / −104
7便	0 / 98	11 / 77	**16** / 56	15 / 35	8 / 14	−5 / −7	−24 / −28	−49 / −49	−80 / −70
6便	0 / **102**	14 / 84	22 / 66	**24** / 48	20 / 30	10 / 12	−6 / −6	−28 / −24	−56 / −42
5便	0 / 100	17 / **85**	28 / **70**	**33** / 55	32 / 40	25 / 25	12 / 10	−7 / −5	−32 / −20
4便	0 / 92	20 / 80	34 / 68	42 / **56**	**44** / **44**	40 / 32	30 / 20	14 / 8	−8 / −4
3便	0 / 78	23 / 69	40 / 60	51 / 51	**56** / 42	55 / **33**	48 / **24**	35 / 15	16 / 6
2便	0 / 58	26 / 52	46 / 46	60 / 34	68 / 28	**70** / 28	66 / 22	56 / **16**	40 / **10**
1便	0 / 32	29 / 29	52 / 26	69 / 23	80 / 20	**85** / 17	84 / 14	77 / 11	64 / 8
0便	0 / 0	32 / 0	58 / 0	78 / 0	92 / 0	100 / 0	**102** / 0	98 / 0	88 / 0

南洋航空

（セル内の単位は億円）

図5-20　事例5-4を表現するゲーム・マトリクス②

設問2の検討：同時選択の場合

　互いに相手の選択を知らずに自らの選択をするので、同時選択のゲームになる状況である。同時選択のゲームでは、合理的なプレーヤー同士であれば、比較的高い確率でナッシュ均衡の行動をとることが予想できる。

　ナッシュ均衡の探し方は95ページにいくつか紹介しているが、ここではプレーヤーの最適反応が重なるセルを探す方法を用いる。北洋航空の最適反応を示した図5-19に、南洋航空の最適反応を加えて示したゲーム・マトリクスが図5-20である。ナッシュ均衡は、両プレーヤーの最適反応が重なるセルで、(南洋4便、北洋4便)の組合せである。図5-20ではナッシュ均衡のセルを太線で囲んでいる。

　ナッシュ均衡での両者の利得は44である。設問1の南洋が56、北洋が16の利得と比べると、南洋の利得が少なくなり北洋の利得が多くなる。その違いは、逐次選択の設問1では、南洋航空が先行してより多くの7便を申請し、後続の北洋航空を2便に牽制できたことによる。この事例5-4では、申請に先行優位があると言える。

囚人のジレンマの構造が見つかる

　ところがこの事例でナッシュ均衡になる4便を選択することは、大局的には利益を最大化することにならない。ちなみに両プレーヤーの4便と3便の選択肢からなる2×2のゲーム・マトリクスを取り出すと図5-21になる。図でナッシュ均衡になる(南洋4便、北洋4便)の利得44よりも、左下の(南洋3便、北洋3便)の利得51のほうが、両社ともに大きいことがわかる。

　図5-21は本章の最初に紹介した「囚人のジレンマ」の構造になっている。シェア争いをして両社が4便を飛ばすよりも、3便にして満席に近づけるほうが利益が高くなる。しかし両社とも、相手が3便を選択しても自分だけは4便にするほうが利益がさらに高くなり、協調するインセンティブを持たない。したがって各社が自社の利益の最大化を図ると、最善の結果ではないナッシュ均衡になってしまう。できれば(南洋3便、北洋3便)の結果に誘

		北洋航空	
		3便	4便
南洋航空	4便	56, 42	**44, 44**
	3便	51, 51	42, 56

図5-21　図5-20の一部を取り出したゲーム・マトリクス①

導したいが、南洋が３便を選択しても、北洋の最適反応は４便である。

5-10 繰り返しゲームの駆け引き（設問２および３の検討）

将来の繰り返しを考えるとゲームの構造が変わる

　現実では、設問２のような状況で、両社３便が選ばれることがある。その理由は、プレーヤーの目的が自社だけの利益ではなく相手との合計利益である場合や、プレーヤー間で協調的な行動習慣がある場合などである。ただしこれらは、プレーヤーの目的は自社利益の最大化という、事例の前提とは異なる。

　しかし、**プレーヤーの目的が自社だけの利益であるとしても、ゲームを１回限りではなく繰り返す場合には、協調的な行動を選ぶ可能性がある**。たとえば、両社は今年だけでなく来年以降も繰り返して便数を申請し、その際に今年の申請便数は、来年の申請便数に次のような影響を与えると仮定する。

＜仮定5-5＞

　各社は、もし今回両社が３便を申請すれば、協調への期待を持って次回も３便を申請する。しかし、もし今回少なくとも１社が３便以外を申請すれ

ば、協調への期待は失われ、次回以降毎回両社は4便を申請する。

　この仮定のもとで、両社の3便と4便の選択肢について、今年と来年の2年合計の利益を計算すると、図5-22のようになる。

　図5-22の「来年」のマトリクスには、「今年」と同じ利得を入れている。「今年」の各セルから「来年」のセルに伸びている矢印は、仮定に基づいて、今年の結果が来年のどの結果を導くかを示している。そして「2年合計」のマトリクスのセルには、「今年」の選択が2年合計でいくらの利得を導くかを、矢印に沿って加算して入れている。たとえば「今年」の左下のセルは協調的結果で、「来年」の協調的結果である左下のセルを導き、「2年合計」の左下のセルに示した合計利得を導く。「今年」に左下以外のセルになると、「来年」は右上のセルになる。したがって今年の左上、右上、右下の各セルの利得に、来年の右上の利得を加えたものが、「2年合計」の左上、右上、右下に示されている。

　ここで注目すべき点は、両プレーヤーが仮定5-5の予想をするならば、「2

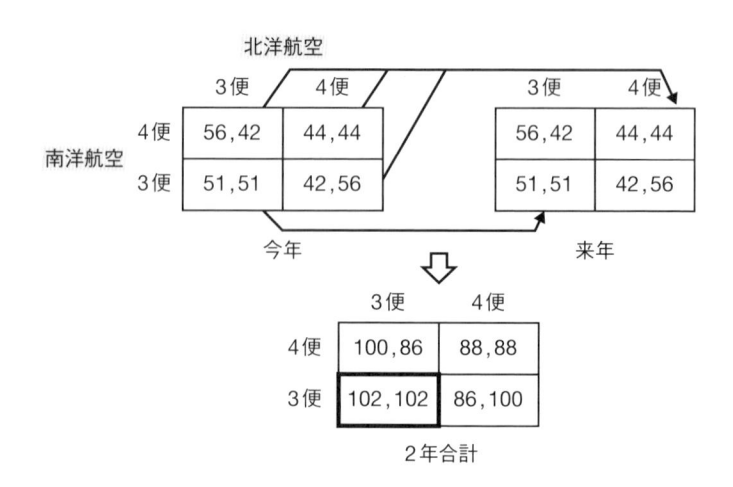

図5-22　仮定5-5のもとで2年合計の利得を計算する

年合計」のマトリクスでは、協調的な左下のセルがナッシュ均衡になることである[6]。つまり「2年合計」のゲームは囚人のジレンマではなくなる。図5-22は3便と4便の選択肢だけを示しているが、その他の選択肢を含めて考えても、「2年合計」のマトリクスでは両社3便はナッシュ均衡になる。ちなみに3年以上の合計利得も考えてみる。両社3便の協調が続けば、毎年両社の利得に51が追加され、協調以外の結果であれば、両社の利得に44が追加される。つまり繰り返しの回数が多いほど、協調を続けることの有利さは増える。

　繰り返しと合計利得を考えることで、囚人のジレンマはゲームの構造が変わる。そしてプレーヤーは自分の利得だけを最大化するとしても、協調的な行動をとるようになる。図5-22の例では、2年合計の利得でゲームの構造が変わった。一般的には、構造を変えるために必要な繰り返しの回数は、「抜け駆け」による1回限りの利得増と、協調による繰り返しの利得増の大小関係で決まる。抜け駆けの利得増が比較的大きい場合は、それを相殺するために、より多くの繰り返し回数が必要になる。

　囚人のジレンマの問題は、プレーヤーが「抜け駆け」をすれば高い利得をあげられることであった。しかし繰り返しゲームで仮定5-5のような行動をとるならば、協調を続けることは両者にとって最高の利得をもたらし、「抜け駆け」のインセンティブがなくなる。繰り返しゲームでは将来の行動が、現在の行動に、抜け駆けへの「罰則」を与えるのである。（抜け駆けをしないことへの「報酬」とも言える。）

　現実にはまず囚人のジレンマの構造に気づくことが重要である。そして繰り返しができる状況であれば、各プレーヤーが繰り返しによる問題解決の可能性に気づき、長期的な合計利得の最大化を目的にすることで、囚人のジレンマを解決できる。このような気づきと期待を、自分だけでなく相手にも持たせ、協調的な行動に相手を誘導することが、囚人のジレンマの解決策になる。囚人のジレンマの解決方法は、繰り返しゲーム以外にも、罰則や評判形

---

[6] 正確には左下のほか右上のセルもナッシュ均衡だが、左下のセルの利得は両者にとって右上より大きい。両者がどちらの選択肢でも選べることから、左下が実現する可能性が高いであろう。

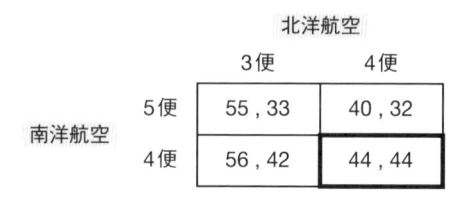

		北洋航空	
		3便	4便
南洋航空	5便	55, 33	40, 32
	4便	56, 42	**44, 44**

図5-23　図5-20の一部を取り出したゲーム・マトリクス②

成などがある。それらは第6章の165ページであらためて詳述する。

牽制の均衡

　両プレーヤーが繰り返しゲームについて仮定5-5のような予想を持つと、繰り返しにおける協調は、仮定と矛盾しない合理的な結果になる。しかし、別の仮定を持つと、別の結果が合理的になる可能性がある。事例5-4の繰り返しゲームでは、(南洋3便、北洋3便) に協調する均衡のほか、(南洋5便、北洋3便) のような、**一方のプレーヤーが強気の選択をして他方が譲る均衡もある**。そのような例を説明するために、南洋航空の5便と4便、北洋航空の3便と4便の選択肢を取り出して、2×2のゲーム・マトリクスを図5-23に示す。図5-23の右下の (南洋4便、北洋4便) のセルが、1回限りゲームのナッシュ均衡である。

　ゲームを繰り返すときに、今年の申請便数が、来年の申請便数に次のような影響を与えると仮定する。

<仮定5-6>

　南洋航空が今回5便を申請すれば、南洋航空は次回以降毎回5便を申請する。そして北洋航空は南洋航空の強気の姿勢が続くものと考えて次回以降毎回3便を申請する。南洋航空が今回5便以外を申請すれば、南洋航空は次回以降毎回、1回限りゲームのナッシュ均衡の選択肢である4便を申請する。

                                                     第5章 ゲーム理論　137

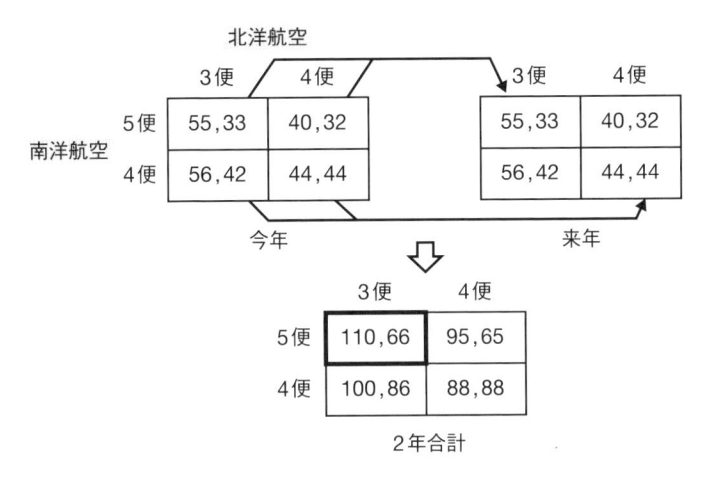

```
                         北洋航空
                      3便    4便          3便    4便
               5便  │55,33 │40,32│     │55,33 │40,32│
        南洋航空     ├──────┼──────┤     ├──────┼──────┤
               4便  │56,42 │44,44│     │56,42 │44,44│

                      今年                   来年
                              ⇩
                      3便    4便
               5便  │110,66│95,65│
                    ├──────┼──────┤
               4便  │100,86│88,88│

                     2年合計
```

図5-24　仮定5-6のもとで2年合計の利得を計算する

そして北洋航空は南洋航空の４便が続くものと考えて次回以降毎回４便を申請する。

　この仮定のもとで、今年と来年の２年合計の利益を計算すると、図5-24のようになる。

　図5-24の「来年」のマトリクスには、「今年」と同じ利得を入れている。「今年」の各セルから「来年」のセルに伸びている矢印は、仮定5-6にもとづいて、今年の結果が来年のどの結果を導くかを示している。そして「２年合計」のマトリクスのセルには、「今年」の選択が２年合計でいくらの利得を導くかを、矢印に沿って加算して入れている。

　「２年合計」のマトリクスでは、左上の（南洋５便、北洋３便）のセルがナッシュ均衡になる[7]。つまり、１回限りゲームでは（南洋４便、北洋４便）

7　図5-24は２×２の選択肢だけを示しているが、その他の可能な選択肢を含めても、十分に多い回数の繰り返しゲームであれば、（南洋５便、北洋３便）を繰り返すことがナッシュ均衡になりうる。

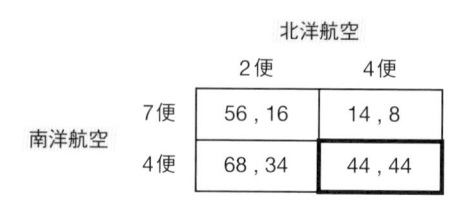

	北洋航空	
	2便	4便
南洋航空 7便	56, 16	14, 8
南洋航空 4便	68, 34	**44, 44**

図5-25　図5-20の一部を取り出したゲーム・マトリクス③

が均衡だが、両プレーヤーが仮定5-6の予想をするならば、繰り返しゲームでの均衡は（南洋5便、北洋3便）に変化する。このとき南洋の利得は1回あたり55、北洋の利得は1回あたり33になる。南洋の利得55は、1回限りゲームのナッシュ均衡における44や、協調の利得における51よりも高い。もし相手の北洋航空に、南洋航空は5便を申請し続けると信じさせることができれば、南洋航空はきわめて高い利得を得ることができる。

さらに極端な牽制の均衡

　繰り返しゲームでは、南洋航空がさらに強気の行動をとる均衡もある。その例を表現するために、南洋航空の7便と4便、北洋航空の2便と4便の選択肢を取り出して、2×2のゲーム・マトリクスを図5-25に示す。図5-25の右下の（南洋4便、北洋4便）のセルが、1回限りゲームのナッシュ均衡である。

　ゲームを繰り返すときに、今年の申請便数が、来年の申請便数に次のような影響を与えると仮定する。

＜仮定5-7＞

　南洋航空が今回7便を申請すれば、南洋航空は次回以降毎回7便を申請する。そして北洋航空は南洋航空の強気の姿勢が続くものと考えて次回以降毎回2便を申請する。南洋航空が今回7便以外を申請すれば、南洋航空は次回

以降毎回、1回限りゲームのナッシュ均衡の選択肢である4便を申請する。そして北洋航空は南洋航空の4便が続くものと考えて次回以降毎回4便を申請する。

この仮定のもとで、今年と来年の4年合計の利益を計算すると、図5-26のようになる。

図5-26の「来年」、「2年後」、「3年後」のマトリクスには、「今年」と同じ利得を入れている。マトリクスの間に伸びている矢印は、仮定5-7にもとづいて、前年の結果が次年のどの結果を導くかを示している。そして「4年

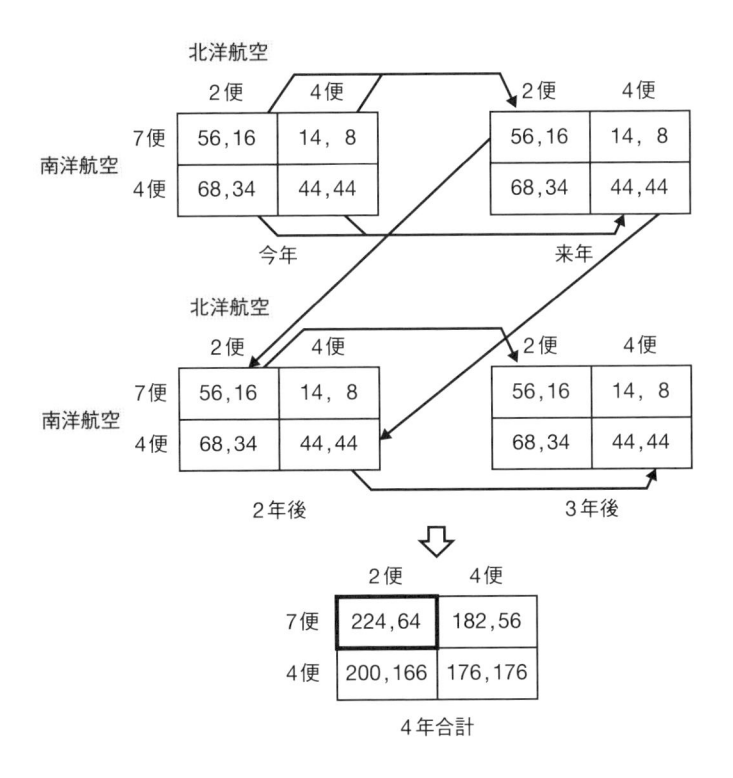

図5-26　仮定5-7のもとで4年合計の利得を計算する

合計」のマトリクスのセルには、「今年」の選択が4年合計でいくらの利得を導くかを、矢印に沿って加算して入れている。

「4年合計」のマトリクスでは、左上の（南洋7便、北洋2便）のセルがナッシュ均衡になる[8]。つまり、1回限りゲームでは（南洋4便、北洋4便）が均衡だが、両プレーヤーが仮定5-7の予想をするならば、繰り返しゲームでの均衡は（南洋7便、北洋2便）に変化する。このとき南洋の利得は1回あたり56、北洋の利得は1回あたり16になる。南洋の利得は、5便で牽制する均衡の利得55よりさらに高い。

しかし多くの便数で牽制するほど、譲歩する相手の利得は低下するので、相手は簡単に仮定のような行動をとらないであろう。また、牽制の均衡が成立するために必要な繰り返しの回数を比較すると、5便で牽制する均衡は2回以上の繰り返しで成立するのに対し、7便で牽制する均衡は4回以上を必要とする[9]。7便で牽制するのは、5便で牽制するより、それらの意味でより「強引」な戦略と言える。

チキンゲームの構造が見つかる

牽制の均衡には、南洋航空が牽制するものと対称的に、北洋航空が牽制するものもある。つまり（南洋3便、北洋5便）や（南洋2便、北洋7便）のような均衡である。それらのどれが実現するかは、プレーヤーが互いの行動に関して持つ、仮定5-6や仮定5-7のような予想による。自分が強気の行動を続けると相手に信じさせることができれば、自分に有利な均衡に導くことができる。

---

8 図5-26は2×2の選択肢だけを示しているが、その他の可能な選択肢を含めても、十分に多い回数の繰り返しゲームであれば、（南洋7便、北洋2便）を繰り返すことがナッシュ均衡になりうる。

9 図5-26で示した繰り返しゲームでは、3年合計でも（南洋7便、北洋2便）はナッシュ均衡になるが、同時に（南洋4便、北洋3便）もナッシュ均衡になる。4年以上の合計では、（南洋7便、北洋2便）はナッシュ均衡であり、（南洋4便、北洋4便）はナッシュ均衡ではなくなる。

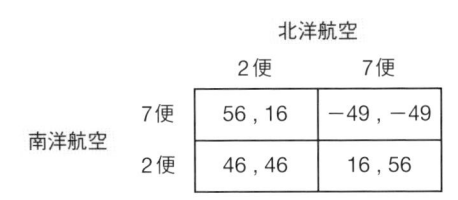

	北洋航空	
	2便	7便
南洋航空 7便	56 , 16	−49 , −49
南洋航空 2便	46 , 46	16 , 56

図5-27　図5-20の一部を取り出したゲーム・マトリクス④

しかし**両プレーヤーが相手を牽制しようと強気の行動をとると、危険な結果を招く**可能性がある。その例を表現するために、両社の7便と2便の選択肢を取り出して、2×2のゲーム・マトリクスを図5-27に示す。図5-27では、左上と右下の2か所のセルが1回限りゲームのナッシュ均衡になる。左上は南洋航空が北洋航空を牽制するセルで、右下は逆に北洋航空が牽制するセルである。

図5-27は「**チキン**」と呼ばれる構造を持っている。チキンの特徴は第6章の177ページで詳述するが、2つのセルのナッシュ均衡は、いずれも一方のプレーヤーが他方を牽制し、他方は譲歩する状況になる。両者が譲歩するセル（南洋2便、北洋2便）からは、どちらのプレーヤーも牽制（7便）に変更するインセンティブを持つ。ただし両者が牽制するセル（7便、7便）では、両者ともに最低の利得になる。

事例5-4における牽制の戦略をより広い視野で考えるには、相手が牽制する可能性も含めた図5-27のようなゲームが適当である。そして状況がチキンゲームになりうることに気づくことが重要である。チキンゲームでは、プレーヤーが相手の行動について正しい認識を持っていれば、ナッシュ均衡が選択され、最悪の事態にはならない。しかし相手の行動を読み誤り、互いに強気の行動を選択すると、最悪の事態を招く。

どの戦略を選ぶか

協調の戦略は、便数を減らして相手を攻撃しない戦略なので、多くのプ

レーヤーが採用するほど利得が増える。しかし牽制の戦略は、自分1人が採用すれば大きな利得をもたらすが、複数のプレーヤーが採用すると破壊的な結果を生みかねない。その意味では、協調の戦略のほうがリスクが小さいと言える。

設問3の検討：情報戦略

設問3は情報発信によってゲームを有利にプレーする可能性を検討する。ゲームは囚人のジレンマの構造をもち、ナッシュ均衡の選択は4便で、期待される利得は年間44億円である。繰り返しゲームにおいても、両者4便のナッシュ均衡が繰り返される可能性がある。しかし仮定5-5～5-7のような予想をプレーヤー間で共有できれば、南洋航空の年間利益を増やせるであろう。そのような期待を形成するための情報発信を検討する。

情報の信憑性

情報発信の効果は、均衡が1つのゲームと、複数のゲームとでは異なる。均衡が1つであれば、均衡以外の選択肢をとるという情報を発信しても信用されない。この事例5-4では、1回限りゲームの同時選択における均衡は、(南洋4便、北洋4便)の1つである。したがってそれ以外の、たとえば南洋が3便を申請すると発信して協調を呼びかけても、その情報に信憑性はない。なぜなら、かりに北洋航空が協調的に3便を選択しても、それに対する南洋航空の最適反応は3便ではなく4便だからである。

情報戦略の例

しかし均衡が複数ある場合は、プレーヤーがどの均衡が実現すると予想するかによって、取られる選択肢が変わりうる。プレーヤーが相手の行動を予想する根拠は、過去の行動やプレーヤーの性質、文化や習慣などさまざまなものがある。発信する情報は相手の予想に影響を与えうるので、相手の選択

を自らに望ましいものに誘導するような情報発信の可能性がある。

　事例5-4の繰り返しゲームでは、多くの均衡がある。そのため南洋航空が3便を申請すると発信することで、協調の均衡を暗示する可能性がある。それによって北洋航空に、長期的な利益を最大化する協調の可能性を気づかせ、南洋航空には協調の準備があることを知らせるのである。3便と発信したうえで、実際に3便を申請すれば、相手に伝わるメッセージはより強いものになる。1回限りゲームでは3便を申請することは合理的ではないが、繰り返しゲームでは、1回のゲームの利得を犠牲にしても、強いメッセージで相手を次回以降の協調に誘導できれば、合計利得として合理的な行動になりうる。

　あるいは、南洋航空が5便という強気の情報発信をして、北洋航空を牽制する戦略もある。情報発信に続いて実際に5便の申請をすれば、牽制のメッセージはより強いものになるだろう。1回限りのゲームでは5便の申請は合理的ではない。かりに北洋航空が5便に対する最適反応の3便を申請しても、それに対する南洋航空の最適反応は4便で、発信された5便ではないからである。したがって南洋が5便を発信しても、それは信憑性のない脅しである。しかし繰り返しゲームでは、南洋航空はかりに1回のゲームの利得を犠牲にしても、強気のプレーヤーであるという印象を相手に与えれば、合計利得として合理的な行動になりうる。そのような理由で南洋航空が5便を申請する可能性が高いと考えれば、北洋航空は3便を申請するだろう。南洋航空が実際に5便の申請をする可能性は低いと考えれば、北洋航空は牽制されない。逆に北洋航空が5便など強気の情報発信をし返すかもしれない。両者が強気の情報発信をすれば、チキンゲームの状況になる。どちらかが便数を減らせば、結果としてそのプレーヤーが牽制されたことになる。どちらも便数を減らさなければ、消耗戦になる。

　何も発信しないことも、情報戦略の1つである。一度発信した方針を変更すると、将来の情報発信の信憑性に影響する。したがって、とくに良い戦略とタイミングでなければ、あえて情報発信をしないことで、将来の情報発信の自由度と効果を高めることができる。

5-11 | 繰り返しゲームの均衡

この節では、前節で紹介した繰り返しゲームの均衡についてまとめる。ゲームを繰り返す際の、各回のゲームを**段階ゲーム**という。同じゲームを繰り返す場合の均衡は、段階ゲームにおける均衡が繰り返されるものが多い。しかしそれ以外の均衡もありうる。繰り返しゲームを大別すると、有限回数の繰り返しゲームと、無限回数の繰り返しゲームに分けられる。

有限回数の繰り返し

有限回数の繰り返しゲームの均衡は、繰り返す回数をプレーヤーが知っているならば、段階ゲームの均衡を繰り返すことになる。このことを後戻り推論で説明すると次のようになる。

最終回のゲームにおける選択は、影響を受ける次のゲームがないので、その回の利得の最大化を考える。つまり1回限りゲームと同じなので、1回限りの段階ゲームにおける均衡の選択肢が選ばれる。最後から2回目のゲームでは、何を選択しても最終回の選択は段階ゲームの選択で変わらない。すると最後から2回目のゲームも、その回の利得の最大化を考えるので、1回限りの段階ゲームと同じ選択をする。最後の2回のゲームは変わらないので、最後から3回目のゲームも、やはり段階ゲームと同じ選択をする。このように何回遡っても、各回のゲームの選択は段階ゲームの選択と同じになる。

たとえば、有限回数繰り返しの「囚人のジレンマ」ゲームでは、段階ゲームの均衡である「両者非協力」が繰り返されることが均衡になる。

無限回数の繰り返し

しかし**無限回数の繰り返しゲームは、段階ゲームの均衡の繰り返し以外にも、均衡がありうる**。このことは、繰り返しによってゲームの性質を変え、ときにゲームの問題点を解決できることを意味している。その例としては

134ページで述べた、「囚人のジレンマ」の解決法として、繰り返しによって「両者協力」が均衡になる状況を作り出す例がある。その他にも多くのパターンのゲームで、繰り返しが問題点の解決法になりうる。

　有限回数と無限回数で均衡が異なる理由は次のようなものである。有限回数繰り返しゲームでは、プレーヤーは最終回から後戻り推論をして、1回限りゲームの均衡を繰り返す。しかし無限回数繰り返しでは、最終回はないので後戻り推論はできない。代わりに、ある回のゲームの結果が将来のゲームにおけるプレーヤーの選択に影響を与えるという前向きの推論が、各プレーヤーの利得の最大化に矛盾しない限り、合理的な推論になる。そのような、前向き推論の一例が、133ページ以降で紹介した仮定5-5～仮定5-7などである。そこで紹介した仮定はそれぞれ異なる均衡を導くが、いずれも1回限りゲームの均衡の繰り返しとは異なるものである。

　有限回数繰り返しでも、プレーヤーが最終回を知らない場合は、後戻り推論ができないという意味で、無限回数繰り返しと似た状況になる。それはたとえば、繰り返しゲームがある確率にしたがってどこかの回で終了するゲームである。終了する確率が各回あたりごく小さな値であれば、無限回数繰り返しと同じような均衡が現れる。プレーヤーが最終回を知っている繰り返しゲームでも、繰り返しが多数で長期に及び、プレーヤーの利得が時間割引される場合は、やはり無限回数繰り返しゲームと同じような均衡が現れる場合がある。

繰り返しゲームの均衡

　繰り返しゲームにおける均衡の概念をここで紹介する。概念は1回限りゲームの均衡と基本的に同じである。主な違いは、プレーヤーの選択肢の定義である。繰り返しゲーム全体としての選択肢（繰り返しゲームの**戦略**ともいう）は、各段階ゲームにおける選択肢の組合せになる。すなわち1回目のゲームにおける選択肢、2回目のゲームの選択肢……の組合せで、繰り返しゲーム全体としての1つの戦略が構成される。そして各回のゲームの選択肢は、その回以前に自他のプレーヤーがとった選択肢と判明した情報（これら

をゲームの**歴史**とよぶ）の条件つきになる。

　たとえば図5-22で、南洋航空にとっての繰り返しゲームにおける戦略の例をあげると、「今年も来年も3便を申請する」という戦略や、「今年は3便、来年は4便を申請する」という戦略がある。これらは1回目の歴史が、2回目の選択の条件にならない戦略である。しかし相手の行動の条件つきで、「今年3便を申請する。そして今年北洋が3便であれば来年も3便を、今年北洋が4便であれば来年は4便を申請する。」という戦略もある。これは1回目の歴史によって2回目の選択肢が変わる戦略である。この他にもさまざまな戦略がある。そして各プレーヤーの戦略が、互いに他のプレーヤーの戦略に対する最適反応になっているとき、各プレーヤーの戦略を合わせたものが繰り返しゲームにおける均衡になる。

事例5-4における繰り返しゲームの均衡

　128ページの事例5-4における繰り返しゲームの均衡の例をいくつか以下にあげる。

均衡例1：段階ゲームの均衡の繰り返し

　一般に、段階ゲームの均衡を繰り返すことは、繰り返しゲームの均衡になる。事例5-4に当てはめると、段階ゲームのナッシュ均衡である（南洋4便、北洋4便）が繰り返される均衡である。2回繰り返しの図5-22でも、（南洋4便、北洋4便）は均衡の1つになる。ただし協調を繰り返す左下のセル（南洋3便、北洋3便）のほうが、両社ともに利得が高い均衡になるので、事例5-4の繰り返しでは、協調の均衡が選ばれる可能性もある。

均衡例2：協調の均衡

　133ページの仮定5-5で示したような、協調への期待がプレーヤーの間で成立して、協力的行動が続く均衡である。仮定5-5の状況を各プレーヤーが予想すると、どのプレーヤーもそこから逸脱するインセンティブを持たない。したがって繰り返しゲームでの均衡になる。

均衡例3：牽制の均衡

　両プレーヤーが譲り合う均衡例2と違い、一方のプレーヤーが強気の選択をして他方が譲る均衡もある。たとえば、（南洋5便、北洋3便）が繰り返されるという均衡である。仮定5-6（あるいは仮定5-7）の状況を各プレーヤーが予想すると、どのプレーヤーもそこから逸脱するインセンティブを持たないので、繰り返しゲームでの均衡になる。

繰り返しゲームには多くの均衡がある

　上にあげた均衡例1～3の他にも、繰り返しゲームにおける均衡がある。一般に、繰り返しゲームになると、1回限りゲームの場合よりも、均衡の数が増えることが多い。

5-12 混合戦略

　プレーヤーの選択肢（戦略ともいう）は、特定の1つの選択肢をとる**純粋戦略**と、複数の選択肢の中からどれかを特定の確率分布にしたがってとる**混合戦略**に区別される。マトリクスに表されるゲームには、必ず1つ以上のナッシュ均衡がある。したがって**純粋戦略のナッシュ均衡がない場合は、必ず混合戦略のナッシュ均衡が存在する**ことになる。純粋戦略と混合戦略のナッシュ均衡がともに存在することもある。

　混合戦略がナッシュ均衡になるゲームの例として、「じゃんけん」がある。じゃんけんをゲーム・マトリクスに表すと、図5-28のようになる。利得の1は勝ち、−1は負けを表す。図5-28の3×3のセルは、いずれもナッシュ均衡ではない。つまり図5-28のゲームには、純粋戦略のナッシュ均衡はない。「かみ」、「いし」、「はさみ」の特定の1つをつねに出すことは最適ではない。じゃんけんにおけるプレーヤーの最適な戦略は、かみ、いし、はさみをそれぞれ1/3の確率でランダムに選ぶことである。これが混合戦略の例である。どれか1つの選択肢に固定したり、決まった順番で手を選んでいる

	かみ	いし	はさみ
かみ	0, 0	1, −1	−1, 1
いし	−1, 1	0, 0	1, −1
はさみ	1, −1	−1, 1	0, 0

図5-28　じゃんけんを表現するゲーム

と、相手に手を読まれて不利になる。実際にはどれか1つの選択肢を決めるので、混合戦略は厳密に言うと、相手プレーヤーからみて、自分の選択が確率分布に従うと思えるように行動する戦略である。

じゃんけんの例から想像できるように、ナッシュ均衡が混合戦略を含む場合は、ゲームの起こりうる結果は1通りではなく、混合戦略を構成する複数の選択肢を確率的に組み合わせたものである。

混合戦略を分析する例として、次の事例5-8と図5-29をあげる。

事例5-8

ある2人のテニスプレーヤーが、サーバーとレシーバーになる。サーバーには、レシーバーの「フォア」側にサービスを打つか、「バック」側にサービスを打つかの選択肢がある。レシーバーには、「フォア」側のサービスに準備をするか、「バック」側のサービスに準備をするかの選択肢があり、どちらかを選択する。図5-29はサーバーとレシーバーの選択肢の組合せに対して、各セルの左側にレシーバーがポイントを取る確率を、右側にサーバーがポイントを取る確率を、利得として表している。確率は、それ以前に各プレーヤーが選んだ選択肢の影響を受けない。両プレーヤーとも自分がポイントをとれる確率を最大にしようとしている。

図5-29をみると、2×2のセルのいずれもナッシュ均衡ではないことがわかる。つまり図5-29のゲームには、純粋戦略のナッシュ均衡はない。

		サーバー	
		フォア	バック
レシーバー	フォアに準備	0.8 , 0.2	0 , 1.0
	バックに準備	0.2 , 0.8	0.5 , 0.5

図5-29　テニスのサーバーとレシーバーのゲーム

混合戦略の均衡の求め方

　次のような方法で、混合戦略と純粋戦略をあわせてナッシュ均衡を求めることができる。（純粋戦略のナッシュ均衡だけを求めるなら、マトリクス上で最適反応をプロットするほうが、一般的に簡単に求められる。）

　まず各選択肢に、それが選ばれる確率を付与する。たとえば図5-29のゲームで、サーバーによって「フォア」側へのサーブが選ばれる確率をp、「バック」側へのサーブが選ばれる確率を$1-p$、レシーバーによって「フォアに準備」が選ばれる確率をq、「バックに準備」が選ばれる確率を$1-q$とする[10]。

　レシーバーが「フォアに準備」するのが最適になるのは、「フォアに準備」した場合のレシーバーの期待利得$0.8p + 0(1-p)$が、「バックに準備」した場合の期待利得$0.2p + 0.5(1-p)$より大きいときである。すなわち$0.8p + 0(1-p) > 0.2p + 0.5(1-p)$が成り立つときである。そのときレシーバーは必ずフォアに準備するので、$q = 1$になる。すなわち、$q = 1$ if $0.8p + 0(1-p) > 0.2p + 0.5(1-p)$が成り立つ。

　逆に、レシーバーが「バックに準備」するのが最適になるのは、期待利得の大小関係が反対になる、$0.8p + 0(1-p) < 0.2p + 0.5(1-p)$のときである。そのときにはレシーバーが必ずバックに準備するので$q = 0$になり、

10　1人のプレーヤーの選択肢が3つであれば、確率はpと$1-p$ではなく、たとえば、p_1, p_2, $1-p_1-p_2$, のようになる。

q = 0 if 0.8p + 0 (1 − p) ＜ 0.2p + 0.5 (1 − p) が成り立つ。

　両方の期待利得が等しければ、レシーバーは 0 ≦ q ≦ 1 の範囲でどのような選択をすることも合理的である。すなわち 0 ≦ q ≦ 1 if 0.8p + 0 (1 − p) = 0.2p + 0.5 (1 − p) が成り立つ。

　同様に、サーバーについても「フォア」にサービスを打つ場合の期待利得 0.2q + 0.8 (1 − q) と、「バック」にサービスを打つ場合の期待利得 1q + 0.5 (1 − q) を比べて、最適な行動を予想できる。0.2q + 0.8 (1 − q) ＞ 1q + 0.5 (1 − q) ならば「フォア」にサービスを打つのが最適なので p = 1 になり、0.2q + 0.8 (1 − q) ＜ 1q + 0.5 (1 − q) ならば「バック」にサービスを打つのが最適なので p = 0 になり、0.2q + 0.8 (1 − q) = 1q + 0.5 (1 − q) ならば無差別なので 0 ≦ q ≦ 1 になる。

　以上にあげた、2人のプレーヤーの最適な行動を同時に満たす条件は、次のようになる。

$$\begin{cases} q = 1 & \text{if} \quad 0.8p + 0\,(1-p) > 0.2p + 0.5\,(1-p) \\ 0 \leqq q \leqq 1 & \text{if} \quad 0.8p + 0\,(1-p) = 0.2p + 0.5\,(1-p) \\ q = 0 & \text{if} \quad 0.8p + 0\,(1-p) < 0.2p + 0.5\,(1-p) \\ p = 1 & \text{if} \quad 0.2q + 0.8\,(1-q) > 1q + 0.5\,(1-q) \\ 0 \leqq p \leqq 1 & \text{if} \quad 0.2q + 0.8\,(1-q) = 1q + 0.5\,(1-q) \\ p = 0 & \text{if} \quad 0.2q + 0.8\,(1-q) < 1q + 0.5\,(1-q) \end{cases}$$

　上の連立式を満たす条件は、p = 5/11 かつ q = 3/11 の組合せである。各プレーヤーがこの確率にしたがって選択肢を決める（サーバーが 5：6 の割合でフォアにサーブを打ち、それを知りつつレシーバーが 3：8 の割合でフォアに準備をする）ことがナッシュ均衡である。

　この解法によって p や q が 0 または 1 になるときは、ナッシュ均衡はそのプレーヤーにとって純粋戦略であることを示す。片方のプレーヤーだけが混合戦略をとるようなナッシュ均衡もある。

ビジネスと混合戦略

　スポーツや軍事など勝敗を争う状況は、ゼロサム・ゲーム（自分の利益がそのまま相手の損失になる）で表されることが多い。ゼロサム・ゲームでは自分の行動を相手に予想させないことが有利になる場合があり、混合戦略は重要な概念である。しかしビジネスの状況は、プラスサム・ゲーム（完全な利害の衝突ではなくwin-winの関係になりうる状況）であることが多い。その場合には、相手の裏をかくよりも、相手と信頼関係を築いてパイを最大化する（win-winを実現する）ことのほうが重要な場合が多い。その場合はwin-winのセルに固定するような純粋戦略が主になる。

　ビジネスにおいて混合戦略が重要な概念になるのは、当事者同士の利益が背反するような場合であろう。たとえば、発注者の目を盗んで受注者がときどき手を抜く、それを防ぐために発注者がときどき抜き打ちの検査をする、などの状況である。

5-13　ナッシュ均衡の長所と限界

　この第5章ではゲーム理論を用いた分析の例をいくつか紹介した。その中にはナッシュ均衡の選択肢をとることが最適と思われる事例と、ナッシュ均衡の選択肢が必ずしも最適とは限らない事例があった。この5-13節では、ゲーム理論における合理的な均衡の概念の、長所と限界を述べる。

ナッシュ均衡は「正解」か？

　ナッシュ均衡の特徴は、合理性と安定性である。合理的に行動するプレーヤーは、ナッシュ均衡の結果が予想されれば、そこから逸脱するインセンティブをもたない。また、どのようなゲームでも、混合戦略を含めると必ず1つ以上のナッシュ均衡が存在するという性質は、ゲームの結果を予想する

際には重宝なものである。

　しかし現実の状況をゲームに表現しても、実際に当事者はナッシュ均衡のように行動しないことがある。その理由は、ゲームが現実を正確に表現していない場合が多い。相手プレーヤーの目的や利得を、間違えて推測することもある。また、ナッシュ均衡の前提となる条件が、現実に合わない場合もある。たとえば、すべてのプレーヤーがゲームの同じ結果を予想するという条件は、ナッシュ均衡が複数ある場合や、ゲームが複雑でプレーヤーが正確な均衡を知ることが難しい場合には、現実に当てはまらないことがある。

　以上のような場合は、相手のプレーヤーはナッシュ均衡の選択肢をとるとは限らない。それはすなわち、自分がナッシュ均衡の選択肢をとることが最適とも限らないことを意味する。ゲームの表現と均衡がつねに正しいものとは限らないという、自分の能力や情報の限界を考慮する姿勢は重要である。しかし、似たような意思決定を繰り返すうちに、あるいは１つのゲームで選択肢の変更を繰り返すうちに、プレーヤーが学習して、ナッシュ均衡やそれに近い選択肢に収れんすることがある。そのイメージは、事例5-3の価格競争ゲームが参考になるだろう。

　ゲームの表現やプレーヤーの認識が正しいときでも、いくつかの事例では、ナッシュ均衡の選択肢は必ずしも最適な行動とは言えない。たとえば事例5-2の価格設定や、事例5-4の航空便数の申請では、囚人のジレンマが発生し、短期的に自己の利得を最大化する均衡の選択肢は最適な行動ではない。むしろ長期的に高い利得を導く行動にコミットしたり、相手と協調的な行動をとったりすることで、より良い結果を導くことができる。

　ただし注目すべきことは、協調的な行動でさえ、繰り返しゲームという別の視点での均衡になることである。

　以上のような理由から**ナッシュ均衡の選択は、妥当な選択であることが多いが、必ずしもつねに最適な選択とは限らない。**

　しかし一方で、**最適な選択を考える出発点として、ナッシュ均衡を考える**ことには意義がある。ナッシュ均衡は現実的な場面でどのくらいの予想精度があり、どのように意思決定の参考にすれば良いのか。そのイメージは、事例5-3の価格競争ゲームが参考になるだろう。また、ナッシュ均衡が不適切

な行動になりかねない「注意すべき状況」の多くは、次の第6章で紹介するパターンにあてはまる。そのパターンと解決法を活用することが、ゲーム理論と均衡の実用性を高めるであろう。

第6章
战略的思考

6-1 ゲーム理論を使いこなすパターン認識

　ゲーム理論は複雑な状況を単純化して表現することで、状況を大局的に把握して、適切な行動や問題の構造を見つけることに適している。ある事象がなぜ起きるのかの、本質を表現するのに向いている。

　構造が類似する問題は、簡潔にモデル化すると同じパターンとして現れる。ゲーム理論にはいくつかの有名なパターンのゲームがあり、それらは多くの事例に現れる。具体的には、個人にとって最適な行動をとることが、集団としては最適にならない「囚人のジレンマ」や、自分の利益のために、相手にそれ以上の損失を与えてしまう「機会主義的行動」などである。

　現実の状況は複雑で、ゲームのパターンほど単純なものではない。しかし状況のなかにパターンと一致する構造が見つかれば、これまでの研究で蓄積された、**パターンに特有の問題とその解決法、適切または不適切な行動などを、状況にあてはめて応用する**ことができる。

　ゲーム理論を使いこなすカギは、状況のパターン認識にあると言って良い。そのパターンで重要と思われるものを紹介して説明する。6-2節ではゲーム・マトリクスで6つのパターンを紹介し、6-3節ではゲーム・ツリーで4つのパターンを紹介する。6-4節はコミットメントのパターンを検討する。6-5節と6-6節では、それらのパターンを基にして、信用形成について検討する。

6-2 ゲーム・マトリクスのパターン例

　まずゲーム・マトリクスで表現される6つのパターンを紹介する。各パターンのエッセンスを表現するために、プレーヤーは2人だけ、選択肢は各プレーヤーにつき2つだけという、最も簡単な2×2のゲーム・マトリクスを用いる。実際の多くの状況は、3人以上のプレーヤーや、3つ以上の選択

```
パターン1              パターン2              パターン3
「囚人のジレンマ」      「牡鹿狩り」            「機会主義的行動」

| ○,○ | ×,◎ |       | ◎,◎ | ×,○ |       | ○,○ | ×,◎ |
| ◎,× | △,△ |       | ○,× | △,△ |       | △,△ | △,△ |


パターン4              パターン5              パターン6
「チキン」              「協調問題」            「男女の争い」

| ○,○ | △,◎ |       | ○,○ | ×,× |       | ◎,○ | △,△ |
| ◎,△ | ×,× |       | ×,× | ○,○ |       | ×,× | ○,◎ |
```

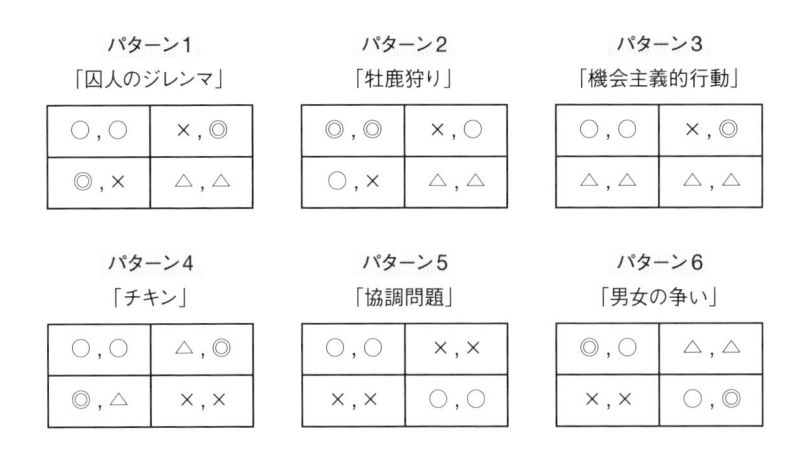

図6-1　ゲーム・マトリクスのパターン例

肢がある。しかしその場合でも、ゲームの一部に次にあげるパターンが含まれていれば、ゲームはパターンの特徴を帯びたものになる。

　ゲーム・マトリクスの各セルの、利得の組合せは無数にあるが、ゲーム理論ではセル間の利得の大小関係が重要である。そこで各プレーヤーごとの、2×2の4つのセルにある利得を、×、△、○、◎、の4つの記号で表わすことにする。それらの大小関係は、× ＜ △ ＜ ○ ＜ ◎ である。2×2のマトリクスの各セルに、プレーヤーごとに×、△、○、◎を配当する組合せは78通りある。（上下の行の入れ替えや、左右の列の入れ替えは、表現位置の違いで分析結果には影響を与えないので、区別せずに分類した数である。）その中からとくに重要と思える、図6-1にあげた6つのパターンを紹介する[1]。

1　パターン3とパターン5は、プレーヤーの利得の大小関係に同値を含むので、78通りの分類に含まれない特殊なパターンである。

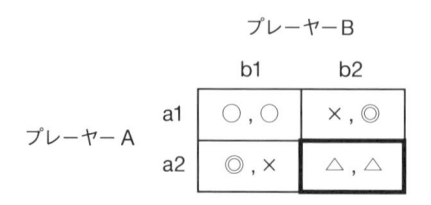

```
              プレーヤーB
               b1    b2
           a1  ○,○  ×,◎        a1とb1は「協力(的行動)」と
プレーヤーA                       解釈できる。
           a2  ◎,×  △,△        a2とb2は「非協力(的行動)」と
                                  解釈できる。
```

図6-2　囚人のジレンマ

パターン1　囚人のジレンマ

利得が図6-2の大小関係になるゲームを囚人のジレンマという。×、△、○、◎で表わされる利得は、プレーヤーごとに比較した大小関係なので、AとBの利得に同じ記号があっても、同じ値ではない。

囚人のジレンマは、ゲームのパターンの中で最も有名なものである。図6-2の配列では、プレーヤーAにとってa2が、プレーヤーBにとってb2が支配戦略であり、ナッシュ均衡は太線で囲んだ右下の（△、△）になる。左上の（○、○）は、右下の（△、△）より両プレーヤーにとって利得が高いが、ナッシュ均衡ではない。なぜならプレーヤーAは左上（○、○）から左下（◎、×）に逸脱することで利得が◎に向上する誘因があり、プレーヤーBは左上（○、○）から右上（×、◎）に逸脱することで利得が◎に向上する誘因がある。したがって左上（○、○）は安定的な状態ではない。その一方で、右下（△、△）からは、どちらのプレーヤーも逸脱すると自らの利得が×に低下する。したがって（△、△）は安定的な状態である。a1とb1の選択肢は、具体的にはさまざまなものがあるが、ゲームの構造から性質的に「協力（的行動）」と解釈できる。また、a2とb2の選択肢は、「非協力（的行動）」と解釈できる。

囚人のジレンマの問題点

囚人のジレンマの問題点は、個人の利得最大化を求める行動が、結果とし

◎, ○	×, ◎
○, ×	△, △

図6-3　囚人のジレンマに似た大小関係のゲーム

て個人の利得を低下させることである。ただしプレーヤーは、後で説明するような、集団として最適な行動をすることで、各個人の利得を改善できる余地がある。

ちなみに２×２ゲームの利得の78の組合せのうち、ナッシュ均衡における利得が最低水準の（△、△）になるものが２通りあり、囚人のジレンマはその１つである。（ちなみにもう１つは図6-3のパターンで、囚人のジレンマとよく似た配列である。）実現する利得水準の低さという意味でも、囚人のジレンマは非生産的な状況である。

囚人のジレンマの例

囚人のジレンマは、さまざまな社会問題や非生産的な状況の構造的な特徴として見られる。いくつかの例を下の（a）〜（h）にあげ、それらに対応する２×２のゲーム・マトリクスを図6-4に示す。構造を簡潔に表現するために２人ゲームを用いているが、囚人のジレンマは２人に限らず３人以上でも、次のような利得の構造を持つときに現れる。

＜例に共通する構造＞

全員が協力すれば、全員が非協力の場合に比べて、全員がより高い利得を得る。しかし各プレーヤーにとって、協力ではなく非協力が支配戦略になる。つまり、他者の選択が変わらないなら、自分は非協力を選択するほうが利得が高くなる。

(a) 投資競争

	通常投資	積極投資
通常投資	○, ○	×, ◎
積極投資	◎, ×	△, △

(b) 価格競争

	高価格	低価格
高価格	○, ○	×, ◎
低価格	◎, ×	△, △

(c) 税率競争

	高税率	低税率
高税率	○, ○	×, ◎
低税率	◎, ×	△, △

(d) 軍縮問題

	軍備縮小	軍備拡張
軍備縮小	○, ○	×, ◎
軍備拡張	◎, ×	△, △

(e) 資源問題

	資源節約	資源浪費
資源節約	○, ○	×, ◎
資源浪費	◎, ×	△, △

(f) 環境問題

	対策あり	対策なし
対策あり	○, ○	×, ◎
対策なし	◎, ×	△, △

(g) フリーライダー問題

	大労力	小労力
大労力	○, ○	×, ◎
小労力	◎, ×	△, △

(h) 相対評価

	小労力	大労力
小労力	○, ○	×, ◎
大労力	◎, ×	△, △

図6-4　囚人のジレンマの例

(a) 投資競争

1社だけが積極投資をすれば相手を出し抜いて有利になるが、全社が積極投資をすると、各社の利益は逆に低くなるような場合である。128ページの事例5-4にある航空便数の申請は、「協力」を3便の申請、「非協力」を4便の申請と考えれば、囚人のジレンマになっている。企業活動では、広告競争などでも囚人のジレンマが起こりうる。第5章の図5-1で紹介した、小売チェーン企業の出店競争のような例もある。
（協力的な選択肢：通常投資、非協力的な選択肢：積極投資、利得：各社の事業利益）

(b) 価格競争

　全社が高価格に設定したときの利益水準は、全社が低価格に設定したときの利益水準を上回る。ただし1社の選択に限れば、低価格にするほうが利益は増える。そして多くの企業が低価格にすると、全社とも利益が低下するような場合である。109ページの事例5-2にあるフェノールの価格設定があてはまる。124ページの事例5-3にある価格競争ゲームもこの構造である。価格設定が囚人のジレンマになるか否かは、価格の変化に対する需要量の感応度（需要の価格弾力性）による。感応度が高いと囚人のジレンマになりやすい。

　売手にとっては、低価格になる囚人のジレンマは不都合な状況だが、逆に買手にとっては望ましい。一般に、競争に関する囚人のジレンマは、競争するプレーヤーにとっては不都合な状況だが、それ以外の者にとっては望ましいこともある。2×2のゲームは競争する2人の利益しか表示しないが、買手の利益も考慮に入れると、より包括的な状況が把握できる。経済法則の典型的な仮定に基づけば、価格競争の囚人のジレンマは、買手の利益増が売手の利益減を上回り、社会全体としては望ましいものになる。社会全体として望ましいか否かは、すべての関係者の利益の合計に依存する。

（協力的な選択肢：高価格の設定、非協力的な選択肢：低価格の設定、利得：各社の事業利益）

(c) 税率競争

　各国が国内事業に高税率を課すと、低税率の国へ事業や利益を移転する企業が増える。すべての国が高税率を設定するときの税収は、すべての国が低税率を設定するときの税収を上回る。ただし1国の選択に限れば、低税率に設定するほうが事業を誘致できて税収は増える。そして各国が税率を低下させると、事業の誘致は相殺されて税収が全体的に低下するような場合である。税率設定が囚人のジレンマになるか否かは、税率の変化に対して企業がグローバルに事業や利益を移転させる程度による。大企業のグローバル化が進んだ現代では、囚人のジレンマが起こりやすくなっている。

（協力的な選択肢：高税率、非協力的な選択肢：低税率、利得：各国の税収）

(d) 軍縮問題

　各国が軍備を減らせば、より少ない軍事費で安全保障をまかなえる。しかし1国の選択に限れば、軍備を拡張することで国際交渉力が増える。そして各国が軍備を拡張すると、安全保障は改善せずに軍事費が増えるような場合である。軍備に対する投資競争といえる状況だが、軍備は非生産的な用途の投資なので、他の投資に比べて軍備拡張による社会的な利得は少ない。
(協力的な選択肢：軍備縮小、非協力的な選択肢：軍備拡張、利得：各国の国益)

(e) 資源問題

　資源を浪費すると早期に枯渇し、将来の利用可能量が減るほか、資源コストが上昇する。すべてのプレーヤーが資源を節約すれば、すべてのプレーヤーが資源を浪費する場合より、利得の水準は高まる。ただし1者の選択に限れば、資源を浪費しても、自分への負の影響は小さく、むしろふんだんに資源を使うことで自分の利得は増える。そのようにして各プレーヤーが浪費すると、資源が早期に枯渇し利得が全体的に低下するような場合である。
(協力的な選択肢：資源節約、非協力的な選択肢：資源浪費、利得：各プレーヤーの利益)

(f) 環境問題

　すべてのプレーヤーが環境保護の対策をとれば、すべてのプレーヤーが対策をとらない場合より、利得の水準は高まる。ただし1者の選択に限れば、対策をとらなくても、自分の健康への負の影響は小さい。むしろ対策のコストを負担しないことで自分の利得は増える。そのようにして各プレーヤーが対策をしないと、環境が悪化し利得が全体的に低下するような場合である。
(協力的な選択肢：対策あり、非協力的な選択肢：対策なし、利得：各プレーヤーの健康を含む利益)

(g) フリーライダー問題

　複数のプレーヤーが集団で作業をして、各自の成果ではなく、集団の成果によって等しく評価される場合を考える。すべてのプレーヤーが大労力を投

入すれば、すべてのプレーヤーが小労力を投入する場合より、利得は高まる。ただし1者の選択に限れば、小労力でも集団の成果への影響はわずかなので、労力を節約することで自分の利得は増える。そして各プレーヤーが労力を減らすと、利得が全体的に低下するような場合である。
(協力的な選択肢：大労力、非協力的な選択肢：小労力、利得：各プレーヤーの評価と労力コスト)

(h) 相対評価

複数のプレーヤーが作業をして、各自の成果の絶対値ではなく、他者の成果との相対的な大小比較で評価される場合を考える。すべてのプレーヤーが小労力を投入すれば、すべてのプレーヤーが大労力を投入する場合と、相対的には同じような評価になり、労力を減らせる分だけ利得が高まる。ただし1者の選択に限れば、労力を増やせば相対評価が上がり利得は高まる。そして各プレーヤーが大労力を投入すると、利得が全体的に低下するような場合である。

(h) 相対評価では (g) フリーライダー問題とは逆に、大労力を投入することが非協力にあたる。その違いは、評価方法の違いによって選択肢に対応する利得が変わることによる。評価される者にとって、大労力を投入する囚人のジレンマは不都合な状況だが、労力が生み出す成果を享受する者にとっては、この囚人のジレンマは望ましい。社会全体にとって囚人のジレンマが望ましいか否かは、すべての関係者の利益の合計に依存する。
(協力的な選択肢：小労力、非協力的な選択肢：大労力、利得：各プレーヤーの評価と労力コスト)

元来の「囚人のジレンマ」

　元来の囚人のジレンマというゲームは次のようなケースである。ある犯罪の容疑で2人が捕らえられ、それぞれ別室で取調官から次のように言われる。「否認しても状況証拠から君たちは1年の刑は確実だ。君たちがこの罪を自白すれば3年の刑だが、もう1人の容疑者が自白しないで君が彼との共犯を自白するなら、調査へ協力した君を今すぐ無罪放免にする。君が黙秘してもう1人の容疑者が君との共犯を自白したら、君は悪質なので5年の刑になる。この条件はもう1人の容疑者にも伝えてある。」この状況をゲーム・マトリクスに表すと図6-5のようになる。

		相手	
		自白する	自白しない
自分	自白する	−3, −3	0, −5
	自白しない	−5, 0	−1, −1

図6-5　囚人のジレンマ

　図6-5は2人の「囚人」についての選択肢の組合せと、その結果の評価を表している。各セルの利得は左側が自分、右側が相手のものである。利得は刑の年数で、刑が長いほど苦痛が大きいのでマイナスで表している。図を見ると、相手が自白した場合でも自白しない場合でも、自分は自白するほうが刑が短くなることがわかる。同じことは相手にも当てはまり、相手も自白をするほうが有利である。その結果は左上のセルにある両者3年の刑になる。もし両者ともに自白しなければ1年の刑で済むのだが、自分だけ黙秘していると、相手が自白して自分にとって最悪の結果になってしまう。

　仮に囚人同士が話し合うことができても、互いに黙秘するという約束が守られる保証はない。相手が黙秘するのなら、自分が自白すれば放免されるからである。このように互いに協力を放棄するような構造が作られている。恐るべきことに囚人のジレンマは、仮に2人の囚人が無実であったとしても、嘘の自白を引き出すように作用する。この囚人のジレンマだけが理由ではないが、多くの国で、自白だけでは刑が確定しない法制度になっている。

	協力	非協力
協力	○,○	×,◎
非協力	◎,×	△,△

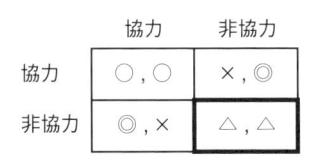

図6-6　囚人のジレンマ

囚人のジレンマの解決法

囚人のジレンマを生む構造上の問題点は、図6-6のゲーム・マトリクスを例に言えば、左上のセル（○、○）が安定的な状況ではないことである。つまり各プレーヤーにとって「非協力」に逸脱することで利得が○から◎に向上することである。したがって何らかの方法でプレーヤーの利得に影響を与えて、ゲームの**利得の大小関係を変える**ことで、囚人のジレンマを解決できる。囚人のジレンマの一般的な解決法を紹介し、先に述べた（a）～（h）の例に応用する。

解決法1：罰則と報酬

たとえば、「非協力」的行動に何らかの罰則を導入する方法が考えられる。罰則は金銭的なもののほか、社会的な不名誉など心理的なものもありうる。プレーヤーにとって実質的に負の利得になるものである。逆に、「協力」する者の利得が向上する仕組みでも良い。「協力」への報酬を$+\alpha$、「非

	協力	非協力
協力	○$+\alpha$,○$+\alpha$	×,◎$-\beta$
非協力	◎$-\beta$,×	△,△

図6-7　囚人のジレンマに報酬と罰則を加えたもの

	協力	非協力
協力	◎ , ◎	× , ○
非協力	○ , ×	△ , △

図6-8　囚人のジレンマの解決例（パターン2）

協力」への罰則を－βで表わすと、囚人のジレンマの利得にそれらを加えたものは、図6-7のマトリクスで表わされる。

αやβの値が十分大きく、○＋α＞◎－βとなれば、利得の大小関係は図6-8のように変わる。図6-8では両者が「協力」する左上のセルがナッシュ均衡になり、ゲームはもはや囚人のジレンマではない。図6-8の構造のゲームは、パターン2として後で説明する「牡鹿狩り」と呼ばれるものである。

解決法1の例

罰則と報酬は、たとえば（e）資源問題や（f）環境問題の事例で解決法として用いられている。資源を節約するように資源の利用に課税したり、環境対策に補助金を与えたり、未対策の者に罰則を課すなどである。資源節約や環境保護に取り組む企業を、消費者が支持する運動は、売上や企業イメージの向上という形で、企業の協力的行動に報酬を与える。（g）フリーライダー問題では、フリーライドしないモラルの高いプレーヤーは、自らの行動に心理的な罰則や報酬を与えていると解釈できる。心理的な動機付けが不十分であれば、プレーヤーの行動に対して、他者が罰則や報酬を与える必要がある。（c）税率競争や（d）軍縮問題にも罰則や報酬を応用することは理論的に可能である。しかしプレーヤーは国家なので、それらに罰則や報酬を強制する手段は比較的限られる。（b）価格競争に対して、値下げに罰則を加えたり、値上げに報酬を与えたりする方法は、競争制限的な行為として違法になることがある。

	高価格	低価格
高価格	○, ○	×, ◎
低価格	◎, ×	△, △

（差別化が弱い状態：パターン1）
ナッシュ均衡は右下（△、△）

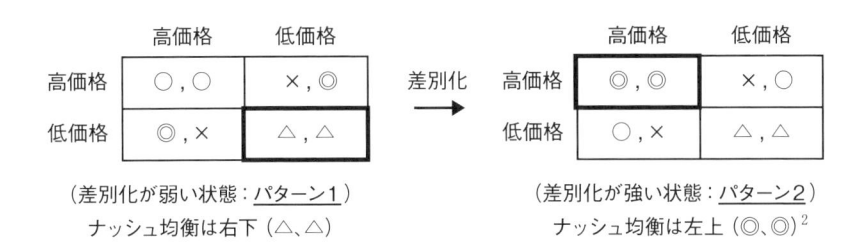

差別化 →

	高価格	低価格
高価格	◎, ◎	×, ○
低価格	○, ×	△, △

（差別化が強い状態：パターン2）
ナッシュ均衡は左上（◎、◎）[2]

図6-9　価格競争における差別化の影響
（注：事例5-2で用いた図とは、マトリクスの横軸で高価格と低価格の向きが逆になる。）

解決法2：競争における差別化

　109ページの事例5-2の分析が参考になる。事例5-2の価格競争では、設問3で価格差によるシェア変動の割合を変えて、ナッシュ均衡を比較している。シェアの変動が、500円の価格差あたり1パーセンテージ・ポイント（事例本来の、差別化が弱い状態）から、1,000円の価格差あたり1パーセンテージ・ポイント（差別化がより強い状態）になると、ナッシュ均衡の価格は上昇する。その変化は図6-9のように、パターン1の囚人のジレンマを、パターン2に変えることとして図式化できる。

解決法2の例

　(b) 価格競争の解消法としては、上のような製品やサービスの差別化が考えられる。そのほか、顧客にとってのスイッチング・コストを高めてシェア移動を少なくすることも、同様にゲームをパターン2に変えて、価格競争を緩和させる効果がある。そのような例として、航空会社のマイレージ・ポイントなどの購買ポイント制度がある。ただしポイント制度は、顧客がライバル企業のプログラムにも加入すると、スイッチング・コストをあまり高めることにならない。そのときはパターン1の状態に戻り、ポイント競争に形を

2　パターン2では右下（△、△）もナッシュ均衡だが実現する可能性は一般的に小さい。

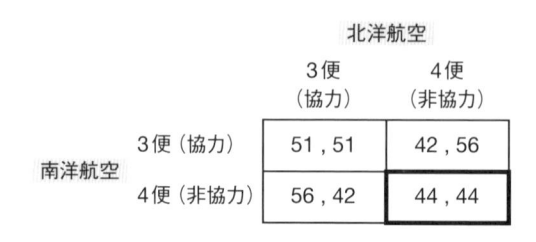

	北洋航空 3便（協力）	北洋航空 4便（非協力）
南洋航空 3便（協力）	51, 51	42, 56
南洋航空 4便（非協力）	56, 42	**44, 44**

図6-10　事例5-4から一部をとり出したゲーム・マトリクス
（事例5-4で示したマトリクスは縦軸の向きが上下逆になる。）

変えた値下げ競争と同じになる。

（c）税率競争に対しても、国や自治体が、税率ではなく立地の魅力度を差別化することで、事業を誘致・維持する方法がある。

解決法３：繰り返しゲームにする

128ページの事例5-4で紹介した方法である。事例5-4における南洋航空と北洋航空の、それぞれ3便と4便の選択肢を取り出した図6-10のゲーム・マトリクスは、囚人のジレンマになっている。

1回限りのゲームでは、囚人のジレンマのナッシュ均衡は両者非協力だが、ゲームを繰り返す場合には、両者が合理的に協力を選ぶ可能性がある。たとえば事例5-4で、両社は今年だけでなく来年以降も繰り返して便数を申請する。そのとき今年の申請便数は、来年の申請便数に次のような影響を与えると仮定する。

「各社は、もし今回両社が3便を申請すれば、協調への期待を持って次回も3便を申請する。しかし、もし今回少なくとも1社が4便を申請すれば、協調への期待は失われ次回以降毎回両社は4便を申請する。」

この仮定のもとで、今年と来年の2年合計の利益を計算すると、図6-11のようになる。図6-11の「2年合計」のマトリクスのセルには、「今年」の選択が2年合計でいくらの利得を導くかを、矢印に沿って利得を加算して入れ

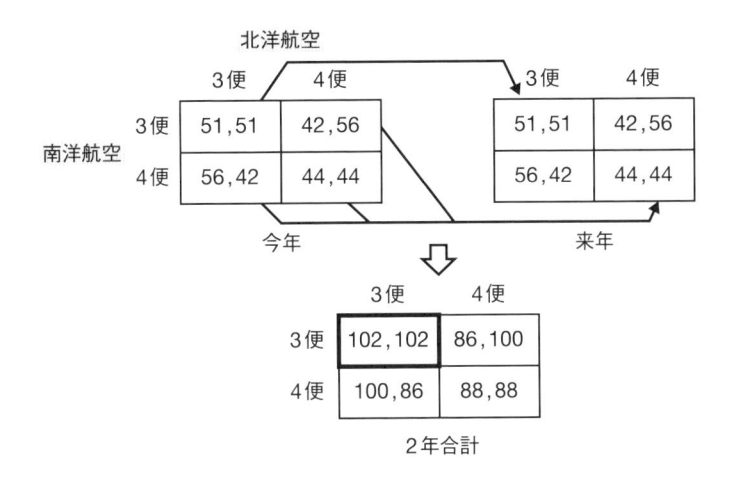

図6-11　2年合計の利得を計算する

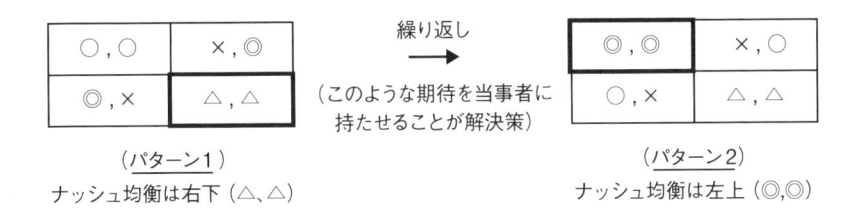

図6-12　繰り返しゲームによる利得パターンの変化

（パターン1）
ナッシュ均衡は右下（△、△）

（パターン2）
ナッシュ均衡は左上（◎,◎）

ている。たとえば「今年」の左上のセルは協調的結果で、「来年」の協調的結果である左上のセルを導き、「2年合計」の左上のセルに示した合計利得を導く。「今年」に左上以外のセルになると、「来年」は右下のセルになる。したがって今年の左下、右上、右下の各セルの利得に、来年の右下の利得を加えたものが、「2年合計」の左下、右上、右下に示されている。

「2年合計」のマトリクスでは、両社が協力する左上のセルがナッシュ均衡になり、ゲームは囚人のジレンマではなくなる。この変化を×、△、○、◎を使った大小関係で表わすと、図6-12のようになる。繰り返しによって囚人のジレンマを解消する方法は、モデル化するとパターン1をパターン2に変えることで、解決法1や解決法2と同じ形になる。

解決法3の例

繰り返しによる解決は (a) ～ (h) のどの例にも応用可能である。ただし、利得の合計によってゲームの構造が変わるのに十分な回数の繰り返しが可能なことが条件になる。一般的には、構造を変えるために必要な繰り返しの回数は、「抜け駆け」による1回限りの利得増と、協調による利得増の大小関係で決まる。抜け駆けの利得増が比較的大きい場合は、それを相殺するために、より多くの繰り返し回数が必要になる。そして、両プレーヤーが長期的な利得を考慮していることを、相互に認識していることも条件になる。

ゲームが1回限りの場合でも、行動を何回かに細分化することで実質的に繰り返しゲームにできる場合がある。たとえば事例5-4で、もし就航は1年限りで来年以降の事業予定がない場合でも、申請を1年単位ではなく1カ月単位にして繰り返すなら、両者協力が選択される可能性は高くなるだろう。

解決法4：プレーヤー間の評判を利用する

同じプレーヤーによる繰り返しでなくても、プレーヤーの行動が評判によって他のプレーヤーに知られるならば、解決法3の繰り返しゲームと似た構造が生まれる。評判による解決は、(a) ～ (h) のどの例にも応用可能である。評判の利用は、同じプレーヤーと繰り返しができない際にはとくに重要な解決法になる。評判が有効であるためには、繰り返しによる解決と同様に、利得の合計によってゲームの構造が変わるのに十分な回数のゲームが、評判を知るプレーヤーと繰り返されることが条件になる。そして、プレーヤーが長期的な利得を考慮していることも条件になる。

解決法５：プレーヤーの統合

囚人のジレンマの問題点は、個人の利得最大化を求める行動が、結果として個人の利得を低下させることである。したがって複数のプレーヤーが個々に意思決定をするのではなく、１人のプレーヤーが全体として最適な選択肢を選ぶことで、囚人のジレンマを解決できる可能性がある。

解決法５の例

たとえば（a）投資競争や（b）価格競争は、企業の統合によって解消される。ただし競争制限的な行為になる可能性があるので、統合が法的に規制される場合がある。（c）税率競争や（d）軍縮問題も、国が統合したり、国際機関を作って一元的な意思決定をすれば、形式的には解決する。ただし国際機関や統合組織の中で利益争いや主導権争いが続くならば、組織内で別の囚人のジレンマが生まれる可能性はある。（e）資源問題や（f）環境問題は、資源や環境が複数のプレーヤーに共有されている場合に囚人のジレンマが発生する。逆に１人のプレーヤーが、問題の対象となる資源や環境を、独占的に所有あるいは管理する状況ならば、囚人のジレンマは生まれない。

プレーヤーの数と囚人のジレンマの解決

１人のプレーヤーに統合して独占にならなくても、多人数からより少人数の囚人のジレンマに変わるだけでも、囚人のジレンマの解決はより容易になる。その理由は、罰則や報酬を与えるための相互監視が行いやすくなるほか、同じプレーヤーと繰り返しゲームを行う頻度が上がり、評判も行きわたるからである。また、１人のプレーヤーが「抜け駆け」をすることで得られる１回限りの利益増の割合は、一般にプレーヤーの数が多いほど、協調の利益より大きなものになり、囚人のジレンマの解決を難しくする。

解決法6：ゲームの回避または退出

　ゲームの構造を変えることのほか、囚人のジレンマの状況から退出する選択肢を考えることも解決法の1つである。

　図6-13は、囚人のジレンマを構成する2×2のゲーム・マトリクスに、プレーヤーAの「不参加」という選択肢を加えて3×2のマトリクスにしたものである。「不参加」は、AがBと行動をともにしないことで囚人のジレンマの状況から退出する、あるいは事前に回避する選択肢である。プレーヤーAが「不参加」を選択する場合の利得aは、状況を回避した場合の利得、あるいはB以外のプレーヤーとゲームを行うことで期待される利得と考えられる。利得aが、囚人のジレンマの2×2の部分におけるナッシュ均衡の利得△よりも大きいならば、Aは不参加を選択する。

　現実の場面で重要なことは、ある状況が囚人のジレンマのように見えても、別の選択肢に気づくことによって、より大きな状況は囚人のジレンマではないと気づく可能性である。ここでは「不参加」の選択肢に気づくことであり、図6-13は囚人のジレンマではない。

囚人のジレンマの解決法のまとめ

　解決法1〜5で例示した罰則と報酬、差別化、繰り返しなどによって、ゲームの構造を囚人のジレンマから違うものに**変える**ことがポイントにな

		プレーヤー B	
		協力	非協力
プレーヤー A	協力	○, ○	×, ◎
	非協力	◎, ×	△, △
	不参加	a, b	a, b

図6-13　囚人のジレンマに似たゲーム

る。解決法1～3はパターン2への変化を例示したが、パターン2以外の形に変えることもありうる。パターン2への変化では、両プレーヤーの利得の○と◎の大小関係が逆転する必要がある。1者だけの利得の逆転では、ゲームは図6-3のパターンになり、ナッシュ均衡は（△、△）のまま変わらない。

解決法6のように状況からの退出を含めて、別の選択肢に**気づく**ことや、囚人のジレンマになることを事前に気づいて**回避する**ことも重要である。ゲームをパターンとして把握することで、そのような想像力や回避能力を身につけやすい。

パターン2　牡鹿狩り

すでにパターン1の囚人のジレンマの解決例で紹介したが、利得が図6-14の大小関係になるゲームを**牡鹿狩り**と呼ぶ。その名前の由来となるゲームでは、選択肢のa2とb2は「採集活動」で、1人でも収穫を得られる活動である。a1とb1は「牡鹿狩り」で、両者が共同して行わないと収穫を得られない。1人で「牡鹿狩り」をすると、狩りをするプレーヤーの収穫はゼロで、採集をするプレーヤーは1人占めで収穫が増える。ゲームの利得は収穫の価値である。

図6-14の太線で囲んだ左上のセル（◎、◎）はナッシュ均衡だが、右下の（△、△）もナッシュ均衡である。その他に混合戦略のナッシュ均衡もある。それらの均衡の中で、左上の（◎、◎）は両者にとって最高の利得になるので、一般的に実現する可能性が高い。

		プレーヤー B	
		b1	b2
プレーヤー A	a1	◎, ◎	×, ○
	a2	○, ×	△, △

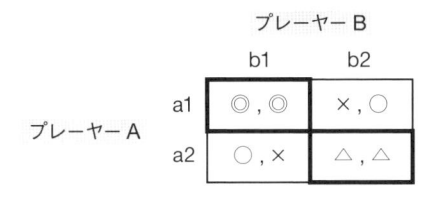

a1とb1は「協力(的行動)」と解釈できる。

a2とb2は「非協力(的行動)」と解釈できる。

図6-14　牡鹿狩り

牡鹿狩りの問題点

　牡鹿狩りは、各プレーヤーにとって最善の結果が実現する可能性が高く、基本的には問題の少ないパターンである。

　しかしあるプレーヤーにとって、利得×が他のセルよりかなり低い値であると、右下の（△、△）が実現する可能性が大きくなる。このことを数値例を使って説明する。図6-15は、利得×にあたる値が、(a) ゼロの場合と、(b) －10の場合を比較している。(b) では、たとえば B が何らかの理由で非協力 b2 を選択する可能性があると、A にとって協力 a1 の期待利得は大きく低下する。B の協力 b1 が高い確率で予想できなければ、協力 a1 は危険で選択しにくい。A が a1 を選択しない可能性を、相手の B が懸念すると、B が自らの利得×の実現を避けるために、非協力 b2 を選択する可能性がさらに高まる。このようにリスクへの懸念が増幅すると、左上（◎、◎）ではなく右下（△、△）が実現することになる。このようなリスク懸念は、(a) ではあまり気にならないが、(b) では問題になりうる。リスク懸念が問題になりやすい状況は、相手の協力がない場合の利得×が低い場合や、何らかの過去の経緯で a2 や b2 が習慣的な行動になっているような状況である。

牡鹿狩りの例

　囚人のジレンマの利得の構造を、罰則、報酬、差別化、繰り返しなどによって、牡鹿狩りの構造に変えることができる。そうすることで、結果を右下（△、△）から左上（◎、◎）に改善することが期待できる。しかし牡鹿狩りの構造に変えても、リスク懸念が増幅すると、非協力的行動が選択されうる点に注意が必要である。つまり十分な回数の繰り返しゲームでも、非協力が続く可能性はある。

　相手の協力が得られないリスクを懸念するか否かで、均衡が高利得のものになるか低利得のものになるかが分かれる例は、個人間や企業間の共同事業の意思決定、現行制度（a2、b2）から新制度（a1 と b1）への移行を共同して行うか否かの意思決定、などにもみられる。

	プレーヤー B	
プレーヤー A	b1	b2
a1	3 , 3	0 , 2
a2	2 , 0	1 , 1

(a) 相手が非協力のときの協力は利得ゼロ
（左上の高利得の均衡が実現しやすい。）

	プレーヤー B	
プレーヤー A	b1	b2
a1	3 , 3	−10 , 2
a2	2 , −10	1 , 1

(b) 相手が非協力のときの協力は利得−10
（右下の低利得の均衡になりうる。）

図6-15　牡鹿狩り

牡鹿狩りの解決法

　リスク懸念が問題になりうる状況で、高い利得の均衡（◎、◎）を実現させるためには、プレーヤーが相互に協力が得られると思えるような材料を、実績や情報交換で積み上げていくことが有効であろう。

　そのほか、×にあたる利得を高めることで、リスク懸念を軽減させる方法もある。たとえば囚人のジレンマを繰り返しゲームによって解決して、合計利得で牡鹿狩りの状況を作るとする。それでも相手の非協力で犠牲になる×の利得が低い場合は、協力が躊躇される可能性がある。しかし非協力の犠牲になったプレーヤーに対して、第三者が救済あるいは支援として、積極的に将来の取引パートナーとして選ぶ制度や習慣があれば、リスク懸念は軽減される可能性がある。実質的に協力への報酬として機能する。

パターン3　機会主義的行動

　協力的な相手を犠牲にして自分の利益を増やす、**機会主義的行動**と呼ばれるものがある。たとえば意図的な契約不履行や、職務での怠慢、不当な情報漏洩などである。機会主義的行動をマトリクスで表現すると、典型的には図6-16のようになる[3]。ただし機会主義的行動の説明と分析は、前後関係を表

3　図6-16のプレーヤーAにとっての△と×を入れ替えた配置のゲームも、機会主義的行動を表現する場合がある。その配置ではナッシュ均衡は、入れ替えた後の右上（△、◎）になる。

現するゲーム・ツリーを用いることで、より詳しく行える。したがって、ここではマトリクスのパターンを他と比較するにとどめる。そして195ページ以降の6-3節でツリーを用いて、機会主義的行動の詳しい説明と分析を行う。6-3節で紹介するパターン7〜10は、いずれも機会主義的行動の類型と呼べるものである。

図6-1にあるパターン1の囚人のジレンマと比べると、図6-16の機会主義的行動は、左下のセルが（◎、×）から（△、△）に置き換わる点が違いである。図6-16では、選択肢のa1とb1は、囚人のジレンマと同様に、「協力」的行動と解釈できる。そしてプレーヤーBのb2は「非協力」的行動と解釈できる。この<u>b2が機会主義的行動にあたる</u>。BはAの利得を犠牲にして、自分の利益を増やすことになる。プレーヤーAは相手を犠牲にする機会主義的行動の選択肢をもたない。しかしAは、a2のプレーヤーBと「行動をともにしない」という選択肢を持つ。

図6-16のナッシュ均衡は右下の（△、△）になる。AとBは行動をともにしない（協力しない）ので、ともに利得は小さい。両者が協力すれば左上の（○、○）が実現するが、Aの協力的行動a1に対しては、Bは機会主義的行動b2をとることが予想される。このときプレーヤーAは機会主義的行動の犠牲になる。それを嫌うAは、行動をともにしないa2を選択するため、両者とも利得を大きくできない。

見方を変えると、図6-1の囚人のジレンマは、両プレーヤーが互いに相手

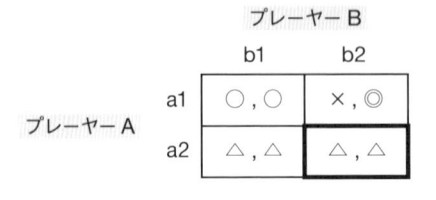

	プレーヤー B	
プレーヤー A	b1	b2
a1	○ , ○	× , ◎
a2	△ , △	△ , △

a1とb1は「協力」的行動と解釈できる。
a2は「Bと行動しない」と解釈できる。
b2は「非協力」的行動と解釈できる。

図6-16　機会主義的行動を表現するゲーム・マトリクス

の協力的行動に対して機会主義的行動をなしうる状況とも言える。

機会主義的行動への対策は、パターン1の囚人のジレンマへの対策と同じように、非協力への罰則や繰り返しなどでゲームの構造を変えることである。機会主義的行動への対策は、6-3節で詳しく述べる。

パターン4　チキン

利得が図6-17の配列になるゲームを**チキン**という。パターン1の囚人のジレンマとは、各プレーヤーの利得配置のうち△と×が入れ替わる。それだけの違いだが、ゲームの性質はかなり異なる。チキンでは、どちらのプレーヤーにも支配戦略はない。**ナッシュ均衡は純粋戦略では2つで**、図6-17の配列では左下（◎、△）と右上（△、◎）である。その他に混合戦略のナッシュ均衡が1つある。

選択肢のa1とb1は「譲歩」と解釈でき、a2とb2は「非譲歩」と解釈できる。両プレーヤーの間で、どちらが譲歩し、どちらが非譲歩かの、「役割分担」の一致した認識があれば、それはどちらかの純粋戦略のナッシュ均衡を予想していることになる。そして予想するナッシュ均衡が実現する。しかし**両プレーヤーに役割分担の一致した認識がない場合は**、ナッシュ均衡が前提にする条件が成立しない。その場合はプレーヤーの認識次第で、**2×2のどのセルも実現しうる**。混合戦略のナッシュ均衡を想定する場合も、2×2のどのセルも実現しうる。

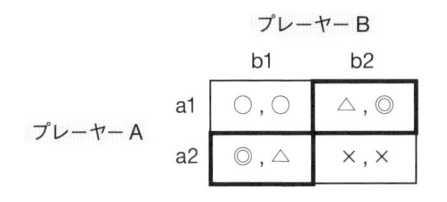

	プレーヤー B	
プレーヤー A	b1	b2
a1	○, ○	△, ◎
a2	◎, △	×, ×

a1とb1は「譲歩」と解釈できる。
a2とb2は「非譲歩」と解釈できる。

図6-17　チキン

チキンの問題点

　チキンで両者が「非譲歩」をとると、両者ともに最悪の利得（×、×）になる。このセルはナッシュ均衡ではないが、役割分担についての共通認識がないときに実現しうる結果の1つである。一般に2×2のゲームで、純粋戦略のナッシュ均衡として起こりうる最低の利得は囚人のジレンマの（△、△）だが、それを下回る結果になる。

　1回限りのチキンでは、プレーヤーの認識の違いによって（×、×）が起こりうる。ただしどちらかのプレーヤーが（×、×）を予想すれば、そのプレーヤーは選択肢を変えるので（×、×）にはならない。しかし繰り返しのチキンでは、相手の非譲歩が予想される場合に、自分が一方的に譲歩し続ける立場になることを嫌って、あえて非譲歩で対応する可能性がある。その場合は（×、×）が続く消耗戦になる。1回限りの（×、×）よりさらに非生産的な状況である。

　繰り返しのチキンでは、消耗戦以外にも多くの均衡がある。ただしプレーヤーは、相手が譲歩するまでの消耗戦で失う利得よりも、相手が譲歩した後で得る利得のほうが大きいと考えれば、非譲歩を続けることになる。両プレーヤーがともに、相手は比較的早く譲歩すると考えている間は、消耗戦は続く。

瀬戸際戦略

　繰り返しのチキンでは、相手が譲歩を選択するように、自分は非譲歩を続けるインセンティブがある、またはそのような強気な心理的選好を持っていると、相手に思わせることが有利になる。瀬戸際戦略は、相手に自分は強気だと思わせて譲歩を得るように、強気の行動をとることとモデル化できる。

チキンの例

　チキンの名前の由来は、アメリカの口語で「弱虫」という意味の"chicken"

である。かつてアメリカの10代の若者の間ではやった、チキンという名の危険な遊びがある。それは２人のドライバーがそれぞれの車を、崖に向かって猛スピードで走らせ、先にブレーキを踏んだほうがチキンと呼ばれるものである。相手より強気の姿勢を続けた者は、勇者として仲間から一目置かれ、チキンと呼ばれた者は勇者に頭が上がらなくなる。両者がともに早々にブレーキを踏めば、安全だがどちらも勇者にはならない。両者がともにブレーキを踏まなければ、２人には破壊的な結果が待っている。

　チキンの例は、ビジネスの場面では、相手にダメージを与える競争や、面目がかかった競争などに見られる。一方が譲歩すれば勝負がつく。しかし両者が譲らないと、ともに破壊的なダメージを受けるような状況である。非譲歩の選択肢は、たとえば相手に市場からの撤退を迫るような激しい価格競争や設備競争をしかけるなどである。政治の世界なら、相手を追い詰めて譲歩を迫る強気の交渉などである。

　パターン１の囚人のジレンマと構造が似ているので、囚人のジレンマであげた例の中に、両者が非協力のときの利得しだいでチキンになりうる例がある。たとえば、(a) 投資競争、(e) 資源問題、(f) 環境問題、(g) フリーライダー問題などは、両者が非協力のときの利得がとくに低ければ、囚人のジレンマではなくチキンになる。(h) 相対評価は、評価される者が生産的な競争をするならば、囚人のジレンマで利得は（△、△）となる。しかし、足の引っ張り合いや中傷合戦など、互いに相手にダメージを与える競争になると、チキンになり破滅的な（×、×）をもたらす可能性がある。(d) 軍縮問題は、軍備拡張が投資にとどまらず、実際の軍事行動になる可能性があれば、両者が非譲歩ならば戦争になり破滅的な結果（×、×）をもたらす危険がある。

チキンと囚人のジレンマが併存する例

　１つのゲームに、囚人のジレンマとチキンの構造が併存する例もある。たとえば事例5-4の航空便数の申請を表現する図6-18には、チキンと囚人のジレンマが併存する。図の中で太線で囲んだ３便と４便の選択肢による２×２

のゲームは、囚人のジレンマの構造を持つ。その2×2のゲームを繰り返すと、図6-11で示したように利得の合計が牡鹿狩りの構造になる。また図6-18の中で、点線で囲んだ3便と5便の選択肢による2×2のゲームは、チキンの構造を持つ。ナッシュ均衡は（南洋4便、北洋4便）だが、その周辺の囚人のジレンマの構造に気づけば、繰り返しなどの解決法で、（南洋3便、北洋3便）に誘導する戦略を考えることができる。しかし同時に、ゲームにはチキンの構造があり、各社は自らに有利な（南洋5便、北洋3便）や（南洋3便、北洋5便）に誘導する戦略をとるかもしれない。ただし両社が強気で（南洋5便、北洋5便）になると、利得はかなり低くなる。

　この例のように、**1つの状況がいくつかのパターンの複合体になっていることがある**。その場合には、複数のパターンの特徴を総合することで、状況はより正確に認識できる。そして問題点の解決法も、総合してより良いもの

北洋航空

便数	0便	1便	2便	3便	4便	5便	6便	7便
7便	0 / 98	11 / 77	16 / 56	15 / 35	8 / 14	−5 / −7	−24 / −28	−49 / −49
6便	0 / 102	14 / 84	22 / 66	24 / 48	20 / 30	10 / 12	−6 / −6	−28 / −24
5便	0 / 100	17 / 85	28 / 70	33 / 55	32 / 40	25 / 25	12 / 10	−7 / −5
4便	0 / 92	20 / 80	34 / 68	42 / 56	44 / 44	40 / 32	88 / 20	14 / 8
3便	0 / 78	23 / 69	40 / 60	51 / 51	56 / 42	55 / 33	48 / 24	35 / 15
2便	0 / 58	26 / 52	46 / 46	60 / 40	68 / 34	70 / 28	66 / 22	56 / 16
1便	0 / 32	29 / 29	52 / 26	69 / 23	80 / 20	85 / 17	84 / 14	77 / 11
0便	0 / 0	32 / 0	58 / 0	78 / 0	92 / 0	100 / 0	102 / 0	98 / 0

南洋航空

（セル内の単位は億円）

図6-18　事例5-4を表現するゲーム・マトリクス

にできる。価格競争や設備競争などは、囚人のジレンマにもチキンゲームにもなりうるが、両者の構造を併存させている場合もある。

　ゲームのパターン認識は、図6-18の例に見るように、しばしばプレーヤーの思考パターンと関係がある。**他者との関係を、「攻勢か譲歩か」の二者択一で考える傾向が強ければ、他に選択肢がある状況を、チキンのパターンでとらえやすい。**「攻勢か譲歩か」は、勝つか負けるか、あるいは、序列意識とも言い換えられるだろう。チキンは利得の低い状況（×、×）を生みやすい、問題の多いパターンである。プレーヤーの思考様式が、気づく選択肢を限定してチキンの問題を生んでいる場合は、後に述べるような、視野を広げて気づく選択肢を増やすことが解決法の１つになる。

　１つのモデルだけで分析すると、多面的な状況を、一面的に解釈してしまうことがある。現実が複数のモデルの複合体で表わされることは、ゲーム理論に限らず、経営や経済の理論について一般的に起こりうる。

チキンの解決法

　複数のプレーヤーが非譲歩を選択して、最悪の結果（×、×）になることを避けることが重要である。そしてその他の（○、○）、（◎、△）、（△、◎）の中から、できれば自分にとって、あるいはプレーヤー合計としての、利得水準が高いものを積極的に実現させることも重要である。

解決法１：罰則と報酬

「非譲歩」にあたる選択肢に罰則を課す、あるいは「譲歩」に報酬を与えるなどして、ゲームの構造を変える方法がある。罰則や報酬は金銭的なもののほか、社会的な名誉や不名誉など心理的なものでも、プレーヤーにとって実質的な利得になるものであれば良い。「譲歩」への報酬を $+\alpha$、「非譲歩」への罰則を $-\beta$ で表わすと、チキンの利得にそれらを加えたものは、図6-19のゲーム・マトリクスで表わされる。

　αやβの値が十分大きく、両プレーヤーにとって○$+\alpha$＞◎$-\beta$となる

ならば、利得の大小関係は図6-20の（a）に変わる。(a) では両者にとって譲歩が支配戦略になり、左上のセルがナッシュ均衡になる。プレーヤーAだけにとって○＋α＞◎－βならば、図6-20の（b）のように、Aだけにとって譲歩が支配戦略になり、右上のセルがナッシュ均衡になる。逆にプレーヤーBだけにとって○＋α＞◎－βならば、(c) のように、Bだけにとって譲歩が支配戦略になり、左下のセルがナッシュ均衡になる。少なくとも1人のプレーヤーにとって、○＋α＞◎－βとなれば、そのプレーヤーにとって譲歩が支配戦略になる。そのプレーヤーは非譲歩を選択しないので、両者非譲歩による（×、×）は実現しなくなる。

しかし罰則や報酬を、第三者が導入するのではなく、プレーヤーが自発的

	譲歩	非譲歩
譲歩	○＋α , ○＋α	△ , ◎－β
非譲歩	◎－β , △	× , ×

図6-19　チキンに罰則と報酬を加えたゲーム・マトリクス

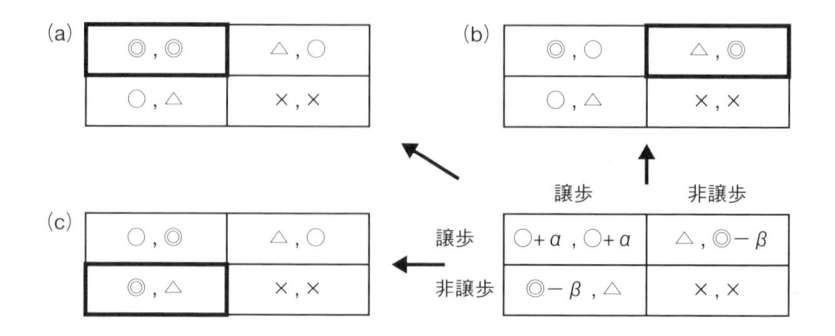

図6-20　チキンの解決例

に導入する場合は、一方のプレーヤーだけが譲歩する（b）や（c）になる制度は、そのプレーヤーにとって譲歩の役割が固定するので受け入れにくい。ただし両者が譲歩する（a）になる制度は、より公平なので、自発的な導入は行われやすいであろう。

解決法1の例

　罰則と報酬は、非生産的な投資競争を防ぐためによく用いられる。過剰設備の廃棄に補助金を与えるのはその1例である。プロスポーツで、1チームが選手に払う年俸の総額に上限を設ける制度は、設備増強への罰則のような効果を持つ。
　若者の危険なチキンゲームは、時代や若者の価値観が変わって、そのような遊びで勇者になっても格好良いと思われなくなり、むしろ敬遠されるようになった。非譲歩の心理的な利得が低下して、ゲームの構造が変わったと言えるだろう。
　軍縮問題ではプレーヤーが国家なので強制的な規制は難しい。むしろ各国の国民が、軍備の縮小と拡張のどちらで政治家への評価を上げるかが、政治家の意思決定に影響を与える実質的な罰や報酬にあたるだろう。

解決法2：役割分担の確定

　2人のプレーヤーに、**譲歩する者とされる者の役割を割り当てる仕組みを作る**。たとえば第三者による紛争の裁定が、譲歩する者とされる者の役割を割り当てる仕組みになることがある。組織の中の上下関係が、プレーヤーの意見が分かれたときの、裁定者を決める仕組みになることもある。また、交通信号は、交差点で譲歩するか進むかの役割を、運転者に割り当てる仕組みと考えられる。
　相手が役割に従う可能性が高ければ、譲歩の役割を割り当てられたプレーヤーは、逸脱すると最悪の利得（×，×）を実現させてしまう可能性が高い。したがって仕組みから逸脱するインセンティブは小さい。しかし繰り返

しゲームにおいては、自分が譲歩を割り当てられる確率が高ければ、仕組みに従っていても期待利得は低いので、逸脱するインセンティブを持ちやすい。仕組みが機能するためには、各プレーヤーにとって、仕組みに従い続けることの期待利得が、逸脱した場合の期待利得を上回る必要がある。

解決法2の例

　裁定によってチキンを解決する場合は、裁定から逸脱した場合に罰則があるか、裁定が多くの人が適正公平であると認められ、逸脱すると社会的な損失があると有効であろう。交通信号は役割分担が確率的なので公平であり、譲歩するときの待ち時間を短くすることで、譲歩のコストを小さくすることができる。

　繰り返しゲームにおける簡単な仕組みとしては、プレーヤーが交互に役割を交代することをルールにして、（◎、△）と（△、◎）を交互に実現させる方法がある。毎回の交互でなくても、他の適当な比率で交代する方法でも良い。抽選など確率的な方法によって、譲歩する者とされる者を決める方法もある。

解決法3：利得和の最大化と補償

　2人のプレーヤーの利得の和が最大になるセルを実現させる。そのうえでプレーヤーが逸脱するインセンティブを持たないように、必要ならばプレーヤー間で補償（利得の移転）を行う方法がある。

　利得和については、（×、×）における×と×の和が最大になることはない。したがって（○、○）、（◎、△）、（△、◎）の各セルの中で、利得和が最大になるものを実現させることになる。特定のセルを実現させることは、実質的には解決法2と同じように、プレーヤーに譲歩および非譲歩の役割を割り当てることになる。ただし（○、○）の実現は、両者に譲歩を割り当てる必要がある。

　（◎、△）または（△、◎）を実現させる場合は、譲歩の役割のプレー

ヤーが逸脱すると、(×、×)が実現するので逸脱のインセンティブは弱い。しかし同じゲームを繰り返すのであれば、譲歩を続けることを嫌って逸脱する可能性がある。それを抑止するためには、譲歩するプレーヤーに利得を移転して補償する方法がある。一般に、利得和が大きいセルほど、1人のプレーヤーに補償を与えても他方のプレーヤーに残る利得が大きくなる。したがってより大きな補償が可能になり、逸脱を抑止しやすい。ただし補償が効果を持つには、利得が金銭などで補償可能なものである必要がある。利得が心理的な満足度や評判など補償できない種類のものであれば、必ずしも利得和が最大のセルでなくても、逸脱のインセンティブが小さいセルを選ぶ方法がある。

　(○、○)を実現させる場合は、1人のプレーヤーが役割から逸脱しても、そのプレーヤーの利得は×ではなく◎になるので、逸脱のインセンティブは強い。それを抑止するためには補償のほか、解決法1の罰則や報酬で譲歩を最適化する方法がある。繰り返しゲームでは、囚人のジレンマの解決法3のように、協調の均衡に導く戦略もある。

解決法4：第三の選択肢を探す

　譲歩と非譲歩以外の選択肢に気づいて、チキン以外の構造を認識する可能性もある。たとえば事例5-4の航空便数の申請で、5便と3便の選択肢で構成されるチキンではなく、(南洋4便、北洋4便)のナッシュ均衡のような「有意義な引き分け」に持ち込む4便の選択肢に気づくことである。そしてチキン以外の構造を相手にも気付かせ、適切な選択肢に誘導することである。

　譲歩と非譲歩の中間的な選択肢をとることによる「有意義な引き分け」は、投資競争のほか価格競争や政治的な闘争においても、重要な解決法になりうる。

解決法5：プレーヤーの統合

　チキンの最大の問題点は、譲歩と非譲歩の役割分担ができずに、複数のプ

レーヤーが非譲歩を選択する可能性である。したがって複数のプレーヤーが個々に意思決定をするのではなく、1人のプレーヤーが全体として最適な選択肢を選ぶことで、問題点を回避できる。

解決法6：ゲームの回避または相手プレーヤーの選択

プレーヤーが非譲歩をとる可能性は、プレーヤーの性質が好戦的で、かつ相手が譲歩する可能性を過大評価する傾向があるほど高いであろう。したがって攻撃的な態度をとる可能性が高いプレーヤーとのゲームを回避することも、ときとして現実では重要な方法であろう。

チキンと囚人のジレンマが併存する場合の解決法

チキンあるいは囚人のジレンマで表現できる状況は、可能な他の選択肢を含めると、その両方のパターンが併存する場合がある。たとえば図6-18で表される事例5-4のような状況である。

あらためて事例5-4の航空便数の申請を考えてみる。囚人のジレンマのパターンに注目すると、ナッシュ均衡（4便、4便）より利得の高い協調（3便、3便）の実現性を高めることが焦点になる。そのためには、繰り返しによる合計利得の最大化を考え、相手にもそれを気づかせることが有効であろう。しかしプレーヤーが3便を選択する可能性が高まるほど、その最適反応としての5便との組合せによる、チキンの問題点が大きくなる。チキンにおける消耗戦（5便、5便）は避けたい結果である。チキンゲームにおいてどの結果になるかは、利得の具体的な値や、相手プレーヤーのタイプによる。事例5-4では、協調の利得（51、51）はチキンで相手の譲歩を勝ち得た場合の利得55と比べてかなり高い。したがってチキンに持ち込むメリットは少なく、協調に持ち込める可能性は高いように思われる。ただしもし相手が競争的で、攻撃的な5便を申請する可能性が高ければ、チキンの構造と消耗戦の危険を相手に気づかせ、落とし所として「有意義な引き分け」（4便、4便）に持ち込むことも止むを得ないであろう。

パターン5　協調問題

「**協調問題**」は、パターン6「男女の争い」にも関連するパターンである。協調問題の特徴は、複数の選択肢のどれかにプレーヤーの選択が一致すると各プレーヤーの利得が高く、一致しなければ利得が低いことである。図6-21の (a) は利得を数値例にして3×3のゲーム・マトリクスで、(b) は利得を大小関係にして2×2で示している[4]。

協調問題では、どのプレーヤーにも支配戦略はない。図6-21の (a) の純粋戦略のナッシュ均衡は、対角線上に (a1、b1)、(a2、b2)、(a3、b3) の3つである。(b) では (a1、b1)、(a2、b2) の2つである。(a) と (b) のいずれにも、純粋戦略の他に混合戦略のナッシュ均衡がある。

両プレーヤーの間でどの選択肢で協調するかの予想が一致すれば、純粋戦略のナッシュ均衡の条件を満たし、その選択肢による協調が実現する。しかし**プレーヤーの予想が一致しない場合は**、ナッシュ均衡が前提にする条件が成立しない。その場合はプレーヤーの認識次第で、**どのセルも実現しうる**。そして必ずしも協調できない。混合戦略のナッシュ均衡を想定する場合も、どのセルも実現しうるので、必ずしも協調できない。

(a)

		プレーヤー B	
	b1	b2	b3
プレーヤー A　a1	1, 1	0, 0	0, 0
a2	0, 0	1, 1	0, 0
a3	0, 0	0, 0	1, 1

(b)

	プレーヤー B	
	b1	b2
プレーヤー A　a1	○, ○	×, ×
a2	×, ×	○, ○

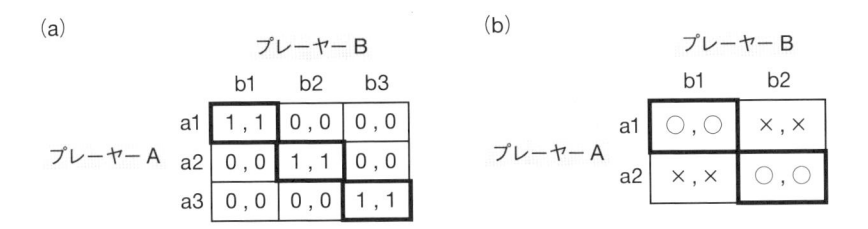

図6-21　協調問題

4　図6-21 (b) の右上と左下のセルの利得は、すべて×でなくても、△と×がどのように混在する組合せでも良い。

協調問題の例

　企業の間でビジネスに用いるツールや規格を合わせる場合などが例になる。たとえば同じデータ様式を使っていれば、データの交換が簡単にできる。行動ルールを協調させる例もある。たとえば狭い通路をすれ違う時に、左右どちらに寄って道を空けるかの選択などである。

　とくに問題になるのは、相手とコミュニケーションをとる時間や方法がない場合である。瞬時の意思決定や、誰と協調するのかわからないまま選択肢を決めるような状況である。

問題点と解決法

　プレーヤーの間でコミュニケーションがとれる場合は、簡単に協調が実現するであろう。しかしコミュニケーションや情報交換ができない状況では、予想が一致せず協調できない場合がある。

　相手の選択に関する情報がなくても、ナッシュ均衡の1つが、各プレーヤーに他のナッシュ均衡より高い利得をもたらすならば、各プレーヤーはそのナッシュ均衡を予想する可能性が高い。このとき複数のナッシュ均衡から、1つを選ぶ決め手が存在する。しかし図6-21のように、複数のナッシュ均衡の利得が等しい場合は、コミュニケーションが取れなければ選択肢を選ぶ決め手がない。

解決法1：情報伝達

　最も簡単な解決法は、プレーヤー間でコミュニケーションをとることである。コミュニケーションは直接でなくても、第三者を介するなど、間接的にでも選択の情報が相手に伝われば良い。そして情報は、双方向に伝わる必要はない。一方のプレーヤーの選択の情報が相手に伝わるならば、相手がその選択に合わせることで協調できる。

解決法２：逐次選択にする

選択に前後関係をつけることは、広い意味で情報伝達の手段になる。プレーヤーは意思決定を遅らせることで、相手の選択を知るチャンスを増やすことができる。相手が意思決定を遅らせる可能性が高いならば、自分が一方的に選択をしても、後から相手が協調してくれる可能性が高い。

解決法３：均衡を選択する手がかりを作る・探す

以上のようなコミュニケーションの方法が取れない場合でも、協調する選択肢を選ぶ決め手として、次のようなものがありうる。(a) 類似のゲームでの選択の前例。(b) 特定の選択肢を選ぶ習慣や文化。(c) 特定の選択肢が選ばれやすくなる認知作用。たとえば、目立つ名前の選択肢や、切りの良い数値の選択肢など。(c) のような種類の選択肢を**焦点**と呼ぶ。

必要になってから (a) 〜 (c) のような手掛かりを探すことも重要だが、相手が誰になるのかわからない状況や、相手とコミュニケーションをとる時間的な余裕がない状況に備えて、あらかじめ誰とでも協調しやすい手がかりを作っておくことも効果がある。協調しやすい選択肢の名前づけや、標準化された作業手順などである。

パターン6　男女の争い

図6-22のような利得の構造になるゲームを、**男女の争い**と呼ぶ。パターン５の協調問題に似て、**純粋戦略のナッシュ均衡が、左上と右下に２つある**。ただし利得は２つとも同じではなく、左上（◎、○）はプレーヤーＡにとって望ましく、右下（○、◎）はプレーヤーＢにとって望ましい。その意味ではパターン４のチキンのように、純粋戦略のナッシュ均衡では、譲歩する者とされる者の「役割分担」がある。**競争と協調が混在する**ゲームである。

どちらのプレーヤーにも支配戦略はなく、純粋戦略のほかに混合戦略のナッシュ均衡が１つある。右上と左下のセルの利得は、△と×を組み合わせ

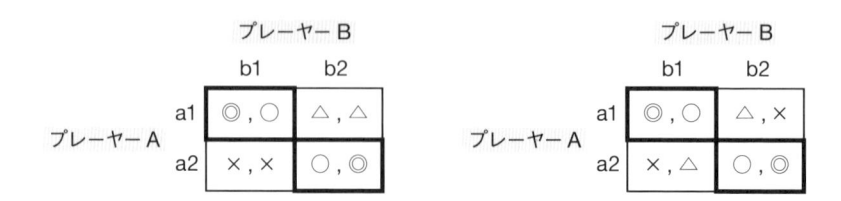

図6-22 男女の争いの例

たものなら何でも構わない。図6-22にある2つのマトリクスは、どちらも男女の争いである。

男女の争いの問題点

パターン5の協調問題やパターン4のチキンの問題点と、共通する問題点がある。

両プレーヤーの間で、**どちらに協調するかの予想が一致しなければ**、純粋戦略のナッシュ均衡が前提にする条件は成立しない。その場合はプレーヤーの認識次第で、**2×2のどのセルも実現しうる**。その中には（×、×）や（△、△）のように利得の低いセルも含まれる。混合戦略のナッシュ均衡を想定する場合も、2×2のどのセルも実現しうる。

（◎、○）や（○、◎）のセルでは、譲歩する者とされる者の役割分担があるので、繰り返しゲームでは譲歩し続けることを嫌うプレーヤーが逸脱して、協調できなくなる可能性がある。

男女の争いの例

男女の争いという名前の由来になったゲームの例を図6-23に示す。2人のプレーヤー「花子」と「太郎」が、今晩どこに出かけるかの選択をする。花子はバレエの鑑賞が好きで、選択肢「バレエ」を選ぶと利得1を得る。太郎はボクシングの観戦が好きで、選択肢「ボクシング」を選ぶと利得1を得

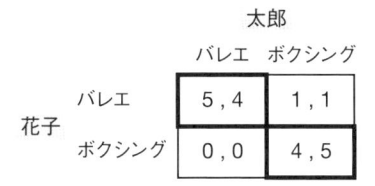

		太郎	
		バレエ	ボクシング
花子	バレエ	5, 4	1, 1
	ボクシング	0, 0	4, 5

図6-23　男女の争いの例

る。ただし2人は趣味は違うが気が合うので、一緒に出かければ楽しい時間が過ごせる。バレエまたはボクシングで2人の選択肢が一致すれば、どちらの選択肢であっても2人とも利得が4増える。この例の純粋戦略のナッシュ均衡は、2人一緒にバレエに行くか、2人一緒にボクシングに行くかの2つである。ただしどちらに行くかの予想が一致しないと、2×2のどの場合も実現しうる。プレーヤーがともに、自分の好きな選択に相手が合わせてくれると予想すると、両者は別々に行動することになる。あるいは、ともに相手の好みに合わせようとすると、好きでもない場所にそれぞれ1人で行くことになる。

ビジネスの例としては、企業間の統一規格をめぐる競争などの例がある。各企業にとってそれぞれ自社に有利な異なる規格があるが、多くの企業と規格を合わせることで協調の利益が得られる場合である。どの規格でもそれほど構わないならば、状況はパターン5の協調問題になる。その意味で、企業にとって協調だけでなく競争が併存する状況である。

その他の例は、集積効果がある場合の立地の選択などに見られる。各企業はそれぞれ自社に有利な立地があるが、他社と集積することでコスト削減や集客効果などを期待できる場合である。

男女の争いの解決法

男女の争いには、パターン5の協調問題とよく似た利得の構造がある。そして純粋戦略のナッシュ均衡では、パターン4のチキンのような、譲歩する

者とされる者の役割分担がある。したがってパターン4やパターン5の解決法の中に、ヒントになるものがある。

解決法1：コミュニケーション

　協調を達成するための最も簡単な方法である。しかしプレーヤーの間でどちらの選択肢に協調するかで利益が相反するため、情報を交換するだけでは協調が達成するとは限らない。解決法3や解決法4と併用して、協調をより確実にできる。

解決法2：逐次選択にする

　自分の選択を遅らせて、相手の選択を知る機会を増やすことで、協調する可能性を高められる。広い意味で解決法1の情報伝達の一方的になりうる。逆に自分が先行してしまうことで、後続の相手に協調せざるを得ない状況を作ることもできる。ただし先に意思決定をする場合は、相手が意思決定をする前に、自分の選択が相手に知られなければ意味がない。

解決法3：役割分担の確定

　2人のプレーヤーに、譲歩する者とされる者の役割を割り当てる仕組みを作る。その仕組みは、パターン5の解決法3で述べた、均衡を選択する手がかりにもなる。男女の争いのオリジナルの事例に当てはめれば、"Lady First"の習慣などがこの仕組みになりうる。

解決法4：利得和の最大化と補償

　2人のプレーヤーの利得の和が最大になるセルを実現させる。そのうえでプレーヤーが逸脱するインセンティブを持たないように、必要ならばプレーヤー間で補償（利得の移転）を行う方法がある。プレーヤーの間でどちらの

選択肢に協調するかで利益が相反するため、全体最適を実現するために必要になることがある。

逐次選択と決定のタイミング

　男女の争いには先行優位がある。その理由は、後続プレーヤーは先行プレーヤーの選択に協調するからである。しかし男女の争いに似たゲームでは、後続プレーヤーが先行プレーヤーに協調しないものがある。

　たとえば図6-24は、図6-23の男女の争いに似ているが、違うパターンのゲームである。図6-24の花子の利得は、図6-23と比べて、右上と右下が入れ換わっている。図6-23では、太郎と同様に花子も、相手と協調することで4単位の利得、自分の好きな選択肢をとることで1単位の利得を得た。しかし図6-24では花子は、相手と協調することで1単位、自分の好きな選択肢をとることで4単位の利得を得る。このことで花子だけに、自分の好きな「バレエ」の選択肢をとる支配戦略が生まれる。太郎が先行して「ボクシング」を選択しても、後続の花子は協調せず「バレエ」を選ぶことになる。

　したがって現実の意思決定で、状況が男女の争いのパターンになっているように思われても、相手の利得が不確実でパターンに確信が持てない場合は、必ずしも先行が適切なタイミングとは限らない。相手が協調するとは限らない場合には、自分が先行して相手を自分に協調させる確率を増やすことと、逆に相手に先行させて自分は確実に相手に協調することの、期待利得を比較してタイミングを決めることになる。

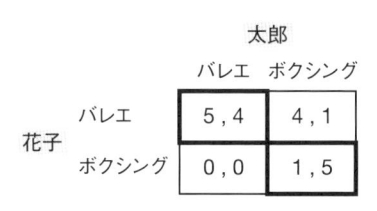

		太郎 バレエ	太郎 ボクシング
花子	バレエ	5, 4	4, 1
花子	ボクシング	0, 0	1, 5

図6-24　男女の争いに似たゲーム

大規模データとパターン化

　利得の大小関係によってゲームをパターン化すると、コンピュータ・プログラムを使って、ゲームのパターンを識別することが容易になる。本書の例より大規模で複雑な状況のデータからでも、パターンを探索して問題を発見できる可能性がある。複雑な状況からは、複数のパターンが見つかることがある。そのとき状況は、複数のパターンの組合せで表現される性質や問題を持つ可能性がある。コンピュータによる探索は、パターンの見逃しも少ないであろう。

6-3 ゲーム・ツリーのパターン例

　前節のゲーム・マトリクスのパターンに続いて、ゲーム・ツリーの重要なパターンを紹介する。マトリクスは、2×2に限定すれば、利得の大小関係で表現することで網羅的に分類できる。しかしツリーは、網羅的に分類することが難しい。この節で紹介するパターンは、主要なものではあるが、限られた例にすぎない。

機会主義的行動

　機会主義的行動とは、利己的な目的のために、他者が正当に期待している利益を損なう行動をとることを言う。たとえば意図的な契約不履行や、職務での怠慢、不当な情報漏洩などである。ゲーム・マトリクスのパターン3で簡単に紹介した機会主義的行動は、ゲーム・ツリーを用いてより詳細に分析できる。機会主義的行動にはさまざまなものがあるが、この節では次のパターンを分析する。

パターン7：契約不履行
パターン8：ホールドアップ
パターン9：モラルハザード
パターン10：逆選択

パターン7　契約不履行

　相手との明示または暗黙の契約を、履行しようとすればできるが、あえて履行しないことによって、自己の利益を増やし相手に損失を与える行動を、ここでは契約不履行と呼ぶことにする。契約不履行の例としては、納期を守らない、期待された品質の仕事をしない、守秘義務を守らないなどがある。

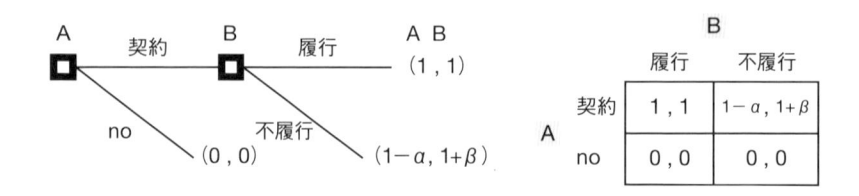

```
   A   契約   B   履行   A B
   □────────□────────(1,1)
    \        \
   no\     不履行\
      \        \
     (0,0)   (1−α, 1+β)
```

		B 履行	B 不履行
A	契約	1,1	1−α, 1+β
	no	0,0	0,0

図6-25　契約不履行のモデル

契約不履行のモデル

契約不履行のモデルは、図6-25のゲーム・ツリーのように表わされる。プレーヤーAとプレーヤーBの間で次のような契約が提案されている。ゲームの最初にAには、Bとの契約を結ぶか否かの選択肢がある。次にBには、契約を履行または不履行にする選択肢がある。Bが契約を履行した場合には、両プレーヤーに1単位の利得が実現する。ただしBが不履行を選択すると、Bの利得は$1+\beta$に増えるが、Aの利得は$1-\alpha$に減少する。（αとβはともに正の値である。）Aには、Bに履行を強制させる手段がない、あるいは訴訟費用など強制のコストが非現実的に高いものとする。参照としてツリーの右側にマトリクスを描いているが、モデルはツリーに表わすような選択の前後関係があり、同時選択ではない。

ゲームの均衡

図6-25のゲームのサブゲーム完全ナッシュ均衡は、$1-\alpha$の値の正負によって異なる。

$1-\alpha<0$の場合は、図6-26のようになる。各決定ノードの選択は、Aは契約をしない、Bは不履行になる。したがって契約が結ばれないことが均衡になる。後戻り推論をすると、もし契約がなされた場合、Bは履行より不履行を選択するほうが利得は高い。それを予想するAにとって、契約して$1-\alpha$の利得を得るか、契約しないでゼロの利得を得るかの選択になる。したがって$1-\alpha<0$の場合、Aは契約をしないことを選択する。この場合に

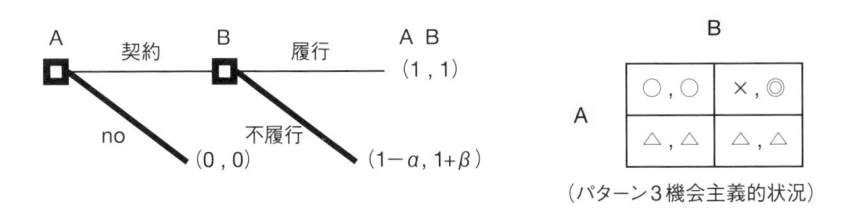

図6-26 契約不履行のモデルの均衡（1−α <0の場合）

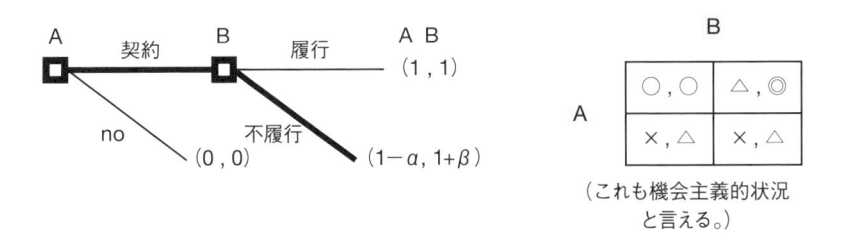

図6-27 契約不履行のモデルの均衡（1−α >0の場合）

は、Bによる機会主義的行動（契約不履行）は行われないが、契約が結ばれ履行された場合の利得（1，1）よりも、両プレーヤーともに利得は低くなる。Bが履行すると情報発信しても、Bには不履行を選ぶインセンティブがあるため、情報は信用されない。AにもBにも非生産的な状況である。

$1−α＞0$ の場合は、図6-27のようになる。各決定ノードの選択は、Aは契約をする、Bは不履行になる。AはBの機会主義的行動を予想するが、契約を結ぶことが均衡になる。後戻り推論をすると、$1−α＜0$ の場合と同様に、Bは不履行を選択し、Aにとっては、契約して $1−α$ の利得を得るか、契約しないでゼロの利得を得るかの選択になる。そして $1−α＞0$ なので、Aは契約することを選択する。AはBの機会主義的行動を承知して、契約を結ぶのである。

1－α＜0でも、AがBの「不履行」という選択肢の存在を予想できず、Aがゲームの構造に気づかない場合は、契約が結ばれ、不履行になる[5]。現実の場面では、状況がパターン7のゲームになっていると気づくことが重要である。

　ゲームのパターンに気づくためには、相手の選択肢と利得を考えることが重要である。そのことによって相手の悪意だけでなく、善意にも気づくことができる。他の人よりも早く相手の善意に気づくことができれば、良いパートナーを選ぶ際に有利である。

効率的な契約

　「契約不履行」による結果（Aの利得が$1-\alpha$、Bの利得が$1+\beta$）は、$\alpha>\beta$ならば、利得和の$2-\alpha+\beta$が、「履行」による利得和の2より小さくなるので非効率な結果である。しかし$\alpha<\beta$ならば、履行による利得和を上回り効率的である。むしろ契約を変更して、不履行にあたる状況を正規のものとし、そのときのAの利得が1以上になるようにBが補償するほうが効率的な契約になる。（以後このパターンの説明では、$0<\beta<\alpha$、すなわち債務不履行は非効率であることを前提にする。）

契約不履行の問題点

　パターン7の問題点は、大きく分けて3つある。1つには、実際に機会主義的行動がなされて効率的な結果が実現しないことがあげられる。その他にも、プレーヤーが機会主義的行動の犠牲になることを恐れて、契約を回避するなどして経済活動が縮小し、効率的な結果が実現しないこともあげられる。また、機会主義的行動を防ぐために、法的なコストを必要以上にかけるなど、

5　AがBの「不履行」の選択肢に気づかない状況は、正確には図6-26に示すゲームではない。そのような状況は、Bは図のようなゲームを想定している一方で、Aは「不履行」という選択肢がないゲームを想定しているとモデル化される。

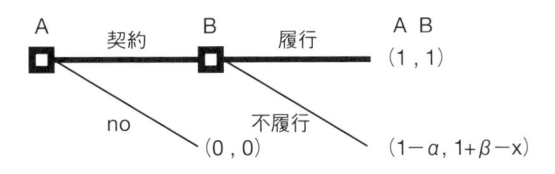

図6-28 債務不履行への対策としての罰則 x

本来は不要なコストを使って防衛策をとることも経済効率を低下させる。

解決法1：罰則と報酬

　不履行に制裁または罰則を加える方法がある。罰則は法的なもののほか、社会的制裁や不名誉など心理的なものでも、Bにとって負の利得になるものであれば良い。図6-28はBの不履行に対して罰則xが課されるようにゲームを修正している。罰則のxが十分大きく、$\beta < x$が成り立つなら、Bは契約を履行する。xは確率的な期待値でも良い。たとえば、不履行に対して訴訟を起こすことはコストがかかり、毎回は行えないとしても、ときには不履行に対して訴える。それによってBが受ける罰則は、確率的な期待値として表される。

Bが自ら罰則を設定する方法

　Bに制裁や罰則を与える方法がない場合は、AはBの機会主義的行動を回避するため取引が成立しない。その場合にはBが自ら罰則を設定すること（履行保証など）で、Aの懸念を解消して取引を成立させることができる。
　倫理観は、自分の契約違反に心理的な不効用を感じること（自分の非倫理的な行動に、内面的な制裁を加える）とモデル化できる。Bに十分な倫理観があるとAが思えば、十分に大きいxがあると認識して、Aは契約を選択する。

罰則か報酬か

不履行に対するマイナス利得ではなく、履行することに何らかのプラスの利得を与える対策でも良い。報酬が β より大きければ、B は履行を選択する。ただし金銭的な報酬を与えるためには、その原資を誰が負担するのかが問題になる。A が負担するのであれば、A の利得は少なくとも 1 − β まで減少する。その一方で、不履行に対して罰を加える場合は原資が不要である（罰則を実施するためのコストはかかるが）。したがって金銭的なものならば、報酬より罰則のほうが、実現できるケースが多いであろう。

しかし心理的な報酬には原資はいらない。「褒めるのはタダ」である。質の高い解決法は、金銭的な誘因ではなく、心理的な誘因を作り出すことかもしれない。

もちろん報酬と罰則を併用しても良い。プレーヤーが属する集団の信用秩序が保たれている状況、あるいは信賞必罰の機能が高い状況は、社会的規範による罰則 x や報酬が大きい状況と解釈できる。

解決法2：繰り返しゲームの構造にする

1回限りの契約では B は不履行を選択しても、契約を繰り返す場合には

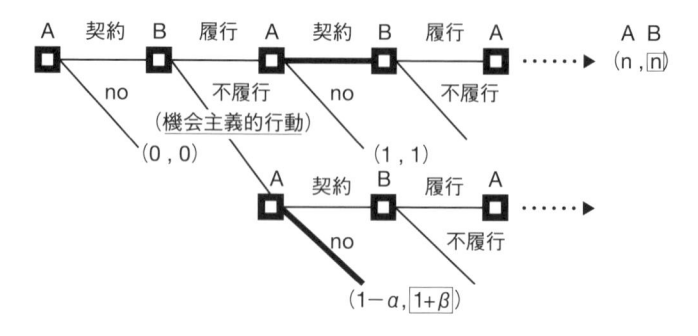

図6-29　パターン7の繰り返しゲーム

履行を選択する可能性がある。たとえば、図6-25のゲームが繰り返され、全体として図6-29のようなゲームを構成しているとする。繰り返しは確率的に終了するもので繰り返しの回数は不確実だが、どの決定ノードにおいても、そこから平均 n 回繰り返すと予想される。そして、もし B がある決定ノードで不履行を選択すると、その後 A は契約をしないものとする（引き金戦略の仮定、図の太線で表わされている）。

　以上の仮定で長期の合計利得を計算すると、図6-29の利得のようになる。A が契約、B が履行を続けるならば、n 回の繰り返しから各プレーヤーは n の合計利得を期待できる。しかし B が不履行を選択すると、その段階で B は $1+\beta$ の利得を得るが、その後 A は契約をしないため、B は利得を追加することができない。たとえば左から2つ目の決定ノードにおける B の選択肢は、履行して繰り返しの取引から合計 n を得るか、不履行をして $1+\beta$ を得るかの比較になる。<u>$1+\beta < n$ なら、B は履行を選択する。$1+\beta > n$ なら、B は不履行を選択する。</u>

　繰り返しの構造では、将来の取引を得るか失うかが、解決法1の報酬と罰則に似た効果を持つ。ただし繰り返しが有効な対策であるためには、将来の取引機会が存在することのほか、B が長期的視点を持っている（長期的な利益の合計を最大化しようとしている）必要がある。現実にあてはめると、担当者の評価が長期的になされているか否か、異動によって担当者が交代する頻度、企業や事業が継続する可能性なども、長期的視点に影響する。

繰り返しゲームとしての長期取引

　繰り返しの取引が期待できる状況を用意して、n を大きくするほど、機会主義的行動を防ぎやすい。長期的な取引関係の利点の1つは、機会主義的行動を防ぎやすいことである。1回限りの取引でも、たとえば1つの大きな契約を、何段階かの履行の確認と支払いに分割するなどして、繰り返しの構造を作り出せば、機会主義的行動を防ぐ効果がある。

解決法３：プレーヤー間の評判を利用する

　解決法２で述べた、同じプレーヤーによる繰り返しでなくても、プレーヤーの行動が評判によって後続のプレーヤーに知られるならば、**繰り返しと似た構造**が生まれる。たとえば図6-30は、プレーヤーＢがパターン７のゲームを繰り返し、相手はプレーヤーＡだけでなく、毎回異なるプレーヤーになる状況を表している。図6-30は、プレーヤーＡの代わりにＣ、Ｄ、……のプレーヤーが入り、各プレーヤーの利得が表示されるほかは、図6-29に示した繰り返しゲームと同型のモデルになる。

　各プレーヤーの行動は、評判によって後続のプレーヤーに知られる。そして、もしＢがある決定ノードで不履行を選択すると、その後のプレーヤーは契約をしないとする（引き金戦略の仮定）。このとき、たとえば左から２つ目の決定ノードにおけるＢの選択肢は、履行して繰り返しの取引から合計 n を得るか、不履行をして $1+\beta$ を得るかの比較になる。$\underline{1+\beta < n\ なら、Ｂ は履行を選択する}$。$\underline{1+\beta > n\ なら、Ｂは不履行を選択する}$。

　評判の利用は、同じプレーヤーと繰り返しができない際にはとくに重要な解決法になる。評判が有効であるためには、Ｂに将来の取引機会が存在することのほか、Ｂが長期的な視点を持っている（長期的な利益の合計を最大化しようとしている）必要がある。

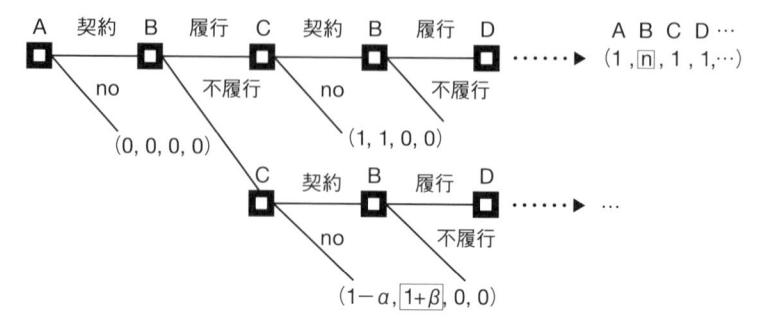

図6-30　プレーヤーＢと、異なる複数のプレーヤーとの繰り返しゲーム

もし評判が伝わらない場合は、AとBの契約の履行状況は、CとBの契約に影響を与えず、1回限りのパターン7のゲームが個別に行われるのと同じ状況になる。つまり、$0 < 1-\alpha$なら、Bは不履行を繰り返す。$0 > 1-\alpha$なら、Bの不履行をおそれて、プレーヤーたちは契約をしない。

解決法4：仲介

　プレーヤーBの評判の代わりに、第三者の評判を仲介として利用する方法がある。解決法2の繰り返しや、解決法3の評判が使えないときに、とくに有効である。

　図6-31は仲介者の紹介を介して、パターン7のゲームが繰り返される状況を表している。パターン7の各回の最初に、仲介者がプレーヤーBを紹介するか否かの決定ノードを追加している。A、C、……の各プレーヤーは、仲介者からBを紹介された場合に、契約をするか否かを選択する。仲介者の紹介によって契約が成立するたびに、仲介者には1単位の利得が生じる。契約が履行されるたびに、契約を結んだ2人のプレーヤーにそれぞれ1単位の利得が生じ、不履行になると、Bには$1+\beta$、契約相手には$1-\alpha$の利得が生じる。プレーヤーBの過去の履行・不履行の実績は、仲介者にしかわからない。しかし仲介者が紹介した契約が不履行になると、その事実は後続

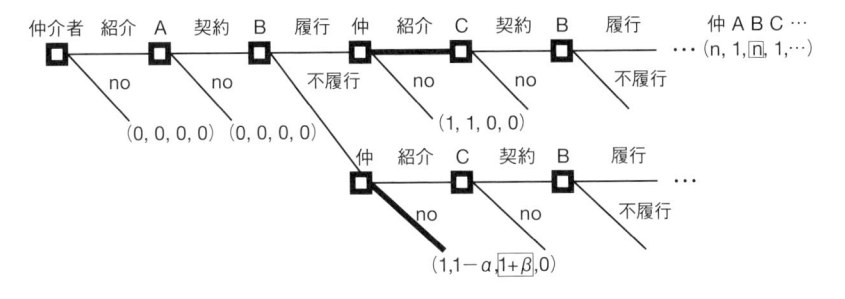

図6-31　仲介者を介した繰り返しゲーム

のすべてのプレーヤーに知られることになる。

　仲介者は、Bが契約を履行したならその後もBを紹介し、Bが不履行をすればその後はBを紹介しないものとする（仲介者による引き金戦略の仮定）。すると仲介者の紹介の有無はBの行動に関する評判と同じ効果を持つ。そしてA、C、……の各プレーヤーは、仲介者が過去に紹介した契約に不履行がないかぎり仲介者を信用して、Bとの契約を選択する。しかし紹介した契約で不履行になったものがあれば、その後は紹介されても契約をしないものとする（後続プレーヤーによる引き金戦略の仮定）。

　以上の仮定で合計利得を計算すると、紹介と契約の履行が続けば、n回の繰り返しから紹介者とプレーヤーBはnの合計利得を期待できる。しかしBが不履行を選択すると、その段階でBは$1+\beta$の利得を得るが、後続プレーヤーは契約をしないため、Bは利得を追加することができない。したがって、$1+\beta<n$なら、Bは履行を選択する。$1+\beta>n$なら、Bは不履行を選択する。

仲介者と仲介のインセンティブ

　仲介がなければBの信用が不足して契約が成立しない状況であれば、仲介によって契約が成立することで、各プレーヤーの利得が向上する。したがって仲介者はプレーヤーたちから仲介手数料を得ることができる。図6-31の説明にある仲介者の利得は、そのような意味である。仲介者が紹介したのにBが履行しないと、仲介者の信用が低下して、その後は仲介しても契約が成立しなくなる。そうなると仲介者は仲介料を得る機会を失うので、履行が見込まれる場合のみ紹介し、紹介した限りはBが履行するよう監督するインセンティブがある。Bが履行しない場合は、仲介者は自ら弁済してでも信用（および将来の利益機会）を守ることがある。

　Bは取引相手から信用を得るために、仲介者の信用を利用して取引を成立させる。したがって将来も仲介者に紹介してもらうために、Bにも契約を履行するインセンティブが生まれる。

仲介の例

　仲介者の信用によって契約の不履行を防ぐ仕組みには、さまざまな例がある。たとえば外国の名前も知らない企業との取引では、貿易会社の紹介や保証が条件になることがある。インターネット取引でも、知らない相手との取引が多く、サイト上の評判が参考になる。ただしこの場合は、サイトは紹介のほか解決法３の評判を知らせるだけで、債務を保証するほどの責任は取らないことが多い。金融機関は、直接では成立しにくい金銭貸借の契約を、信用調査や債務保証などを行うことで、間接的に成立させる。債務保証会社や格付け会社などは、そのような金融機関が行う業務の一部を専門に行っているとも言える。

　ただし仲介は、いつも不履行を防げるとは限らない。図6-31は、漏れがない正確な評判とプレーヤーたちの引き金戦略を仮定しているが、現実では情報は不完全で、プレーヤーの対応も引き金戦略のようには徹底しない。プレーヤーBにあたる者が、ある仲介者の信用を失っても、別の仲介者とやり直せば良いと考えるかもしれない。仲介者自身も、信用を失っても、新しい紹介先を探したり、組織名を変えることがある。したがって仲介を利用する際には、仲介者や関係する者が適切なインセンティブを持っているか否かを、確認することが重要である。過去の実績、とくに不履行などのトラブルがあった際にどのような対応をとったかの情報は、参考になるであろう。

パターン8　ホールドアップ

　ホールドアップとは、**契約相手が転用不能な投資をした後で、自分に有利なように契約の条件変更を要求したり、契約違反を行うこと**である。たとえば事例6-1のような行動で、相手にとっては、俗に言う「二階に上がって梯子を外される」状況になる。

事例6-1

　ホールドアップはたとえば、専用の金型が必要になる特注部品を発注し

て、受注者が金型を作った後で値引きを要求するような行動を言う。専用の金型は他の用途に使えないので、金型のコストを回収できる価格でなければ受注者は契約しない。金型を作る前ならば、コストを回収できない値下げ要求は受け入れられず、赤字になる契約は結ばれないであろう。しかし金型を受注者が作った後では、契約を中断すると受注者は金型コストをまったく回収できない。したがって一部でも金型コストを回収できる価格であれば、赤字になっても値下げを受け入れることになる。金型が汎用のもので、他の取引で回収できる見込みがあれば、問題はない。しかし転用不能な投資の場合は、投資額が大きいほど、大きな赤字になるような値引きでも引き受けざるを得なくなる。

関係特殊資産への投資は、ホールドアップの問題が発生しやすい。関係特殊資産とは、特定の相手との生産活動以外に用いると生産性が低下する資産である。

企業にとっては、専用金型のような物的なもののほか、特定の取引先のために従業員に身につけさせるスキルのような人的なものもある。それらに投資した後で、相手が対価を支払わないとホールドアップになる。発注者がホールドアップをかける者で、受注者がホールドアップの犠牲者の立場になる。

従業員にとっては、転職すると役に立たないスキルに、自分の時間や金銭を使うことは関係特殊資産への投資になる。将来、企業が従業員の生産性に見合う賃金を払わないホールドアップをかける可能性がある。

ホールドアップのモデル

ホールドアップのモデルは、図6-32のゲーム・ツリーのように表わされる。ゲームの最初にAには、Bと契約を結ぶか否かの選択肢がある。契約を結ぶ場合には、Aは転用不能のコストcを払う。Aがcを払った後で、Bには、契約を当初の条件で履行するか、Bに有利な条件への変更を求めるかの選択肢がある。Bが条件の変更を求める場合には、Aは変更を受け入れるか、契約を解消するかを選択する。当初の条件で履行する場合には、両プ

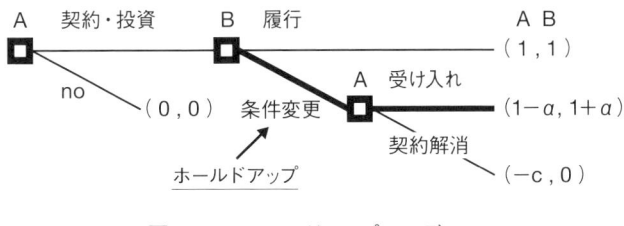

```
     A    契約・投資   B    履行         A B
     □─────────────■──────────────   (1,1)
       no    (0,0)      条件変更  A 受け入れ
                            ↑    □──────────  (1−α, 1+α)
                         ホールドアップ   契約解消
                                       (−c, 0)
```

図6-32　ホールドアップのモデル

レーヤーにそれぞれ1単位の利得が実現する。条件変更を受け入れると、Aの利得は$1-\alpha$に減り、Bの利得は$1+\alpha$に増える。Aが契約を解消すると、Aの利得は$-c$、Bの利得は0になる。aとcはともに正の値である。最後の決定ノードで、Aの利得が同値のときは、Aは条件変更を「受け入れ」るものとする。AにはBに履行を強制させる手段がない、あるいは訴訟費用など強制のコストが非現実的に高いものとする。

ホールドアップの均衡

図6-32のサブゲーム完全ナッシュ均衡は、「Aは最初から契約をしない」である。後戻り推論をすると、次のようになる。Bが「条件変更」を選択すると、最後の決定ノードでAは、$-c \leqq 1-\alpha$なら、Aの利得がマイナスでも「受け入れ」ることになる。したがってBの最適行動は、$\alpha = 1+c$での「条件変更」になる。条件変更によって$-c$の利得になることを予想するAは、最初の決定ノードでBとの契約をしない。

脅迫のパターン

図6-32の左から2つ目の決定ノードまでは、パターン7の契約不履行に似ている。パターン8のホールドアップでは、パターン7におけるプレーヤーBの「不履行」の選択肢に替わって、Bの「条件変更」の要求とそれへのAの返答のサブゲームが入る。比較参照までに、図6-33に脅迫を表現するゲー

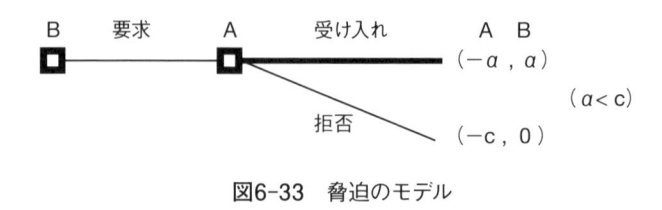

```
B    要求    A    受け入れ    A  B
□──────────□─────────── (−a , a)
                  ╲
                   ╲ 拒否              (a < c)
                    ╲
                     (−c , 0)
```

図6-33 脅迫のモデル

ム・ツリーの例を示す。図6-33ではBはAに対して、aの支払いを要求する。Aが要求を拒否すれば、Aにcの損害を与えるという状況が表現されている。aがcを超えない範囲では、AはBの要求を受け入れて、aを支払うことになる。つまりAに与えうる損害cの範囲で、BはAから利益を得ることができる。図6-32の「条件変更」に続くサブゲームは、図6-33の脅迫のゲームと同じ分岐になる。つまり**ホールドアップは、契約不履行の代わりに脅迫をするのと同じ構造である**。

ホールドアップの問題点

転用不能の投資が大きいほど、Bはその投資を人質にして、再交渉でBに有利な条件をAに押しつけることができる。

Bに「条件変更」の選択肢があることをAが予想できないと、契約が成立して、Aが赤字になる条件変更を受け入れさせられることがある[6]。つまり「二階に上がって梯子を外される」状況が起きる。

ホールドアップをおそれてAが契約をしない状況（0,0）は、Bが「履行」する結果（1,1）より、どちらのプレーヤーにとっても利得は低い。Bは「履行」するつもりがあっても、Aに信用させる方法がない。

---

6 AがBによる「条件変更」という選択肢の存在を予想できない場合は、正確には、図6-32のゲームを共通認識としているのではなく、Aは「条件変更」の選択肢がないゲームを想定していることになる。

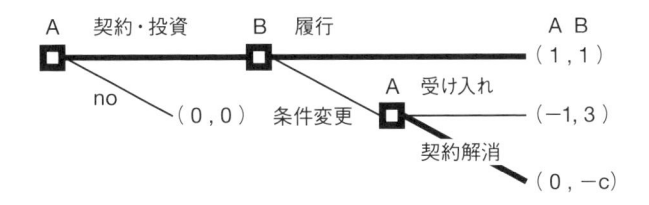

```
     A   契約・投資    B   履行        A B
     □─────────□──────────────  (1,1)
      \ no              A  受け入れ
       \(0,0)    条件変更 □───────  (-1,3)
                         \ 契約解消
                          \──────  (0,-c)
```

図6-34 発注者Bがコストcを負担するゲーム

ホールドアップの解決法

Aが犠牲にならないためには、とくに1回限りの取引で、ホールドアップの可能性があることに気づくことが重要である。

Bがホールドアップをかけないようにする解決法としては、パターン7の契約不履行と同様に、罰則、繰り返し取引、評判、仲介が有効である。したがって長期の取引関係を維持することは、一般にホールドアップを防ぐ効果がある。罰則の例としては、契約条件の中にホールドアップに対する罰則や、ホールドアップの実行を難しくする条項を入れておく方法がある。

そのほか、ホールドアップに特徴的な対策として、転用不能な投資を誰が負担するかの工夫がある。つまり図6-34のように、プレーヤーAではなく、ホールドアップをかけうるBが投資コストを負担するのである。専用金型の例では、発注者のコスト負担で金型を作れば、契約を解消しても受注者に赤字は発生しないので、受注者はホールドアップを恐れずに契約できる。

転用不能な大きな額の投資を要する事業については、資本参加や合弁事業を組んで、コストを分担して利害を共通にする方法もある。

パターン9　モラルハザード

モラルハザードは、本来は保険用語である。ハザードはリスクを増幅させる要因という意味だが、ハザードには悪天候のような物理的な要因のほか、当事者のモラル面の要因がある。たとえば自動車保険に入ると、無保険の場

合に比べて、事故が起きても財務的な損失は少なくなるので、運転者の事故防止のための注意努力が低下することがある。そのような要因をモラルハザードと呼ぶ。

一般的な用語としては、職務怠慢や注意努力の低下を広くモラルハザードと言うが、経済学の定義はそれより狭く、怠慢や努力低下を他者が観察したり判断できない場合を言う。本書では経済学の定義を用いることにする。

保険に加入すると注意努力が低下する事例は、加入者に求められる義務を完全に履行しないという意味で、パターン7の契約不履行に似ている。契約不履行とモラルハザードの違いは次の点である。モラルハザードは努力を他者が観察または評価できないことが原因である（たとえば運転者の注意努力を保険会社がモニターできない）。それに対して、努力を観察したり評価できる場合は、パターン7の契約不履行にあたる。契約不履行の問題点は、不履行を観察できても罰則や強制ができないことである。この原因の違いに対応して、解決法は異なるものになる。

モラルハザードの例

依頼者（principal）のために、**代理人**（agent）として受注者や専門家が働く状況で、代理人の努力量を依頼者が観察または評価できない場合に発生しうる。たとえば次のような例がある。

- 発注者が見ていないところで、受注者がサボる、品質の手を抜く。（受注者の依頼者に対するモラルハザード。）
- 雇用主が見ていないところで、従業員がサボる、手を抜く。（従業員の雇用主に対するモラルハザード。）
- 専門知識のない依頼者に対する、専門家の努力不足や利益相反行為。たとえば、法律家、医療従事者、建築士などが、最善の努力をしているのか、依頼者が見ても知識不足でわからない場合に起こりうる。依頼者の利益ではなく、自分や自分の属する組織の利益を優先して行動する。（専門家の依頼者に対するモラルハザード。）

- 自動車保険に加入した運転者が、無保険の場合に比べて、運転における注意努力が低下する場合。医療保険の加入者が、無保険の場合に比べて、必要以上に多くの治療や投薬を求める場合、あるいは健康維持のための注意義務が低下する場合。（保険加入者の保険提供者に対するモラルハザード。）
- 債務者の監視のないところで、債権者が借りた資金を目的外の使途に使ったり、節約して確実に返済する努力を怠る。（債務者の債権者に対するモラルハザード。）
- 有権者やメディアの監視が届かないところで、政治家が社会全体の利益を犠牲にして自己の利益を追求する行動をとる。（政治家の国民に対するモラルハザード。）

コーポレート・ガバナンスの領域でも、次のようにさまざまなモラルハザードがありうる。

- 株主に対する、経営者や従業員の努力不足や利益相反。
- 債権者に対する、経営者や従業員の努力不足や利益相反。
- 取引先に対する、経営者や従業員の努力不足や利益相反。
- 経営者（雇用主）に対する、従業員の努力不足や利益相反。
- 従業員に対する、経営者の努力不足や利益相反。

経営者と従業員の間のように、双方向にモラルハザードが発生する可能性もある。非生産的な社内政治や、経営者や従業員が企業の資産を浪費したり私用に使うこと、自分の評価を高めるために偏った情報を発信すること、などもモラルハザードに含まれる。

モラルハザードのモデル

モラルハザードのモデルは、図6-35のゲーム・ツリーのように表される。AとBの間で次のような契約が提案されている。ゲームの最初にAには、Bとの契約を結ぶか否かの選択肢がある。Aが契約を結ぶ選択をした場合は、

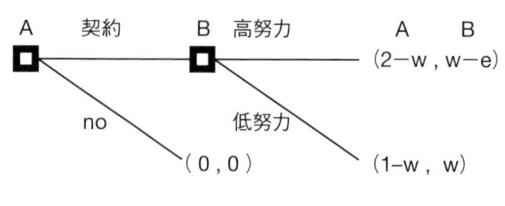

```
        A    契約    B   高努力     A   B
        ■─────────■────────────(2−w, w−e)
         \         \
        no          低努力
           \           \
          (0, 0)      (1−w, w)
```

図6-35　モラルハザードのモデル

Bは高い努力量を投入して履行するか、低い努力量を投入して履行するかを選択する。Bが高努力を投入すると、Bにはeのコストが生じ、Aに2単位の利得が生じる。Bが低努力を投入すると、Bにはコストは生じないで、Aに1単位の利得が生じる。ただしAは、Bの努力量を知ることはできず、自らの利得の1または2のどちらが実現したかを知ることができない。（Aはゲーム終了後に長期的に利得を知る可能性があるが、短期的にはわからないとする。）契約が結ばれるとAからBに報酬wが支払われる。eとwはいずれも正の値で、e＜1とする。Aが契約する場合としない場合でAの期待利得が同じならば、Aは契約するものとする。

図6-35のゲームのサブゲーム完全ナッシュ均衡は、次のようになる。
「報酬wが1以下ならば、契約が成立しBは低努力を投入する。wが1より大きければ、契約が成立しない。」

後戻り推論を行うと、次のようになる。Bの決定ノードでは、Bの利得は「低努力」のほうが大きくなるので、Bは「低努力」を選択する。それを予想するAは、w≦1ならば、「契約」する場合の利得1−wが、契約しない場合の利得ゼロ以上になるので、「契約」する。w＞1ならば、契約すると利得1−wは負になるので、契約しない。

モラルハザードの問題点と解決法

AとBの利得の和は、Bが「高努力」を投入する場合に2−e、「低努力」を投入する場合に1、契約が成立しない場合にゼロになる。e＜1が成り立つことから、3つの場合の利得の和を比べると、高努力の場合に最大にな

り、次いで低努力の場合、契約不成立の場合の順になる。つまり、契約が成立してBが高努力を投入するのが社会的に最適な状況である。しかし固定報酬wでは、均衡は低努力または契約不成立であり、高努力は実現しない。

パターン7の契約不履行では解決法として、報酬や罰則、繰り返し取引、評判などがあった。しかしモラルハザードに対しては、努力量を観察できないので、高努力に対する報酬や低努力に対する罰則を与えることができない。また、繰り返しや評判も、Bの行動を観察できないならば正確な評価ができない。契約不履行に対して有効なこれらの解決法は、モラルハザードにはあまり有効ではない。ただし次のような解決法が考えられる。

解決法1：代理指標を用いたインセンティブ契約

モラルハザードへの対策として、成果連動報酬など、代理指標を用いたインセンティブ契約が考えられる。観察が難しい努力量の代わりに、努力量と相関の強い指標を見つける。その指標をもとに、高努力が投入された可能性が高い場合に高報酬を、低努力の可能性が高い場合に低報酬を支払う契約である。たとえば、自動車保険の無事故割引は、事故の実績を運転注意努力の代理指標として、事故が少なければ保険料を下げる形で報償を、事故が多ければ保険料を上げる形で罰則を与える例である。

代理指標のあるモラルハザードのモデルは、図6-36のゲーム・ツリーのよ

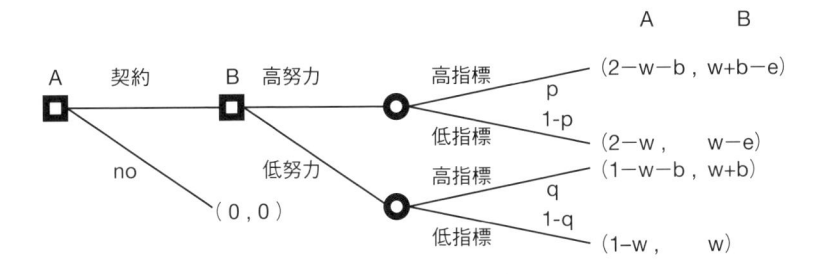

```
                                          A         B
A  契約   B  高努力   ○ 高指標   (2−w−b, w+b−e)
□────────□──────────    p
 \         \            1−p
  \         \  低指標   (2−w,    w−e)
   \         \
    \         \ 低努力   ○ 高指標   (1−w−b, w+b)
     \                       q
      \ no                   1−q
       (0,0)          低指標   (1−w,    w)
```

図6-36　代理指標を用いたインセンティブ契約のモデル

うに表される。ゲーム・ツリーの分岐で図6-35と違う点は、指標の存在である。Bの「高努力」と「低努力」の選択肢の後に、それぞれ確率ノードがあり、指標の値の高低が判明する。Aは、Bが投入する努力量を知ることはできず、利得の1または2のどちらが実現したかを知ることができない。Bが「高努力」を投入した場合は、確率pで「高指標」が得られ、確率1－pで「低指標」が得られる。Bが「低努力」を投入した場合は、確率qで「高指標」、確率1－qで「低指標」が得られる。高努力のほうが高指標になる確率が高く、p＞qである。契約が結ばれると報酬wが、それに加えて「高指標」が得られた場合にはボーナスbが、AからBに支払われる。b、e、wはいずれも正の値で、e＜1とする。

2人のプレーヤーの期待利得の和は、図6-35のモデルと同様に、Bが高努力を投入する場合に2－e、低努力を投入する場合に1、契約が成立しない場合にゼロになる。したがって、契約が成立してBが高努力を投入するのが社会的に最適な状況である。高努力が均衡になるようなwとbの組合せを選べば、効率的な結果になる。

インセンティブ契約のモデルの均衡

図6-37は図6-36のモデルの均衡を示している[7]。努力によって「高指標」

---

[7] 後戻り推論で解法を説明すると次のようになる。Bの決定ノードで、Bが高努力を選択する場合のBの期待利得はw＋pb－e、低努力を選択する場合のBの期待利得はw＋qbになる。したがって、(1)の場合にBは高努力を選択する。
　　　w＋pb－e＞w＋qb　すなわち　b＞e／(p－q)　……(1)
また、(2)の場合にBは低努力を選択する。
　　　w＋pb－e＜w＋qb　すなわち　b＜e／(p－q)　……(2)
一方でAの決定ノードにおけるAの期待利得は、契約が成立してBが高努力を投入する場合は2－w－pbで、Bが低努力を投入する場合は1－w－qbである。したがって、(1)および(2)のBの選択を予想するAは、(1)かつ(3)が成立する場合に、Bの高努力を予想して契約することを選択する。
　　　2－w－pb＞0　すなわち　w＜2－pb　……(3)
またAは、(2)かつ(4)が成立する場合に、Bの低努力を予想して契約することを選択する。
　　　1－w－qb＞0　すなわち　w＜1－qb　……(4)
以上をまとめると、均衡は図6-37のようになる。

(a) p−qが大きい場合

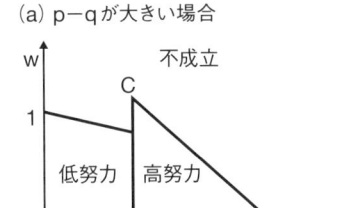

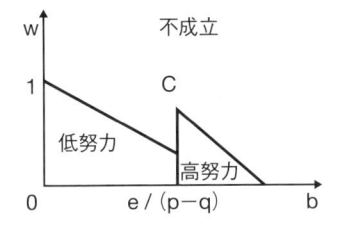

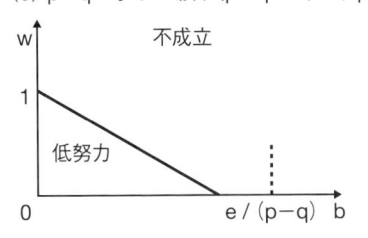

図6-37 報酬wとボーナスbの値に応じた均衡

が得られる確率の差 p − q の大小で、(a) 〜 (c) に場合を分けて、縦軸に報酬 w、横軸にボーナス b をとっている。B が低努力を投入するか高努力を投入するかの境界線 $b = e/(p-q)$ は、p − q が小さくなるほど右に移動する。点 C は、B が高努力を投入する条件の中で、A が契約を選択する w の上限値 $w = 2 - \{e/(p-q)\}p$ に対応する。p − q が小さくなるほど点 C は右下方向に移動する。p − q が $(e/2)p$ より小さくなると、点 C の w 座標

は負になり、契約が成立してBが高努力を投入する可能性はなくなる。

　図6-37から次のことが言える。eの値が小さくp－qの差が大きいほど、高努力を引き出すインセンティブ契約を設定できる可能性が高くなる。逆にeが大きい、あるいはp－qの差が小さいと、高努力を引き出すインセンティブ契約を設定できなくなる。したがって、高努力を低いコストで発揮できる取引相手を選び、p－qが大きくなる指標を利用することが、インセンティブ契約によってモラルハザードを防ぐために有効である。p－qが大きくなる指標とは、言いかえれば、Bの努力量と相関関係の高い指標である。

代理指標の例

　従業員の雇用主に対するモラルハザード（努力不足）への対策として、出来高などの成果を努力量の代理指標にする方法がある。ただしその方法の問題点は、従業員の努力以外の要因が成果に影響を与える可能性である。成果の大小が本人の努力量でほぼ決まるならば、p－qが大きく、インセンティブ契約の効果が大きい。しかし成果が偶然の運や不運など本人の努力以外の要因で決まる傾向が大きいなら、p－qが小さく、インセンティブ契約は有効ではない。むしろ、偶然の要因で従業員の収入が変動するリスクを生み、従業員の満足度を低下させるかもしれない。

　出来高や業績を代理指標にすることは、従業員の努力を引き出す目的のほか、取引先の努力を引き出す目的、コーポレート・ガバナンスの一環として経営者の規律づけ、などにも使われる。自動車を運転する者の安全運転のための注意努力を引き出すためには、事故の実績を代理指標にして自動車保険料を指標に連動させる制度が使われる。

解決法２：観察・評価のコストを下げる

　モラルハザードの原因は、努力量を観察・評価できない、あるいは観察・評価のコストが非現実的に高いことである。したがって、何らかの方法で観察・評価のコストを下げて、努力量をモニターできるようにすれば、報酬や

罰則、繰り返しや評判などの方法を使える。

　専門家によるモラルハザードは、一般の者にはモニターが難しいが、別の専門家を雇ってモニターしてもらう方法がある。さらに、モニターを職業にする者ならば、経験学習によって1回当たりのコストを下げることも可能になる。一般の者でも、**モニターの専門家**の意見を参考にして意思決定をすることができる。

　債務者が返済のために最善の努力をしないモラルハザードを、一般の債権者がモニターすることは難しい。しかし金融機関は、債務者のリスクを審査したり、モラルハザードを監視したりする専門家である。また、金融機関が多数の者の資金を集めて融資する場合は、金融機関による1回のモニターで、多数の者によるモニターを代表する構造になる。

　経営者によるモラルハザードを監視する専門家あるいは代表としては、債権者である金融機関のほか、株主の代表としての取締役、メディアなどがある。従業員は経営者の行動に関する情報を得やすいので、モニターをする能力はある。しかし経営者に対して弱い立場にあるので、第三者の利益を守るためにモニターをするインセンティブは、弱いものになってしまう。

　政治家の努力不足や私益追求などのモラルハザードに対しては、メディアによるモニターが重要な役割を果たす。

　専門家や代表者によるモニターのほか、努力量に関する**情報をわかりやすく開示する**こともモラルハザードを防ぐ効果がある。企業が経営状況に関する情報を開示することは、その企業が、投資家や取引先の情報不足を利用するモラルハザードを難しくする。医療などの専門家が自分たちの実績を開示することもある。法制度によって情報開示を義務付けられる場合もあるし、自主的に開示して自らの信用を高めることもある。

解決法3：確率的なモニターと厳罰

　広義には解決法2のモニターコストの低減に含まれるが、コストの高いモニターであっても、確率的に抜き打ちに行うのであれば、1契約あたりの平均コストは下がる。そしてモニターの頻度が低い代わりに、モラルハザード

が発覚した場合の罰則を厳しいものにすれば、モニターコストを下げながら、罰則の期待値をモラルハザードを抑止するレベルに保つことができる。

交通取締では、このような抜き打ちのモニターと厳しい罰則の組合せが用いられる。従業員が就業規則を守るように、確率的な監査と社内罰則を組み合わせることもある。

解決法4：仲介

努力量の観察・評価ができる者の仲介で、モラルハザードを防ぐ方法もある。仲介者が解決法2で述べたような、発注先のモニターを合わせて行うことが多いであろう。

パターン10　逆選択

モラルハザードと同じく、逆選択も本来は保険の用語である。保険の例では次のような状況をいう。

事例6-2

保険者が、保険に加入しようとする者のリスクの高低を判別できないと、保険料は加入者のリスクの大小を問わず同じにならざるを得ない。するとハイリスクの者にとって保険に加入することの期待利益は高く、ローリスクの者にとって期待利益は低くなる。したがってハイリスクの者のほうが保険に加入する割合は高くなる。これによって保険加入者の平均リスクは高くなるので、保険料を引き上げることになる。保険料が上がると、ローリスクの者はさらに保険加入の利益を失い、さらに保険料は上がる。極端な場合は、保険に加入するのはハイリスクの者だけになる。

事例6-2は保険における例だが、一般的には逆選択は次のような状況である。異なるタイプの取引対象が存在して、タイプの判別ができる者と、できない者の間で取引をする。その際に、高品質と評価されるタイプよりも、低

品質と評価されるタイプのほうが、より選択的に取引される現象である。

逆選択の例

- 買手が商品の品質を見抜けないとき、コストをかけた高品質で高価格の商品は売れず、低品質で低価格の商品が売れる。
- ある投資家が投資先の経営状況を判断できないとき、投資先に要求するリターンは、投資先のリスクの大小を問わず同じにならざるを得ない。そのとき経営状況の良い企業にとって資金調達の条件は魅力的ではなく、経営状況の悪い企業にとって魅力的になる。経営状態の良い企業は他の投資家を探し、この投資家から資金を調達するのは経営状態の悪い企業ばかりになる。

悪貨が良貨を駆逐するのは逆選択？

　逆選択は、いわゆる「悪貨が良貨を駆逐する」とたとえられる状況に似ている。悪貨（低品質の金貨）が良貨（高品質の金貨）を（市場流通から）駆逐する状況である。ただし厳密に区別すると、問題の原因は異なる。逆選択は、タイプを判別できる者とできない者の存在が原因である。それに対して「悪貨が良貨を駆逐する」のは、判別の能力ではなく、貨幣の受取人が悪貨と良貨を区別しないで扱う（同じ交換価値を認める）ことによる。同じ扱いならば、良貨を持つ者が良貨を使わないことで生じる。

　扱いを区別しないことによる逆選択的な例は次のものがある。誰もが利用できる公共施設で、マナーの良い利用者とマナーの悪い利用者がいると、マナーの悪い利用者は自制しないので利得が高い一方で、マナーの良い利用者は我慢して利得が低くなる。するとマナーの良い利用者は来なくなり、マナーの悪い利用者ばかりが来るようになる。これは逆選択と似た現象だが、施設の担当者が利用者のマナーの良否を判別できないことではなく、マナーの悪い利用者を拒絶しない（あるいは、できない）ことによる。インターネット上の匿名の掲示板などで、「サイトが荒れる」ような状況も同様の例である。

逆選択と「悪貨が良貨を駆逐する」は、原因が異なるので解決法は異なる。しかし問題は似た現象になるので、ここでは「悪貨が良貨を駆逐する」も含めて議論する。

逆選択の問題点

逆選択や「悪貨が良貨を駆逐する」の問題点は、好ましくないタイプだけが取引され、好ましいタイプのものが取引されないことである。保険の例では、ハイリスクの者には保険加入の選択肢があるが、ローリスクの者は自分のリスクに見合った料金の保険がないため、保険に加入したくても加入する機会がない。これは保険会社にとってもローリスクの者にとっても機会損失になる。施設の例では、マナーの良い人が満足して利用できる施設がなくなってしまうかもしれない。

タイプの判断ができない者が、逆選択の構造に気づかないと、気づくまで好ましくないタイプばかりを、平均的なタイプを前提にした条件で取引される可能性がある。

逆選択の解決法

解決法としては、逆選択の原因である**情報の非対称性を解消する**ことが基本になる。取引の時点では情報を知らない者も、取引後は情報を知ることになる。したがって取引時点では不可能であっても、事後の情報によって、高品質への報酬、低品質への罰則、繰り返し取引の判断、評判、などを用いることは可能である。これらの方法はパターン7の契約不履行で詳述している。これらが可能である点で、パターン9のモラルハザードより良い状況と言える。しかし事後の情報が得られるまで時間がかかるので、報酬や罰則、繰り返し取引の判断や評判は、即座の対応ではない分だけ効果が弱まる。パターン7の契約不履行よりは解決が難しい状況と言えるだろう。

タイプの判別ができる者の仲介を利用する場合は、即座に効果が期待できる。そのほか、タイプを知る者にその**情報を開示**させる、あるいはタイプを

知る者が自ら開示する方法がある。ただしこの方法は情報の信憑性が問題になる。品質を見抜くことが難しい商品やサービスの取引では、売手が品質を保証する場合がある。逆選択と**品質保証**について、このあとモデルを使って詳しく分析する。

現実の場面では、自分が知らない情報に関して、逆選択の構造になっている可能性があると、気づくことが重要である。違う見方をすると、**相手が十分な情報を発信していないときには、何かの情報について、自分が不利な逆選択の構造が潜んでいる可能性がある。**

「悪貨が良貨を駆逐する」の解決法

悪貨と良貨を区別しないで扱うことが原因なので、**タイプに応じて区別すること**が基本になる。公共施設のマナーの例では、利用者にマナーに関するルールを設けて利用者に説明し、ルールを守らなければ利用を断る方法がある。これは契約を作って、パターン7契約不履行の解決法1：罰則と報酬や解決法2：繰り返しゲームの構造にすることにあたる。あるいは、顧客からマナーの良い客を紹介してもらう方法がある。紹介制は、紹介する者の施設や店における評判と、仲介のメカニズムを利用することにあたる。

逆選択のモデル

逆選択とその解決法としての品質保証を、モデルを使って分析する。他のパターンに比べて数学的にやや手数が多くなるので、急ぐならば228ページの6-4節まで飛ばして進んでも構わない。

逆選択のモデルとしては、Akerlof（アカロフ）[8]の「レモン市場（Market for Lemons）」のモデルを、不連続変数のモデルに修正してゲーム・ツリーで表現したものを図6-38に紹介する。Lemonとは低品質品という意味で、モデ

---

[8] Akerlof, George (1970) "The Market for Lemons: Quality Uncertainty and the Market Mechanism," Quarterly Journal of Economics, vol. 84, p488-500.

売買
(単位：万円)

図6-38　逆選択のモデル

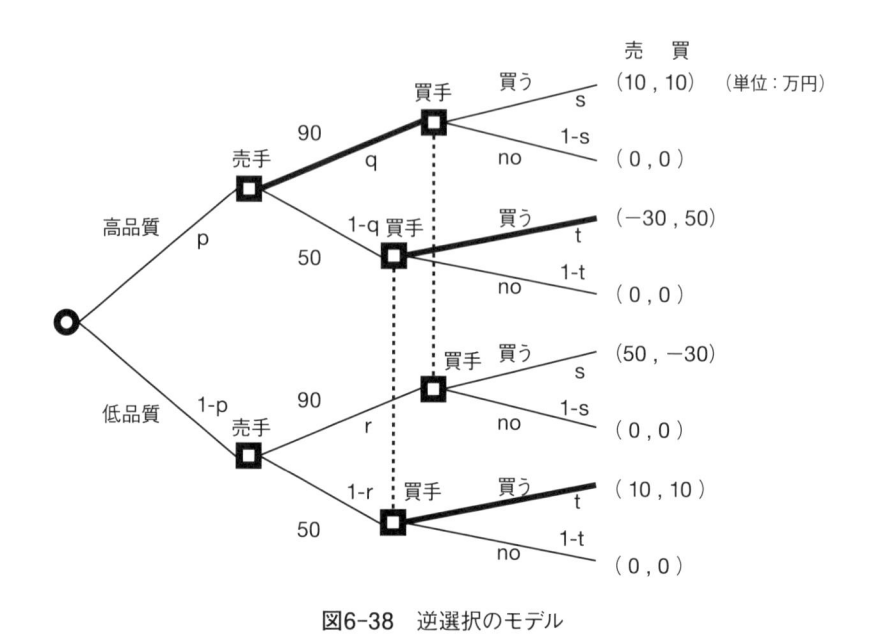

は中古車の売買を想定している。図6-38に沿ってモデルを説明すると次のようになる。

　売手である中古車販売業者が売ろうとする車は、確率pで高品質であり、確率1−pで低品質である。売手は車の品質を知っているが、買手は購買前に車の品質を見分けられない（ただし確率pは知っている）。高品質の車は、売手にとって80万円、買手にとって100万円の価値がある。低品質の車は、売手にとって40万円、買手にとって60万円の価値がある。売手は車の価格を90万円にするか50万円にするかを選択する。その価格を知って買手は、車を買うか買わないかを選択する。買手は車の品質がわからないので、買手の決定ノードは、同じ価格の高品質と低品質のノードが情報集合になり、図では点線で結ばれている。**情報集合**とは決定ノードの集合で、意思決定者がどのノードで決定するのかわからない状況になることを示す。

逆選択のモデルの均衡と解法

図6-38のゲームの均衡は、図の太線で表わされるが、次のようなものである。

「$p \geqq 0.75$なら、低品質車と高品質車がともに高価格で取引される（逆選択ではない）。

$p < 0.75$なら、低品質車だけが低価格で取引される（逆選択）。」

図6-38のゲーム・ツリーには情報集合があるので、後戻り推論で機械的には解けない。この場合の解法として、図に示すように、確率ノードにおける確率pのほか、各決定ノードにも確率q、r、s、tを付与する。情報集合では、意思決定者はノードを区別して選択を変えることができないので、1つの情報集合内の各ノードには同じ確率変数が付与される。

決定ノードの確率q、r、s、tは、どちらかの選択肢が選ばれるという意味で、基本的に0または1の値になる。各決定ノードでは、期待利得の大きい選択肢が選ばれるので、次の関係が成り立つ。

$$\begin{cases} q = 1 & \text{if} \quad 10s + 0(1-s) \geqq -30t + 0(1-t) \\ q = 0 & \text{if} \quad 10s + 0(1-s) < -30t + 0(1-t) \\ r = 1 & \text{if} \quad 50s + 0(1-s) \geqq 10t + 0(1-t) \\ r = 0 & \text{if} \quad 50s + 0(1-s) < 10t + 0(1-t) \\ s = 1 & \text{if} \quad 10pq - 30(1-p)r \geqq 0 + 0 \\ s = 0 & \text{if} \quad 10pq - 30(1-p)r < 0 + 0 \\ t = 1 & \text{if} \quad 50p(1-q) + 10(1-p)(1-r) \geqq 0 + 0 \\ t = 0 & \text{if} \quad 50p(1-q) + 10(1-p)(1-r) < 0 + 0 \end{cases}$$

たとえば連立式の1行目は、if以降の条件$10s + 0(1-s) \geqq -30t + 0(1-t)$が成り立つときに、$q = 1$、すなわち売手は高品質の車に価格をつける決定ノードで90万円を選択する、ことを意味する。if以降の条件$10s + 0(1-s) \geqq -30t + 0(1-t)$は、高品質の車に90万円の価格をつけるときの売

手にとっての期待利得10s ＋ 0（1 − s）が、高品質の車に50万円の価格をつけるときの期待利得 −30t ＋ 0（1− t）以上になることを表す[9]。同様に2行目以降も、それぞれの決定ノードで期待利得が高い選択肢を選ぶことを数式で表現したものである。上の連立式を満たすp、q、r、s、tの条件は、次の2通りになる。

$$（p \geq 3/4、q = 1、r = 1、s = 1、t = 1）$$
$$または （0 < p < 3/4、q = 1、r = 0、s = 0、t = 1）$$

この2通りの条件が、均衡を表現する。すなわち前者の（$p \geq 3/4$、q = 1、r = 1、s = 1、t = 1）は、「高品質の確率が 3/4 以上なら、すべての車に高価格がつけられ、すべての車が買われる」と解釈される。この状況は、低品質車までが高い価格で売れるが、逆選択ではない。そして後者の（0 < p < 3/4、q = 1、r = 0、s = 0、t = 1）は、「高品質の確率が 3/4 未満なら、高品質車に高価格、低品質車に低価格がつけられ、低品質車だけが買われる」と解釈される。この状況は逆選択である。

逆選択の解決法のモデル：品質保証

解決法の例として、品質保証を図6-39のモデルで分析する。品質保証は、自らの機会主義的行動に罰則を与えることで、ゲームの構造を変えることになる。

図6-39と図6-38は、ゲーム・ツリーの分岐に関して次の点が異なる。図6-39では、価格についての売手の決定ノードの後に、売手が保証をつけるか

---

[9] 90万円の価格をつけるときの期待利得10s ＋ 0（1 − s）は、90万円の選択肢に続く買手の決定ノードにおける、選択肢ごとの売手の最終利得と確率を掛けたものを合計したものである。すなわち、10sは90万円の価格で買手が買う場合の最終利得と確率の積であり、0（1 − s）は90万円の価格では買手が買わない場合の最終利得と確率の積である。同様に、50万円の価格をつけるときの期待利得 −30t ＋ 0（1 − t）も、その次の買手の決定ノードにおける選択肢ごとの最終利得と確率を掛けたものを合計して得られる。

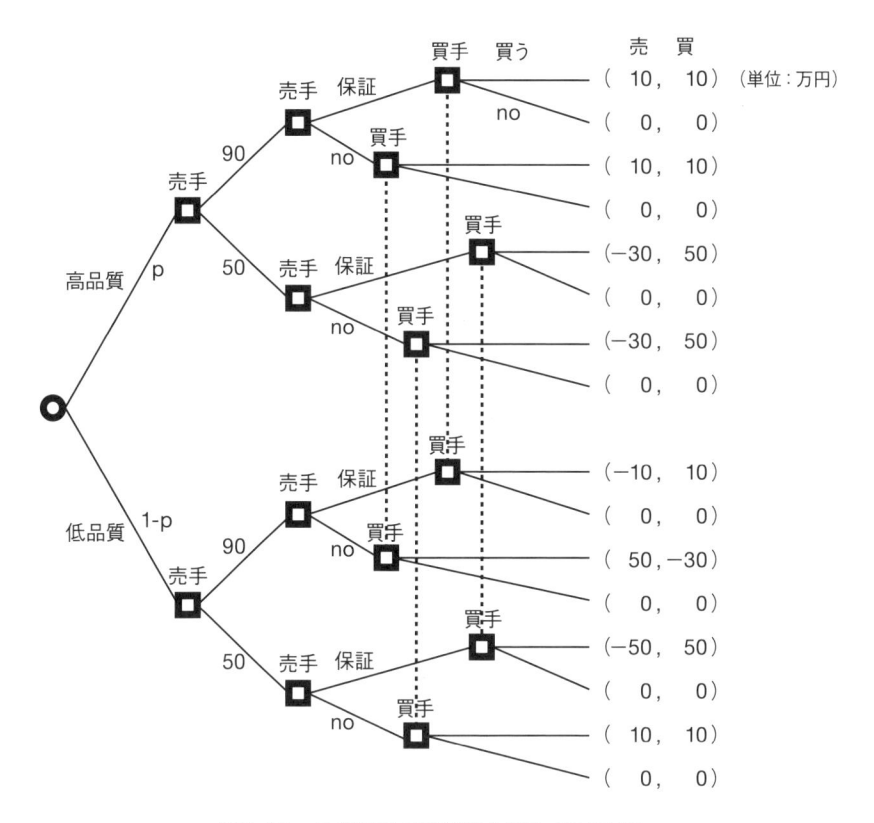

図6-39　品質保証で逆選択を解決するモデル

否かの決定ノードが追加される。買手は、価格と保証の有無を知るが、車の品質を知らないで、買うか否かの決定をする。したがって、車の品質がわからない情報集合が、価格と保証の組合せで4つ示されている。

　図6-39のモデルの前提として、図6-38のモデルの前提に、次のことを加える。低品質車は必ず故障し、高品質車は故障しない。故障した車に保証があれば、売手は車の回収と修理に60万円を要する。保証つきの車は、故障しても修理されるので、買手にとって高品質車と同じ価値がある。以上の追加前提は、売手も買手も知っているものとする。

品質保証のモデルの均衡と解法

　図6-39のゲームの均衡は次のようなものである。
「高品質車には高価格で保証をつけ、低品質車には低価格で保証をつけず、すべての車が取引されるのが1つの均衡である。そのほかp≧0.75の場合に限って、すべての車が高価格で保証をつけずに取引される均衡がある。p≧0.75の場合には、2つの均衡のどちらも実現しうる。」

　品質保証のない図6-38のモデルでは、p＜0.75のとき逆選択が発生する。しかし品質保証のある図6-39では、<u>すべての車が取引され、逆選択は発生しない</u>。

　さらに均衡を比べると、図6-38では逆選択にならないp≧0.75のときでも、すべての車に区別なく高価格がつく。しかし図6-39では、やはりp≧0.75のときにすべての車に高価格がつく可能性はあるが、あらゆる値のpのときに、車の品質を区別して価格の高低がつく均衡がある。

＜解法＞

　全ノードに確率を付与する方法もあるが、そうすると確率変数が11個にもなる。したがって逆向き推論で推定できる選択肢をまず確定し、残ったノードにだけ確率を付与して計算する。

　買手の決定ノードのうち次のものは、後戻り推論で推定できる。90万円かつ保証あり、50万円かつ保証あり、50万円かつ保証なしで売られる場合は、車が高品質でも低品質でも、買手は車を買うほうが利得は高いので、「買う」を選択する。その買手の行動を予想して売手は、低品質車に90万円をつけるなら、保証なしのほうが期待利得は高い。同様に低品質車に50万円をつけるなら、保証なしのほうが期待利得は高い。また高品質車には、保証の有無を問わず、50万円よりも90万円をつけるほうが期待利得は高いことがわかる。ここまでに判明した各プレーヤーの最適な選択肢は、図6-40の太線で表される。

　そして図6-40に示すように、ここまでに選択を推定できていないノードに

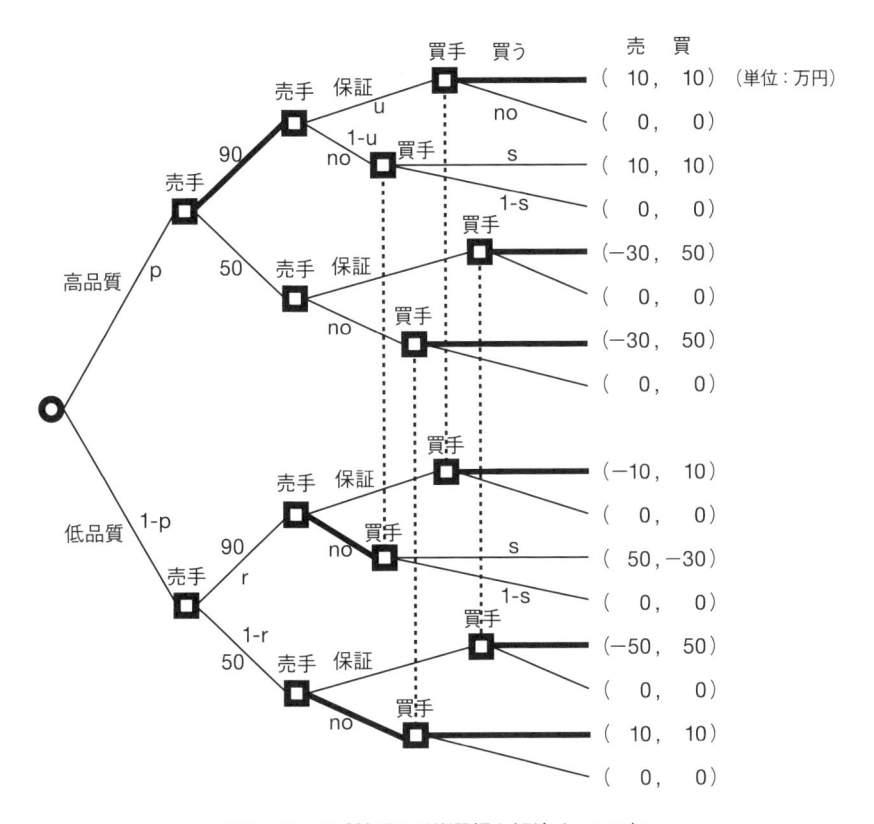

図6-40 品質保証で逆選択を解決するモデル

確率を付与する。売手が低品質車に90万円をつける確率をr、売手が高品質車に（推定から必然的に90万円の価格になる）保証をつける確率をu、買手が90万円・保証なしの車を買う確率をsとする。推定から売手は高品質車に50万円をつけないので、その選択肢から先は実現しないノードである。高品質車に50万円をつけたうえで保証をつけるか否かの分析は必要がないので、そのノードには確率を付与しない。

ここで90万円・保証なしの車に対する買手の選択を分析すると、次の関係が成り立つ。

$$\begin{cases} s = 1 & \text{if} \quad 10p\,(1-u) - 30\,(1-p)\,r \geqq 0 \\ s = 0 & \text{if} \quad 10p\,(1-u) - 30\,(1-p)\,r < 0 \end{cases} \quad (1)$$

売手の選択を分析すると、

$$\begin{cases} r = 1 & \text{if} \quad 50s + 0\,(1-s) \geqq 10 \\ r = 0 & \text{if} \quad 50s + 0\,(1-s) < 10 \end{cases} \quad (2)$$

$$\begin{cases} u = 1 & \text{if} \quad 10 \geqq 10s + 0\,(1-s) \\ u = 0 & \text{if} \quad 10 < 10s + 0\,(1-s) \end{cases} \quad (3)$$

上の（1）〜（3）の連立式を同時に満たす p、r、u、s の組合せは、次の2通りである。

$(0 \leqq p \leqq 1、r = 0、u = 1、s = 0)$ または $(p \geqq 3/4、r = 1、u = 0、s = 1)$

すなわち、高品質車には高価格で保証をつけ、低品質車には低価格で保証をつけず、すべての車が取引されるのが1つの均衡である。そのほか $p \geqq 3/4$ の場合に限って、すべての車が高価格で保証をつけずに取引される均衡がある。$p \geqq 3/4$ の場合には、2つの均衡のどちらも実現しうる。

6-4 コミットメント

　パターン1〜10で紹介したような、ゲーム全体の構造のパターンではないが、プレーヤーによるコミットメントも、ゲームに表現することができる。
　コミットメントとは、取り消し不可能な行動をとって、将来の自分の選択肢を限定することと解釈できる。物理的に取り消しが可能であっても、取り消しに多大なコストがかかる行動はコミットメントになりうる。コミットメ

ントの例としては、義務を伴う契約を締結する、回収不能な投資をする、義務はなくても履行しなければ信用や名誉にかかわる約束や宣言をする、などがある。

ゲーム理論では、コミットメントは将来の選択肢のいくつかを自ら放棄することと表現できる。一般に、行動の選択肢を持つことは価値があるが、逆に選択肢を放棄することが価値を持つ場合がある。

先行優位とコミットメントの関係

将来の選択肢に関するコミットメントは、時間の経過をともなう概念である。またコミットメントによって、他者からの信頼を得たり、他者の行動を牽制したりするなど、他者への影響を考慮してなされる行動でもある。時間の経過と他者への影響という意味では、先行優位と似た性質があるが、両者を比較して違いを明確にしたい。

まず先行優位の例として、事例5-4にあげた航空便数のゲームを用いる。このゲームの先行者をA、後続者をBとして、各プレーヤーの選択肢から、3便、4便、5便を選んで表したゲーム・ツリーは図6-41になる。図のゲームのサブゲーム完全ナッシュ均衡は、太線で表される。すなわち、先行のA

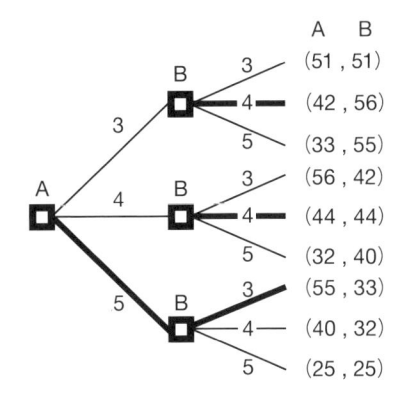

図6-41　事例5-4を表すゲーム・ツリー

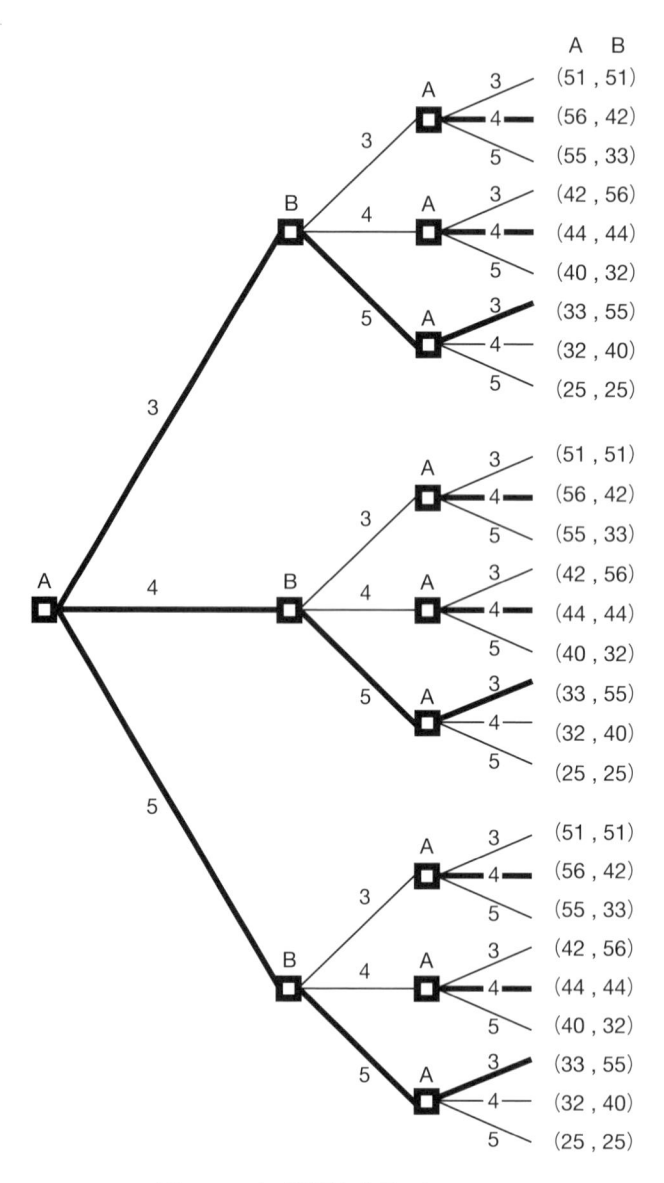

図6-42　Aが選択を変更できるゲーム

が5便を選択し、後続のBは3便を選択する。そして利益はAが55で、Bが33になり、このゲームには先行優位が存在する。

しかし先行優位は、必ずしも先に決定することに由来するのでない。そのことを明らかにするために図6-42のゲームと比較する。このゲームは図6-41に似ているが、AとBの決定ノードに続いて最後に、Aが決定を変更できるノードが追加されている。

図6-42のゲームのサブゲーム完全ナッシュ均衡は、同図の太線で表される。つまり、最初のAの決定はどの選択肢も無差別になり、どの選択肢をとっても、次にBが5便を選択し、最後にAが3便を選択する。最初のAの選択肢が何であっても、それに続くサブゲームは、Bが先行しAが後続する形である。つまり図6-41のゲームのプレーヤーを入れ替えた形になる。したがってサブゲームでは、図6-41のAの先行優位とは逆に、Bに先行優位が生まれ、Aの利得は33、Bの利得は55になる。

Aは先に決定しても、その後で選択を変更できるならば優位にならない。むしろ後続のBが、選択を変更できないことでコミットメントをする形になり、逆に優位になる。つまり、**先行優位は先に決定をすることではなく、先にコミットメントをすることで生じる**のである。

このことを、さらに別のゲームを使って説明する。図6-42のゲームで、Aが最初の選択にコミットしてその後変更しないならば、ゲーム・ツリーは図6-43のようになる。図6-43ではコミットメントによって、Aの最後の選択肢は、Aの最初の選択肢と同じものに限定されるので、それ以外の選択肢を捨象している。図6-43のゲームのサブゲーム完全ナッシュ均衡は、最初にAが5便を選択し、次にBが3便を選択し、最後にAはコミットメント通りに5便を選択する。Aの利得は55、Bの利得は33である。Aが先にコミットすることで、Aは先行優位を回復する。

コミットメントの戦略的意味

コミットメントの効果は、交渉における最終通告の効果に似ている。通常は行動のオプションを持つことは価値があるが、図6-42と図6-43の比較から

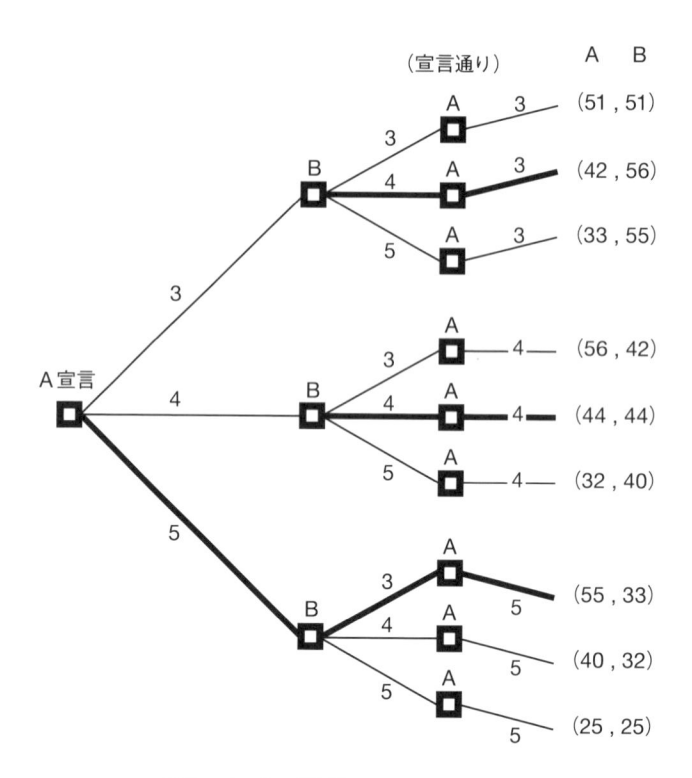

図6-43　Aが選択にコミットするゲーム

わかるように、オプションを放棄することが価値を持つ場合がある。そのような場合に、コミットメントは自らオプションを放棄することに相当する。

　また**コミットメントを伴う宣言は、実質的にゲームの手番を変える**効果がある。たとえば事例5-4の航空便数のゲームは、同時手番ならば2社のプレーヤーはともに4便を申請し、ともに44の利得になる。しかしAが5便の申請にコミットすると事前に宣言し、Bがその宣言を信じるならば、Bは3便を申請するだろう。そしてAは利得を55に増やし、実質的に先行優位を得る。このときAはコミットメントを宣言した時点で、行動をしたのと同じ効果があり、ゲームは実質的にAの先行手番に変わったことになる。

逐次手番で後続になるプレーヤーであっても、先に自分が5便の申請にコミットすると宣言し、相手がコミットメントを信じるならば、戦略的にはゲームを自分の先行手番に変えたのと同じことになる。

コミットメントとオプションの関係

　コミットメントとオプションは対照的な概念である。オプションとは、将来の選択肢を確保すること、またはコミットメントを遅らせることと解釈できる。一般にオプションを持つことは行動の自由度が増えることで価値があり、コミットメントをすることは自由度を減らして不利になると考えられやすい。しかしオプションを放棄して、コミットメントをすることが有利になる場合もある。ここでコミットメントとオプションの関係をまとめる。
　第4章でディシジョン・ツリーを使ってオプションの役割と価値を分析した。そこでは意思決定者は、確率的な事象や情報に対して最適な選択をしていた。オプションを持つこと、すなわちコミットメントを遅らせることは、より多くの情報を得てから決定ができるメリットがあった。
　ゲーム理論を用いて分析する、自分の最適な行動が他者の行動と相互に依存する状況では、オプションが情報入手のメリットを持つ一方で、コミットメントが他者の行動に影響を与えるメリットもある。したがってオプションが比較的に不利になる状況がありうる。

コミットメントの条件

　コミットメントが効果を持つためには、コミットメントを相手が信じる必要がある。心の中でコミットしていても、相手がそれを知らなければ効果は生まれない。また、コミットメントの宣言を相手に伝えても、本当にコミットすると相手が信じなければ、やはり効果は生まれない。相手がコミットメントを信じるためには、取り消し不能な投資を行ったり、自分の評判をかけた宣言をするなど、自らの選択肢を限定するような行動や根拠が必要になる場合が多い。

コミットメントの信憑性が物的な根拠による場合は、選択を変更することによるコストが大きいほど、コミットメントに信憑性を与えるであろう。たとえば取り消し不能な多額の投資を行うなどである。プレーヤーの評判をかけた宣言であれば、築き上げた評判が確固なものであるほど、評判を損なう代償は大きいので、コミットメントの信憑性は高まるであろう。

　高い評判を築き上げたプレーヤーは、物的な根拠を示さなくても、宣言するだけでコミットメントをしたのと同じ効果を上げることができる。そのようなプレーヤーは、物的な根拠を示すことができない状況でも、いつでも宣言だけで、相手にコミットメントを信用させて、ゲームを有利なものに変えることができる。物的な根拠を示す必要がないならば、コミットメントのコストも低くなる。

　普段から約束を守って評判を高めれば、必要な状況でコミットして主導権を取れることで、戦略的な選択肢は多くなる。コミットメントは短期的に自分の選択肢を限定するが、長期的には可能な選択肢を増やす効果がある。

コミットメントが有効なゲーム

　コミットメントによってゲームの結果を変えられる例は、前節までにあげたパターン1～10のほぼすべてに見られる。パターンごとに例をあげると、次のようなものである。

　パターン1の「囚人のジレンマ」は、1回限りのゲームでは、1人のプレーヤーが一方的にコミットメントをしても問題を解決できない。しかし繰り返しゲームでは、一方的に次のようなコミットメントをすることで問題を解決できる可能性がある。つまり、自分は協力的な行動をとるが、相手が非協力的な行動をすれば制裁として将来のゲームで非協力的な行動をとるというコミットメントで、それが相手からも協力的な行動を引き出す可能性がある。

　パターン3「機会主義的行動」では、機会主義的な行動をしうるプレーヤーが、機会主義的行動をとらないことにコミットして、相手の協力的な行動を引き出す可能性がある。パターン3の繰り返しゲームでは、上の例のほか、機会主義的行動の犠牲になりうる側のプレーヤーにも、有効なコミット

メントがある。それは、相手が機会主義的な行動をとれば、制裁として将来その相手と契約しないことにコミットすることで、相手の協力的な行動を誘導する可能性がある。

　パターン4「チキン」やパターン6「男女の争い」では、複数の均衡があり、プレーヤーがコミットメントによって自分に有利な均衡に誘導する可能性がある。ただし両者が自分の有利な選択肢にコミットするならば、結果はどちらのプレーヤーにとっても悪いものになる。たとえば図6-41の航空便数のゲームで、両プレーヤーが5便の選択肢にコミットするような状況である。（図6-41で両プレーヤーの3便と5便の選択肢による2×2のゲームは、パターン4の「チキン」になる。）

　パターン4やパターン6の繰り返しゲームでは、自分に有利な選択肢へのコミットメントのほか、協力的な行動へのコミットメントもありうる。それは、自分は協力的な行動をとるが、相手が非協力的な行動をすれば制裁として将来のゲームで非協力的な行動をとることをコミットして、両者による協力的な均衡に誘導する可能性である。協力的な行動は、たとえば2つの均衡を、プレーヤーの利得が公平になるように交互に実現させる行動である。そのほかパターン4「チキン」では、両プレーヤーが譲歩するのも協力的な行動である。

　パターン5「協調問題」も複数の均衡があり、とくに一方のプレーヤーに有利な均衡はないが、不協調にならないように、特定の均衡に誘導するコミットメントは有効である。

　パターン7「契約不履行」、パターン8「ホールドアップ」、パターン9「モラルハザード」、パターン10「逆選択」は、いずれもマトリクスではパターン3「機会主義的行動」で表わされる。したがってパターン3で述べた例の多くが当てはまる。つまり、機会主義的な行動を起こしうるプレーヤーが、機会主義的行動をとらないことをコミットすることで、相手の協力的な行動を誘導したり、契約を成立させる可能性がある。また、パターン8「ホールドアップ」では、ホールドアップされる可能性がある側のプレーヤーが、ホールドアップされれば契約を破棄することをコミットして、相手のホールドアップを抑止する可能性もある。パターン7、8、10の繰り返しゲームでは、上の例のほか、機会主義的行動の犠牲になりうる側のプレー

ヤーにも、有効なコミットメントがある。それは、相手が機会主義的な行動をとれば、制裁として将来その相手と契約しないことにコミットすることで、相手の協力的な行動を誘導する可能性がある。ただしパターン9「モラルハザード」は、相手の機会主義的行動を観測できないので、繰り返しゲームで制裁を実施することが難しい。

6-5 信用形成の実証研究

繰り返しゲームと信用形成

　ゲームが繰り返される場合は、1回限りの場合より均衡が増える。つまり繰り返しゲームでは、プレーヤーがどの均衡を選ぶかによって、より多くの状況の展開がありうることを意味する。この章で紹介した多くのパターンのゲームは、1回限りゲームでは問題点の解決が難しいが、繰り返しゲームでは可能になる。その理由は、繰り返しゲームがプレーヤーに、報酬、制裁、評判の効果などを利用する可能性を与え、協力的な行動を引き出すからである。繰り返しゲームの構造が、プレーヤー間の信用を形成させやすくする。

　ただし繰り返しゲームによって協力を引き出すことが可能な状況でも、実際には人々は信用を形成して協力にいたる場合もあれば、信用を形成できずに非協力を繰り返す場合もある。協力だけが均衡ではないし、現実では人々が均衡以外の行動も取りうるからである。この6-5節では、協調可能な繰り返しゲームで、人々が実際にどのような行動をとるかを調べた、実証研究を紹介する。

繰り返し囚人のジレンマと信用形成

　繰り返し囚人のジレンマは、プレーヤーが協力するか否かを分析するのに適した簡潔なゲームであり、多くの実証研究や実験がなされている。それら

の代表例として、Axelrod（アクセルロッド）と山岸の研究を紹介する。

　実証結果を評価する準備として、繰り返し囚人のジレンマの戦略と均衡を説明する。たとえば無限回数繰り返しの囚人のジレンマでは、プレーヤーには次のものを含む無数の戦略がある。

- **無条件協力戦略**：無条件に毎回協力を選択する。
- **無条件非協力戦略**：無条件に毎回非協力を選択する。
- **引き金戦略**：協力的行動から始めて、相手が1度でも非協力をすれば、それ以後は協力せず非協力を続ける。
- **応報戦略**：前回に相手が行った協力または非協力の行動を、そのまま返報して行う。初回を協力で始める戦略と、非協力で始める戦略の2種類がある。その他にも、相手が2回続けて協力または非協力であれば返報するなどの派生形もある。
- **混合戦略**：特定の確率でランダムに協力または非協力を選択する。さまざまな確率の値がありうる。また、奇数回と偶数回のゲームで確率を変えるなどの派生形もある。

　これらの戦略の組合せのうち、互いに自分の戦略が相手の戦略に対する最適反応になっていれば、その戦略の組合せは繰り返しゲームにおける均衡になる。たとえば、両者が無条件非協力戦略をとる組合せは均衡である。相手が無条件非協力ならば、わずかでも協力を選択する可能性がある戦略は最適反応ではない。逆に、両者が無条件協力戦略をとる組合せは均衡ではない。なぜなら、相手が無条件協力ならば、自分はつねに非協力を選択することが最適反応だからである。両者が引き金戦略、両者が応報戦略（初回協力）、引き金戦略と応報戦略（初回協力）、などの組合せは均衡になる。しかし、引き金戦略と応報戦略（初回非協力）、応報戦略（初回協力）と応報戦略（初回非協力）、などの組合せは均衡ではない。無限回数繰り返しの囚人のジレンマには無数の戦略があり、その組合せのうち均衡になるものも、均衡にならないものも無数にある。

Axelrodの実験

事例6-3

　Axelrod（1984）[10]は、200回繰り返しの囚人のジレンマで最良と考えられる戦略を、ゲーム理論の研究者に呼びかけて募集した。応募された戦略は、他のすべての戦略と総当たりで、それぞれ200回繰り返しの囚人のジレンマを行い、自己利得の合計が最大になる戦略を最良とする。募集には14件の応募があり、その中で最良だったのは応報戦略（初回協力）だった。この結果が公表されたうえで、あらためて最良の戦略の募集が行われた。2回目の総当たりは、各回0.00346の確率で終了する繰り返し囚人のジレンマである。この募集には62件の応募があり、最良の戦略はやはり応報戦略（初回協力）だった。

応報戦略

　Axelrodの実験は、協力で始める応報戦略が、繰り返し囚人のジレンマにたとえられるような状況で、有効な戦略であることを推測させる[11]。Axelrod

---

10　Axelrod, Robert (1984) The Evolution of Cooperation.
11　Axelrodの実験のうち、200回（有限回数）繰り返しの場合のナッシュ均衡は、段階ゲームのナッシュ均衡を繰り返す。すなわち両者が無条件非協力戦略をとる。それを承知する研究者の多くが、ナッシュ均衡以外の戦略で応募したことは興味深い。ちなみに、多くの対戦相手が無条件非協力戦略ならば、応報戦略（初回協力）は最良の戦略にならない。200回という繰り返しの回数は、後戻り推論以外の論理が、ナッシュ均衡からの逸脱を合理化するのに十分な回数と考えられる。その論理は、たとえば、相手が非合理と思える行動をとるわずかな可能性の存在が、合理的なプレイヤーの協力を引き出す可能性である。Kreps, David (1990)"A Course in Microeconomic Theory" 536-543ページに、この論理の良い説明がある。
　論理を繰り返し囚人のジレンマに当てはめると次のようになる。非合理と思える行動をとる理由は、プレイヤーの勘違いのほか、いわば「合理的に非合理なふりをする」可能性がある。相手が勘違いの「ふり」をしている可能性も承知で、それに合わせて取りあえず協調する。その方が合計利得は高くなる。しかし最後の段階ゲームが近づくと、どちらともなく「ふり」や協調はやめて、残りゲームの利得を最大化するように非協力を選択する。非合理の「ふり」に合理的に対応して、そのような展開になる可能性もある。

は応報戦略（初回協力）の特徴として、自分から非協力を仕掛けないこと、相手の非協力に対して即座に制裁すること、相手が協力に戻れば即座に赦して協力すること、をあげている。引き金戦略は相手を決して赦さないので強い制裁効果を持つが、一度非協力になると両者協力に戻ることができない。

　しかし応報戦略は、必ずしもつねに最良の戦略であるとは限らない。なぜなら、評価はあくまで応募された戦略だけと対戦した結果であり、あらゆる戦略と対戦した結果ではない。また、対戦結果を個々の相手との利得の比較でみると、すべて同点あるいは下回っていた。すなわち負け続けていたが高利得の展開に持ち込んで、合計利得が最大になったのである。もし1対1の優劣で評価するならば、弱い戦略である。

現実への応用

　またAxelrodの実験は、戦略の実行に間違いが起きない状況で行われたが、現実のように意図せざる行動や間違いが起きる状況では、応報戦略の弱点が現われる。たとえば両者が協力で始める応報戦略をとる場合に、どちらかが1回間違って非協力の行動をとると、その後は両者が協力と非協力を入れ違いに繰り返し、「両者協力」はできなくなる。そのような間違いは、現実の例では、相手のとった行動を誤認したり、意図と違った結果が現実になったりする可能性で、プレーヤーに協力の意図があっても起こりうる。したがって現実の場面では、相手が非協力を選択したと思われる場合でも、何回か様子を見てから非協力の応報に切り替えるような戦略のほうが優れる場合がある。

　ただし、即座に制裁しない戦略は、相手がその寛容さを利用して、何回かに1回だけ非協力を選択して、利得を稼ぐような戦略をとる機会を与える。それを防ぐためには、制裁するまでの猶予回数をランダムに変えて、相手に予測させないような戦略が必要になる。

　実行の間違いのような不確実性がある場合の戦略のポイントは、次のようなものになるだろう。相手が協力から非協力へ、あるいはその逆に行動を変える条件を予想することと、自分が行動を変える条件を相手にどう予想させ

るか、などである。

山岸の実験

事例6-4

　山岸（1990）[12]は次のような、繰り返し囚人のジレンマに似たゲームを用いて実験した。4人のプレーヤー（互いに見知らぬ大学生）が、次のゲームを繰り返して行う。ゲームでは各回ごとに、4人のプレーヤーがそれぞれ100円を受け取り、各自はその中から任意の額を「寄付」する。寄付された金額は2倍にされて、他の3人に平等に分配される。これで1回のゲームは終わり、プレーヤーの手持ちの金額は自分の収入になる。
　このゲームが1回限りの場合のナッシュ均衡は、全員が0円を寄付するというものである。寄付は他者の収入を増やすが自分の収入を減らすので、自己の収入を最大にしようとすれば、どのプレーヤーも寄付を0円にする。ただし寄付は金額が2倍になって配分されるので、プレーヤー全員の合計収入を最大にするのは、全員が100円全額を寄付する場合である。ちなみに全員が0円を寄付する場合は、各プレーヤーの収入は100円である。そして全員の寄付が1円増えれば、各プレーヤーの収入も1円増え、全員が100円を寄付すれば全員の収入は200円になる。全員が協力すれば誰もが高い利得を得るが、自分だけに限れば協力しないことで自分の収入は増える。そして全員が非協力になると誰もが低い収入になる。このような利得の構造は、4人による囚人のジレンマと表現できる。
　実験の結果は、次のようなものである。まず1回限りゲームの場合、プレーヤーは平均していくらかの金額を寄付する。その後に12回繰り返しゲームを行うと、始めのうちは回を追って平均寄付金額が低下するが、やがて増加に転じ、最終的には1回限りゲームのときより高い額を寄付する傾向がみられた。プレーヤーは12回の平均で、100円のうち44円を寄付した。ちな

12　山岸俊男（1990）、『社会的ジレンマのしくみ』第4章参照。

みに米国の大学生を対象に、1人当たり1回50セントで同様のゲームを行った結果は、平均して50セントのうち28セント（56%）が寄付された。

次に、繰り返しゲームの前に、プレーヤーとなる参加者を心理テストにより、一般的に他人に対する信頼感の高い人と低い人に分けた。そして、それぞれのタイプの人ばかり4人のグループを作り、それぞれのグループで12回繰り返しのゲームを行った。その結果、高信頼群は100円のうち平均55円、低信頼群は平均30円を寄付した。米国でも同様なグループ分けによる繰り返しゲームを行い、高信頼群は50セントのうち平均35セント（70%）、低信頼群は平均20セント（40%）を寄付した。

さらに異なるゲームとして、各プレーヤーは100円の中から、上述の本来の寄付とは別に、さらに任意の額を「制裁」制度のために寄付できるようにした。本来の寄付は金額を2倍にして配分される。しかし制裁制度に寄付された金額は配分されず、その合計の3倍の額を「罰金」として、本来の寄付が最も少なかった者の収入からさらに差し引く。このゲームを12回繰り返した結果、本来の寄付の平均額は、高信頼群と低信頼群の間で有意な差はなく70～80%になり、日米の差も認められなかった。ただし制裁制度への寄付は、高信頼群では少ないが、低信頼群では多くなった。この傾向は日米ともに見られた。

山岸の実験の含意：信用形成の過程の違い

最初の12回繰り返しゲームで、平均寄付金額が始めのうちは回を追って低下し、やがて増加に転じたことについて、次のような解釈が可能であろう。プレーヤーは当初は、自分の収入を増やすためには寄付金を少なくするほうが良いことを学ぶ。つまり1回限りゲームの最適反応を学ぶ。しかしやがてゲームが囚人のジレンマの構造であることに気づき、解決法として互いに高い額を寄付することを学ぶ。

次の実験で、高信頼群の寄付額は低信頼群の寄付額より高くなった。そして制裁制度を導入した実験で、本来の寄付は高信頼群と低信頼群が同水準になった一方で、制裁制度への寄付は低信頼群のほうが高かったことについて

は、次のような解釈が可能であろう。高信頼の人は、繰り返しゲームにおける協調の均衡が実現する可能性が高いと考え、自分が協調を続けることで集団の協調は続くと考える傾向が強い。したがって制裁制度に多くのコストをかける必要はないと考える。低信頼の人は、繰り返しゲームにおける協調の均衡が実現する可能性は低いと考え、制裁制度を利用しないと、プレーヤーに協調のインセンティブを与えられないと考える傾向が強い。したがって制裁制度に多くの寄付をする。結果として同水準の協調行動（本来の寄付）が見られるが、それを実現させるメカニズムは異なる。

また日米の寄付額の差については、次のような解釈が可能であろう。日本社会は人の流動性が低く、固定メンバーで長期に共同作業をする機会が多い。相手を選べないため、信頼性の低いメンバーがいても、何らかの方法で協力関係を作らなければならない。そのため、社会的制裁も含めた集団のルールで協力を引き出すことが多く、制裁制度のような仕組みに慣れている。一方で米国社会は人の流動性が高いので、高信頼の相手を選んで共同作業をすることが、より容易なのではないだろうか。高信頼の集団は自発的な協力が長く続きやすく、協調的行動の成功例になる。米国社会では、人々は自発的協調を見て学ぶ機会が多いのではないだろうか。

6-6 機会主義的行動への対策

繰り返しや評判の仕組みが作れない状況では、機会主義的行動の問題を解決することが難しい。相手の機会主義的行動の犠牲になるかもしれないし、逆に自分が機会主義的行動をするかもしれないと、相手から警戒される。そのため潜在的に有益な活動が行われなくなる。

1回限りの相手からでも信用を得られる者は、機会主義的行動を警戒されずに取引を成立させることが可能であろう。そのような資質があれば、**他者よりビジネスチャンスを得やすい**かもしれない。そのような資質は、たとえば自分が機会主義的行動をすることに対して、自らを罰するような倫理観と

してモデル化できる。個人や組織として損得を超えて公正に行動すると信頼されることには、経済学的に考えても価値がある。

　また、**1回限りの相手の倫理観などを見分ける観察眼**があれば、一般的には信用リスクの大きい場面でも少ないリスクで取引できるので、**ビジネスチャンスを得やすい**と言えるだろう。立場を変えれば、自分が善意であっても、善意を相手が見抜いてくれなければ取引は成立しない。公正な者がより頻繁に取引相手に選ばれて、利益を享受する社会を作るためには、公正な者を選ぶ観察眼を多くの者が持つ必要がある。

第7章

リスクと意思決定

意思決定とリスクの関係について、本書はここまで、個々の意思決定の状況における視点から述べてきた。第7章では意思決定とリスクのより一般的な関係を検討する。すなわち、リスクは意思決定にどのような影響を与えるかという視点である。

　7-1節はリスクの種類と表現方法についてまとめる。7-2節ではリスクを回避したり、逆に積極的にリスクをとったりする態度は、どのような要因に影響を受けるかを検討する。7-3節は合理的な意思決定を妨げるリスク認知のバイアスについて、7-4節は保険とリスク相殺の理論を説明する。7-5節では、人間の能力や情報の限界のために、想定外の事態が発生する可能性にどのように備えるかについて検討する。

7-1 リスクの種類と表現方法

　あらゆる活動には何らかのリスクがある。したがってリスクの対象になる事象は幅広く、リスクに関する研究は、財務、工学、医療などの専門分野ごとに分かれてなされる傾向がある。そのためリスクという用語が対象にする範囲も、リスクの表現方法も、分野によりさまざまというのが実情である。本書は特定分野に限らない広い読者層を想定しているので、まずリスクの範囲と表現の方法についてまとめる。

上方リスクと下方リスク

　リスクの対象として想定する事象は、工学や医学の分野では事故や疾病など、主として大きな損害が発生する事象である。したがってリスクと言えば、下方リスクだけを意味することが多い。それに対して経済や経営の分野では、損失が発生する下方リスクだけでなく、利益が生じる可能性としての上方リスクも対象にするのが普通である。経済や経営における重要なリスクは、景気変動や企業の業績など、性質的に上方リスクと下方リスクが共存す

るものが多いからである。

　ただし、下方リスクだけを対象にする場合でも、上方リスクと下方リスクの両方を対象にするリスク概念に包含して扱うことができる。したがって本書では、リスクは上方リスクと下方リスクを含めて呼ぶことにする。

　さらに言えば、上方リスクと下方リスクは、どの水準を基準にするかによる相対的な概念である。たとえば企業にとっての上方リスクである増益と、下方リスクである減益は、収支のどの値を基準にして比較するかの違いにすぎない。健康リスクについても、健康時を基準にすれば疾病は下方リスクであるが、疾病時を基準にすれば快復が上方リスクになる。上方リスクと下方リスクには、理論としては本質的な違いはない。

リスクマネジメントにおける違い

　抽象的には、損益のリスクと事故のリスクは同じような形式で表現できる。しかしリスクマネジメントにおける実務的な対応はかなり異なる。想定する主たるリスクが、損益のような上方リスクを含むものならば、積極的にリスクをとることが適切な行動になることがある。そして経済・経営の分野では、かりに損失が発生しても、金銭的なもので損失を回復できることが多い。語感的にも、「リスクをとる」ことが肯定的な意味を持ちうる。しかし事故や疾病を主たるリスクと考える分野では、損失は回復できないものになる場合が多い。したがってリスクをとることには慎重になり、「リスクをとる」という表現は否定的な意味を持つことが多い。

リスクの数量表現

　リスクを数量的に表現する一般的な方法は、リスクの影響を受ける変数とその確率分布で表現する。たとえば将来の業績に関するリスクは、財務指標や株価などの変数とその確率分布で表現する。事故のリスクは、1年間の事故件数や被害額などの確率分布で表現できる。

　変数の確率分布でリスクを表現する方法は、すでにディシジョン・ツリー

で紹介している通りである。起こりうる状況を個別にあげて確率を表す方法（離散的な確率分布）もあるし、連続的な状況に対する連続的な確率分布で表す方法もある。リスクを確率分布で表現することで、財務理論や保険理論などとともに、合理的意思決定の手法は大きく発展した。逆に言えば、数量的なリスク分析の多くは、リスクを表す変数とその確率分布がわかることが前提になる。しかし現実の問題では、つねに確率分布がわかるとは限らない。したがって数量的なリスク分析の可能性の観点から、リスクは確率分布がわかるものと、確率分布がわからないものの2つに大別できる[1]。

確率分布がわかるタイプのリスク

リスクを表す変数の確率分布は、客観的な根拠があるほうが良いが、十分な根拠が得られなければ、主観的な推測が含まれてもやむを得ない。主観的な推測は精度が問題になることがある。しかし厳密には、データから統計的に確率分布を推定する場合でも、どのデータを統計サンプルに含めるかの段階で主観的な判断が必要になることが多い。そのような場合も含めて、現実的に主観を完全に排除することが難しいため、必要に応じて主観的判断を慎重に行うことになる。

確率分布による表現の問題点

何らかの確率分布を推定できても、その信頼性が低い場合がある。たとえばある新規事業の売上高は、まったく売れずゼロになるかもしれないし、大ヒットして巨額になるかもしれないとする。このとき方法論としては、ゼロから巨大な額までの売上高に対して、どの値も同様に確からしく起こると仮

---

[1] 経済学者 Frank Knight（フランク・ナイト）の名前を取って、確率分布がわかるリスクを「ナイトのリスク（Knightian risk）」、確率分布がわからないリスクを「ナイトの不確実性（Knightian uncertainty）」と呼んで区別することがある。しかし経済学や財務理論では、とくに断りがないかぎり「リスク」と「不確実性」を区別しないで同じ意味に用いる。本書でも同じ意味に用いる。

定して確率分布を推定することはできる。しかしそのような単純な一様分布が、現実に近い仮定である保証はない。信頼性の高い確率分布がわからなければ、分析は信頼性の高い結果を提供できない。

確率分布の信頼性が低くなりやすい状況は、参考になる経験的データがなく、主観的な推定についても確かな根拠がない状況である。そのほか、事象の生起に、確率の情報を知った者の意図が影響する場合にも、確率情報の信頼性が低下することがある。たとえば、A地区は他の地区に比べて犯罪の発生確率が低いという情報が流布したときに、犯行を企てる者が、A地区は人々の警戒心が低いだろうと考えてA地区を狙えば、潜在的にA地区の犯罪発生確率が上昇することになる。事象の生起に関係者の意図が影響する場合は、確率情報が関係者に知れることで、真の確率が変動する場合がある。

確率分布がわからないタイプのリスク

かりに正確さに確信がなくても、確率分布の推定ができる場合は「確率分布がわかるタイプのリスク」に含まれるとする。たとえば確率分布の根拠になる情報がない場合でも、可能な事象がどれも同様に確からしく発生すると仮定して確率分布を推定することはできる。

そのような推定もできない「確率分布がわからないタイプのリスク」がある。いわゆる想定外の事象が発生するようなリスクである。たとえばニューヨークの同時多発テロが発生する以前に、旅客機がビルに突入する可能性を想定していた人は少ないであろう。想定外事象のようなリスクは、確率を推定することが難しいが、事象が起こりうると気づかないなら、そもそもリスクを表現する変数を特定できないことが多い。

想定外事象の例は、下方リスクであれば想定外の事故などが、上方リスクであれば画期的なイノベーションなどが当てはまる。想定外事象にあえて確率分布をつける方法としては、個々の具体的な事象ではなく、包括的に「想定外の災害」のようなカテゴリー事象としてまとめ、それが発生する確率を付与する方法がある。あるいは、自分の知りうる確率分布をもとに計算したリスクの推定値に、何らかの危険率を乗じて、想定外事象の影響を含めるな

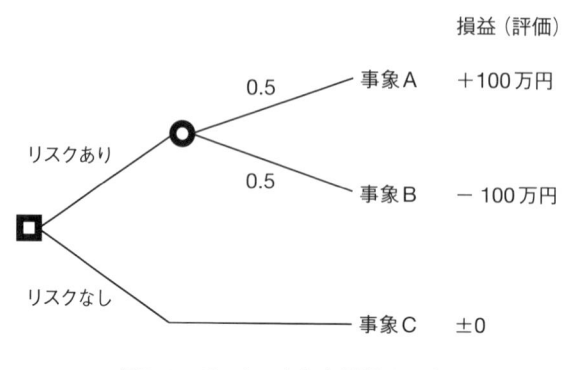

```
                    損益（評価）
        0.5   事象A  ＋100万円
リスクあり ○
        0.5   事象B  －100万円
  □
リスクなし    事象C  ±0
```

図7-1　リスクの有無を選択する事例

どの方法が考えられる。

7-2 リスクに対する態度

　本書では、リスクがある場合の合理的意思決定を、ディジション・ツリーを用いて説明した。すなわち、起こりうる事象の評価に、発生確率を掛けて期待評価を計算し、期待評価が最大になる選択肢を選ぶのである。そのような例を図7-1に示す。

　図7-1は「リスクあり」または「リスクなし」を選択する意思決定を表している。「リスクあり」を選択すると、100万円の利益になる事象Aと、100万円の損失になる事象Bが、それぞれ0.5の確率で発生するので、損益を評価基準にするならば期待評価は±0になる。一方の「リスクなし」を選択すると、現状維持の事象Cになり評価は±0である。

状況と評価を区別する

　図7-1の例では、損益をそのまま評価としている。したがってリスクがあ

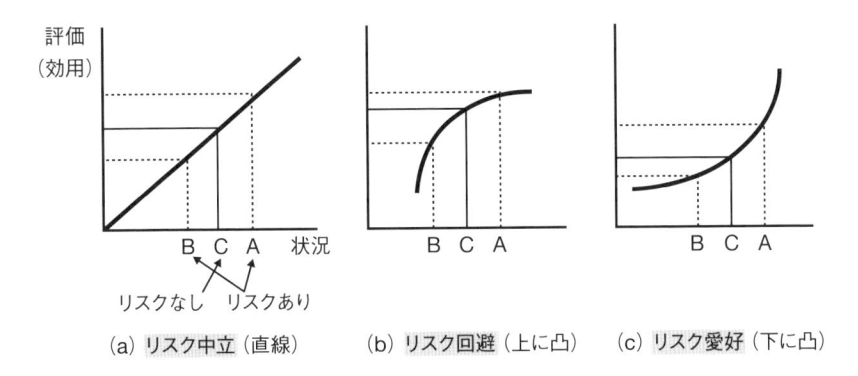

(a) リスク中立（直線）　　(b) リスク回避（上に凸）　　(c) リスク愛好（下に凸）

図7-2　リスクに対する態度

る状況とない状況で、期待損益はどちらも同じなので、意思決定者はリスクの有無に対して中立的な態度をとることになる。

しかし現実の場面では、損益のリスクがある状況の評価は、リスクがない確定的な金額の評価と同じとは限らない。リスクがある状況での評価は、確実な金額の評価より低くなることが多い。あるいはあえてリスクを取る場合もある。そのようなリスク回避またはリスク愛好の傾向は、損益のような状況を表す変数と、意思決定者の評価を、分けて定義することで表現できる。図7-2は、状況変数と評価の関係が、意思決定者のリスクに対する態度にどのような影響を与えるかを表している。（図7-2での「評価」は、経済学用語でいえば意思決定者の「効用」にあたる。）

図7-2の (a)、(b)、(c) はそれぞれ横軸に状況変数をとり、縦軸に意思決定者の評価（効用）をとっている。状況変数はこの場合では資産とする。損益は資産の増減として表される。各図の横軸から実線が立ち上がる点Cは、「リスクなし」を選択した場合に対応する状況である。その左右で点線が立ち上がる点AとBは、「リスクあり」を選択した場合に実現しうる状況で、利益が発生する状況Aと、損失が発生する状況Bに対応する。立ち上がった実線と点線が、水平に折れて対応する縦軸上の点は、それぞれの状況に対する意思決定者の評価を表している。

リスクに対する態度

　図7-2の各図で、状況と評価の関係を表す右上がりの線を**効用曲線**と呼ぶ。この効用曲線の形状によって、意思決定者のリスクに対する態度が表される。

　図7-2の (a) は、意思決定者の**リスク中立的**な態度を表している。効用曲線は直線になっているので、ある金額が失われることに対応する評価の減少分と、同じ金額が増えることに対応する評価の増加分は等しい。このことは、資産が維持される（リスクがない）状況の評価と、50%の確率で資産が減り50%の確率で同額だけ増える（リスクのある）状況の期待評価（評価の期待値）が、同水準になることを表している。このとき意思決定者は、リスクがある状況とない状況に関して無差別になる。

　図7-2の (b) は意思決定者の**リスク回避的**な態度を表している。効用曲線は上に凸な形状なので、ある金額が失われることに対応する評価の減少分は、同じ金額が増えることに対応する評価の増加分より大きい。つまり資産が維持されるほうが、50%の確率で資産が減り50%の確率で同額だけ増えるリスクがある状況より、評価が高いことを表している。このとき意思決定者は、リスクのない状況を選択する。

　図7-2の (c) は**リスク愛好的**な態度を表している。効用曲線は下に凸な形状なので、ある金額が失われることに対応する評価の減少分は、同じ金額が増えることに対応する評価の増加分より小さい。つまり資産が維持されることより、リスクをとるほうが評価が高いことを表している。このとき意思決定者は、リスクのある状況を選択する。

保険とギャンブルへの態度

　かりに期待値ベースで資産の増減がゼロになるギャンブルと、リスクを完全に回避して現状の資産を維持できる保険があって、意思決定者はどちらかを選択しなければならないとする。このとき意思決定者がリスク回避的ならば、その者は料金を払ってでも、ギャンブルを回避して保険を選択しようと

する。逆にリスク愛好的ならば、料金を払ってでもギャンブルを選択する。リスク中立的ならば、保険とギャンブルを無差別に評価する。むしろ、料金を払って保険を買いたい者や、料金を払ってギャンブルをしたい者があれば、彼らを相手に保険を売ったりギャンブルの胴元になったりして、期待値ベースで資産を増やそうと考えるであろう。

リスクに対する態度に影響する要素

　同じ人物が、保険に加入するときもあれば、ギャンブルをするときもある。人間のリスクに対する態度は頻繁に変わる。状況の変化が態度を変えさせる場合があるし、主観的な楽観・悲観の感情が態度に影響を与えることもある。ギャンブルに関して言えば、リスクをとる行動であるとともに、娯楽の要素もあり、リスクに対する態度だけでは説明できないかもしれない。
　リスクに対する態度を変化させる要因のうち、資産量や意思決定者が評価される制度など、比較的客観的なものをこの節の残りで述べ、次の7-3節で認知的なバイアスについて述べる。

資産とリスクに対する態度

　資産を状況変数としたとき、一般的に個人や企業は、多かれ少なかれリスク回避的であることが多い。効用曲線は上に凸の形状になる。つまり資産が増えることで満足度（効用）は増えるが、その増分は徐々に頭打ちになる。資産に対する満足度としては、我々の経験からも自然な反応といえるだろう。
　リスク回避の程度は、効用曲線の曲率による。曲率は意思決定者の価値観を反映するが、個人や企業の資産量にも影響を受ける。リスクによる資産の変動幅が、保有している資産額に比べて小さい場合は、大局的な態度はリスク回避的であっても、効用曲線の曲がり方が少なく、局所的にはリスク中立的な態度に近くなる。このことを図式的に表現すると、図7-3のようになる。同じ金額幅のリスクに対して、保有資産の大きい者は比較的リスク中立

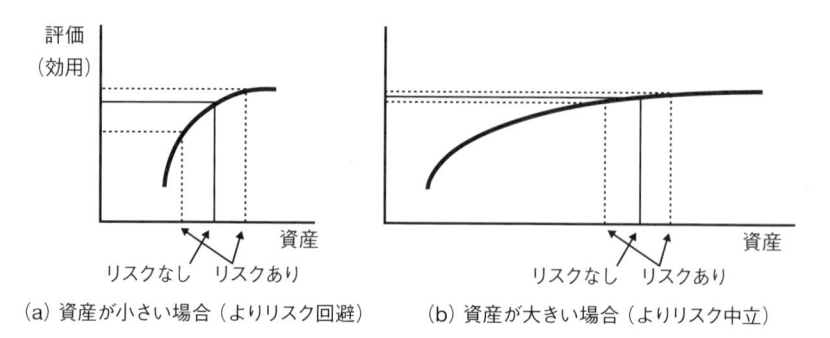

```
        評価
        (効用)


                                                                                   資産
          リスクなし  リスクあり              リスクなし  リスクあり
     (a) 資産が小さい場合（よりリスク回避）   (b) 資産が大きい場合（よりリスク中立）
```

図7-3　資産とリスクに対する態度

的になり、資産が少ない者は比較的リスク回避的になる。

評価制度とリスクに対する態度

　個人や企業が評価される制度は、効用曲線に影響を与えることで、リスクに対する態度を変えさせる可能性がある。図7-4はそのことを図式化している。図7-4の (a) ～ (c) はそれぞれ、横軸に意思決定者の業績をとり、縦軸に意思決定者の効用をとっている。

　たとえば、業績に比例した勤労評価をするときに、ある者のリスクに対する態度が (a) のような、一般的なリスク回避的なものだとする。その者の勤労評価を、たとえばある基準点を境界にした**加点評価にすると**、リスクに対する態度は (b) のように変わる。加点評価は、基準点以下の業績でも基準点に相当する評価をする一方で、基準点を超える業績にはそれに応じた高い評価をするものとする。(b) では基準点付近の効用曲線がリスク愛好的な、下に凸の形状になる。つまり基準点付近の業績が予想されるときには、新しいアイデアを試すなど積極的にリスクをとって業績を上げる可能性を追求するインセンティブが高まる。

　逆に**減点評価にすると**、リスクに対する態度は (c) のように変わる。減点評価は、基準点以上の業績でも一定の評価にとどまるが、基準点を下回る

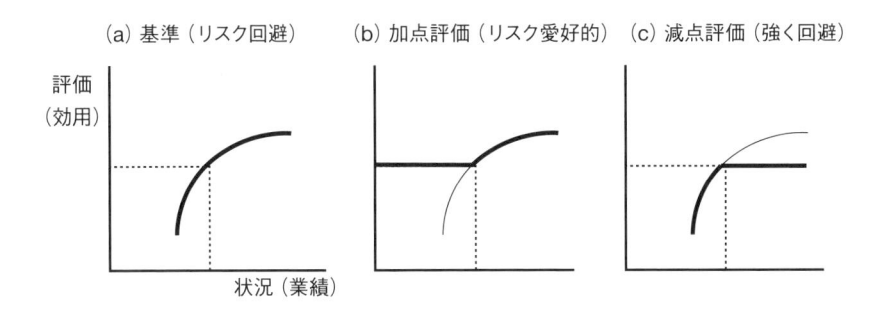

(a) 基準（リスク回避）　(b) 加点評価（リスク愛好的）　(c) 減点評価（強く回避）

図7-4　評価制度とリスクに対する態度

業績にはそれに応じた低い評価をするものとする。(c) では効用曲線がよりリスク回避的な、上向きの凸形状を強める形になる。つまり失敗を避ける注意は増える一方で、新しいアイデアを試すなどリスクをとることには慎重になる。

図7-4の (b) は基準点が1か所だけの加点評価で、基準点から右に離れると相変わらずリスク回避的で、左に離れると業績向上のインセンティブがなくなる。(b) や (c) のような、基準点が1か所の単純な評価基準ではなく、基準点を増やしたり加点と減点を組み合わせたり、評価の加重を変えるなどすれば、より広い範囲で適切なインセンティブとリスクに対する態度を設計することができる。成果報酬やストックオプションの行使価格などは、そのようなインセンティブ設計の効果を持っている。

有限責任とリスクに対する態度

　企業の有限責任は、債務超過になった場合に企業の債務を免責する。したがって企業の純資産を状況変数にして効用曲線を考えると、効用は債務超過に対応するところで下限ができる。つまり効用曲線は図7-4 (b) の**加点評価のような形になり、企業の行動をリスク愛好的にする**。実際の経営者の意思決定は、資産以外の要素も考慮されるであろう。しかし資産だけを考えれば

リスク愛好的になる。

　一般論として、企業がリスクをとって新しい事業を始めることで、経済は成長し、人々の生活は豊かになる。つまり企業が積極的に事業リスクをとれるように、有限責任制を導入して、事業リスクを利害関係者に分散する形にしている。

　しかし下方リスクを限定する制度は、同時に、下方リスクへの備えを弱めるインセンティブを作ってしまう。大きな損失が発生しても、責任は限定される。その一方で成功時の利益は限定されない。このインセンティブの非対称性は、過度なリスクテイクを導くと、リーマンショックのような金融危機や、事故の原因にもなる。そのような問題への対策としては、インセンティブをより対称形に近づける、あるいは上方リスクを限定する方法がある。すなわち業務によっては、過度のリスクテイクを制限したり、成功時の報酬を限定したりするなどである。図で示したモデルは状況変数が1つなので、リスク回避とリスクテイクがトレードオフのように思えるかもしれない。しかし実際の業務は多元的である。リスクを回避する分野と追及する分野をきめ細かく組み合わせて、成長とリスクマネジメントを両立できるであろう。

7-3 ｜ リスク認知とバイアス

　意思決定者のリスクに対する態度に影響を与えるものは、評価制度などの外的要因のほか、意思決定者の主観的な要因がある。この7-3節では主観的な要因を紹介するが、それは効用関数に関するものと、確率の主観的推測に関するものに大別できる。まず効用関数に関するものから始める。

現状維持バイアス

　Kahneman（カーネマン）とTversky（トベルスキー）は、人間が合理的な意思決定をしていない、すなわち、期待効用を最大化していないように思われ

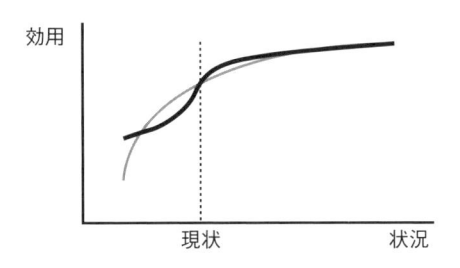

図7-5　評価制度とリスクに対する態度

る、意思決定の傾向を報告している。彼らが発表した**プロスペクト理論**の中で、人々の効用関数は次のようなバイアス（偏向）を持っていると報告されている。人々は保有資産などの状況変数について、何らかの基準値を認識している。そして基準値より状況が改善する範囲ではリスク回避的に、状況が悪化する範囲ではリスク愛好的になる。基準値は現在の状況、あるいは意思決定者が本来の状況と考える値で「現状（status quo）」と呼ぶことができる。このようなバイアスを、一般的なリスク回避型の効用曲線に重ねて表現すると、たとえば図7-5のようになる。図の細線はリスク回避型の効用曲線で、現状維持バイアスは「現状」を基点にして、細線を太線のように偏向させる。現状より左ではリスク愛好的、右ではよりリスク回避的になる。

　このバイアスを株式投資の意思決定に当てはめて考える。ある株式の価格を状況変数として、かりに購入価格を「現状」とする。すると投資家は、購入価格より値上がりしたときには、リスク回避のため早く売って利益を確定させる傾向が強くなる。逆に、値下がりしたときには、リスク愛好のため売らずに保有し、価格が回復するまで待つ傾向が強くなる。長期的な利益を最大にするためには、状況が「現状」より良いか悪いかにかかわらず、一貫した投資の判断基準が必要だろうが、そこにバイアスがかかる。財務投資の意思決定に関する実証研究では、このようなバイアスがしばしば報告される。

　ただし「現状」は不変の値ではない。どこを「現状」とするかは当事者の主観に基づく。新しい状況をもとにした新たな習慣や価値観が形成される

と、「現状」は新しい値に移動する。たとえば個人の資産を状況変数として考えると、資産が増えてしばらく時間がたつと、増えた後の資産量を「現状」と認識するようになる。財務投資の場合は、購入価格など「現状」となる基準点が比較的明確である。しかし他の分野では、「現状」の基準が移ろいやすい場合があるので、行動予測にこのバイアスを当てはめる際には注意が必要である。

主観的な確率の推定バイアス

　リスクがある場面で合理的な意思決定をするためには、リスク現象の発生確率を知ることが重要になる。しかし人間の認知能力は、確率を正確に推測することが苦手である。参考までに54ページの赤信号の質問をあらためて書く。「あなたの通勤路（または通学路）で自宅を出て最初に渡る信号が、あなたが来たときに赤信号になっている確率は何％か。」たとえばこの質問に、読者はどれだけ正確な確率を答えられるだろうか。

　人間が主観的に確率を推定する場合には、次のような過大評価や過小評価の傾向があると報告されている。

- 衝撃的なニュース、最近の事象、身近な者の周囲で起きた事象など、意思決定者が思い出しやすい事象やそれに似た事象の確率を過大評価する。（想起性バイアス）
- 意思決定者にとって望ましいことの確率を過大評価し、望ましくないことの確率を過小評価する。（認知的不協和を解消することによるバイアス）

　これらの傾向は、限られた認知能力のなかで、人間が進化のなかで獲得したヒューリスティックとも考えられる。想起性バイアスは、限られた記憶と連想の能力でも、重大な危険をできるだけ回避できるようにする。また認知的不協和の解消は、負のイメージを繰り返し連想するストレスを避けると考えられる。リスクを過小評価していても、目の前に危険が迫ればいやでも対応するのである。

リスクマネジメントのために

　これらの傾向にしたがえば、事故や損害が発生すると、直後は想起性バイアスによって、同種のリスクを過大評価する傾向がある。しかし記憶が薄れると、望ましくない事象なのでリスクを過小評価することになるだろう。
　リスクマネジメントのためには、事故などの記憶を忘れないことが重要である。しかし損失や犠牲などリスクの負の側面を強調すると、短期的に印象は強まるが、重苦しいイメージになり繰り返して想起しようと思わなくなる。負の側面だけでなく、事態の改善や人々の絆を連想するような側面を強調すれば、繰り返して連想してもストレスが少なく、対策やコミュニケーションが促進されるであろう。

確率情報に慣れる

　人間の認知能力は、確率情報の処理が苦手である。そして重大なリスクがある場面での意思決定は、確率などの客観的データよりも、むしろ恐怖の記憶や感情など主観的な認識に強い影響を受ける傾向がある。確率情報を与えられても、それは主観的な認識に影響を与える1要因に過ぎず、決定的な情報にならないことが多い。
　ただし特定の確率情報を繰り返して使用すれば、情報を適切に判断に使えるようになる。専門家は専門分野の確率情報を使いこなす。また、天気予報の降雨確率の情報などは、一般に発信され始めた当初はあまり適切に利用されなかった。しかし今では、多くの人が情報を使いこなしている。

7-4 保険とリスク相殺

　個人や組織は特定のリスクに対して、そのリスクをとる（**保有**する）か、**回避**するかの選択肢を持つ。また場合によっては、リスクを他者に**移転**する

という選択肢もある。この節では、リスクを移転する方法である保険とリスク相殺について、効用曲線のグラフを用いて説明する。

保険

　保険の機能は、保険購入者が持つリスクを、保険引受人に移転させることと言える。図7-6はリスク回避的な者が保険を購入することで、効用がどのように変化するかを示している。図7-6の左のグラフは、資産がAまたはB

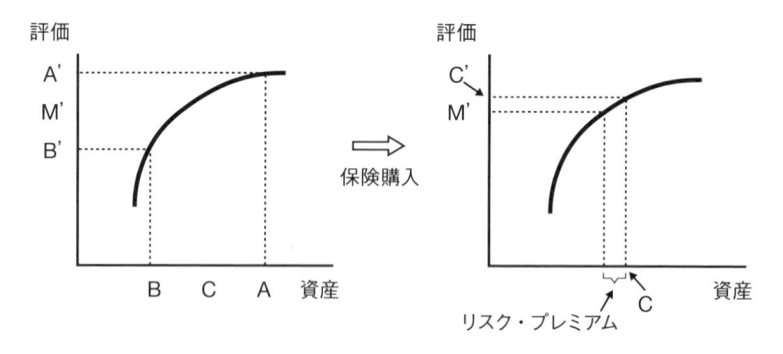

図7-6　保険購入による効用水準の変化（リスク回避的な者）

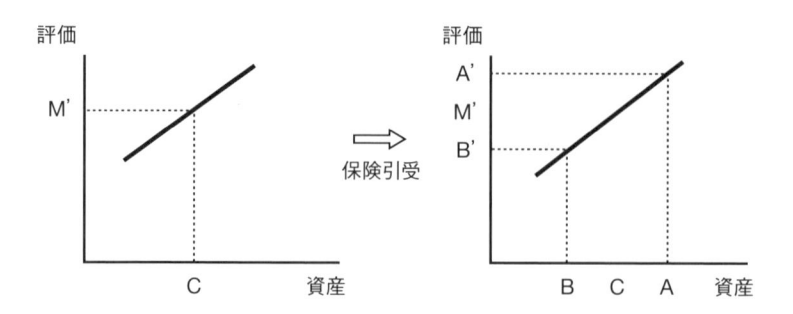

図7-7　保険引受による効用水準の変化（リスク中立的な者）

になるリスクがある状況である。Aに対応する評価はA'、Bに対応する評価はB'になる。AとBがそれぞれ0.5の確率で発生するこの状況での期待評価は、A'とB'の中点M'で表される。図7-6の右のグラフは、保険を購入してリスクを保険引受人に移転させた後の状況を示している。保険を購入することでAとBの中点にあるCの資産が確定し、それに対応する評価はC'になる。リスク回避的な者の効用曲線は上に凸な形なので、C'はM'より大きくなる。C'とM'の差は、リスク回避的な者が、保険によってリスクを移転させたことによる満足度（効用）の増分である。このことは逆に、リスクがあるときの期待評価M'に対応する資産は、Cより小さいことを意味する。その資産額の差を**リスク・プレミアム**と言い、保険による効用の増加分を金銭換算した値になる。

　一方の、保険を引き受ける者の効用の変化は、図7-7に表される。保険を引き受ける者は、リスク中立的であると仮定している。図7-7の左のグラフは、リスクを引き受ける前の状況で、資産Cが確定しているとする。そこで図7-6の保険購入者からリスクを引き受けると、資産はAまたはBになる。Aには評価A'、Bには評価B'が対応し、期待評価は中点のM'になる。ただしリスク中立な者の効用は直線で表されるので、A'とB'の中点M'に対応する資産は、AとBの中点Cになる。リスク中立的な者にとって、リスク・プレミアムはゼロである。リスク中立的な者は資産の期待値が同じならば、リスクを引き受けても満足度（効用）は変わらない。だからこそ、リスクの有無に対して中立な態度になる。

　以上をまとめると、リスク回避的な者は、保険でリスクを移転させることで、リスク・プレミアムに相当する効用を得る。その一方で保険を引き受ける者がリスク中立的であれば、その者の効用は変わらない。したがって社会全体として、リスク・プレミアムに相当する利益が生じる。

　実は、保険を引き受ける者はリスク回避的であっても良い。リスク回避的な者が保険を引き受けると、その者には自らのリスク・プレミアム分の不利益が生じる。しかし保険引受の対価がリスク・プレミアムより大きければ、保険を引き受けても利益が残ることになる。一方で、保険購入者にとってのリスク・プレミアムが大きければ、購入者は対価を払っても利益が残ること

になる。このとき両者のリスク・プレミアムの間で対価が決まり、保険取引が成立する。

リスク・プレミアムが大きい者から、リスク・プレミアムが小さい者にリスクを移転させることで、その差が社会的な利益として生み出される。保険事業のコストが、リスク・プレミアムの差より小さくなる分野では、事業としての保険が成立する。

リスク相殺

ある者に下方リスクが実現する事象が、別の者に上方リスクを実現させるならば、両者の間でリスクを相殺して軽減することができる。たとえば次のような事例である。

事例7-1

円とドルの外国為替レートが円高になれば、ドル建ての債権を持つ者（たとえばドル建て価格で輸出する日本の業者）の利益は減り、ドル建ての債務を持つ者（たとえばドル建て価格で輸入する日本の業者）の利益は増える。両者は相反する外国為替リスクを持っているので、リスクを相殺できる。たとえば、輸入業者が輸出業者からドル債権を現在の為替レートで買い取るとする。これで輸出業者のリスクはなくなる。そして輸入業者のリスクは、その後円高になって債権による円の収入が減っても、輸入業者の円の支払いも減るので相殺される。逆に円安になると円の収入が増えるが、輸入業者の円の支出も増えて相殺されることになる。あるいは別の方法として、輸入業者のドル債務を輸出業者に現在の為替レートで引き取ってもらっても、彼らのリスクは相殺される。

とくに、債権と債務が同額であれば、事例7-1の方法で両者の外国為替リスクは完全になくなることになる。そのようなリスク相殺を図7-8と図7-9を使って説明する。図7-8はリスク回避的な債権者の効用が、リスク相殺によってどのように変化するかを示している。相殺の方法は、債権を売る方法

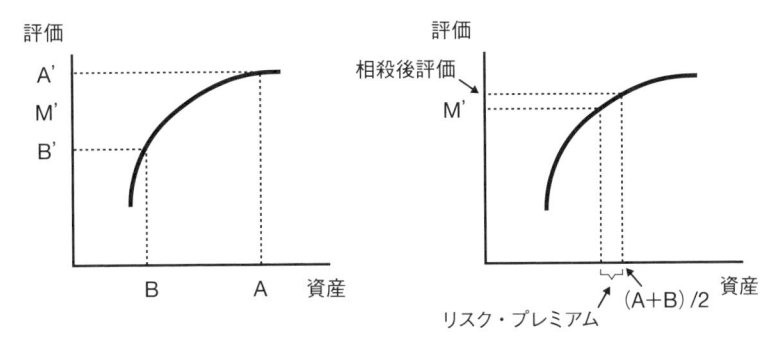

図7-8　リスク相殺による債権者の効用の変化

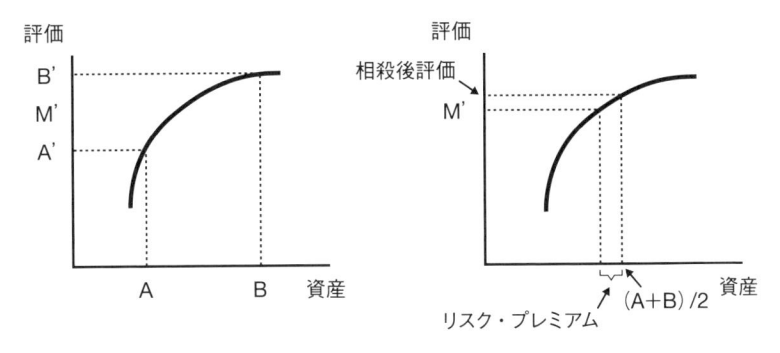

図7-9　リスク相殺による債務者の効用の変化

でも、債務を買う方法でも、同じ図で表される。図7-8の左のグラフは、リスク相殺前の、為替レートの変動によって債権者の資産がAまたはBになるリスクがある状況である。Aになった場合の評価はA'、Bになった場合の評価はB'になる。かりにAとBがそれぞれ0.5の確率で発生すると仮定すると、この状況での期待評価はA'とB'の中点M'で表される。図7-8の右のグラフは、リスクを相殺した後の状況を示している。リスク相殺によって（A＋B）／2の資産が確定し、リスク回避的な債権者の効用曲線は上に凸な形なので、確定した資産に対応する評価はM'より大きくなる。評価の増分

を資産に換算するとリスク・プレミアムに相当する。

　図7-9はリスク回避的な債務者の効用が、リスク相殺によって変化する様子を示している。図7-9の左のグラフは、リスク相殺後の、為替レートの変動によって債務者の資産がBまたはAになるリスクがある状況である。債務者と債権者の収入は、為替レートの変動に対して逆方向に増減するので、AとBの大小は図7-8と図7-9では逆になる。Aになった場合の評価をA'、Bになった場合の評価をB'、期待評価をM'とする。図7-9の右のグラフは、リスクを相殺した後の状況を示している。リスク相殺によって（A＋B）／2の資産が確定し、リスク回避的な効用曲線は上に凸な形なので、確定した資産に対応する評価はM'より大きくなる。評価の増分を資産に換算するとリスク・プレミアムに相当する。

　保険ではリスクをある者から他者に移転するだけで、当事者全体としてのリスクは減少しない。より負担力のある者に移転するのである。生み出される利益は、移転元のリスク・プレミアムから移転先のリスク・プレミアムを引いた差にとどまる。しかし**リスク相殺は、当事者全体のリスクが減少する**。そして生み出される利益は、両者のリスク・プレミアムの合計である。しかも、保険ではリスク負担力のある移転先が必要だが、リスク相殺では誰のリスクも減少するのでリスク負担力を問わない。このようにリスク相殺は、きわめて効率の良いリスク対策と言える。

　リスク相殺のその他の例として、次のようなものがある。

事例7-2

　あるリゾート地では、雨が降れば屋外のテーマパークの来客が減り、逆に屋内のショッピングセンターの来客が増える。両者は天候に関して相反する収入リスクを持つが、彼らのリスクは次のような方法で相殺できる。たとえば一定期間内に雨が降る日が過去の平均より1日多くなるごとに、ショッピングセンターはテーマパークにある金額を譲渡する。逆に雨が降る日が1日少なくなるごとに、テーマパークがショッピングセンターにある金額を譲渡する。以上のような契約で収入リスクを相殺する方法がある。そのほか、ショッピングセンターとテーマパークを同じ経営体に含めて、収入を合計す

れば、やはり収入リスクは相殺されることになる。

　事例7-2のように、リスク相殺は、上方リスクが実現した者から下方リスクが実現したものに補償することでも行えるが、収入を合計するような、リスクを統合することでも行える。事例7-1における債権や債務の譲渡も、統合の例である。

部分的なリスク相殺

　リスク相殺は必ずしも同じ大きさのリスクの間でなされる必要はない。リスクの大きさが異なっていても、一部を相殺することができる。

　また、リスクは必ずしも完全な負の相関関係にある必要もない。たとえば、米ドルの債権を持つ日本企業と、カナダドルの債務を持つ日本企業の間でも、完全ではないがリスク相殺ができる。米ドルとカナダドルの間でも交換レートの変動はあるので、米ドルが値下がりして債権者に下方リスクが実現すると同時に、カナダドルが値上がりして債務者にも下方リスクが実現する可能性はある。しかし米ドル/円レートとカナダドル/円レートの相関が高ければ、債権と債務の価値は、完全ではなくても逆方向に変動する可能性が高い。理論的には、リスクが完全に正の相関関係にあれば、リスクを統合してもリスクの総量は変わらず、部分的にもリスク相殺の可能性はない。逆に、リスクが完全に負の相関関係にあれば、リスクの大きさが同じであればリスクを完全に相殺できる。それ以外の相関関係であれば、部分的なリスク相殺が可能であり、相関係数が小さいほど（逆相関に近いほど）、リスクを相殺できる割合が増える。

ポートフォリオ

　3つ以上のリスクを相殺することもできる。方法は統合でも良いし、個々のリスクの持ち主の間で補償を組み合わせることでも良い。リスクを統合（プール）して、持ち分に分ける方法もある。より多くのリスクを統合する

ほど、相殺が働き、リスク量は個別のリスク量の合計より小さくなる。そしてリスク同士の相関が低いほど、リスクが相殺する割合が高く、統合したリスク量は小さくなる。

そのような性質を利用するものが、財務ポートフォリオや事業ポートフォリオである。たとえば1銘柄の株式を買うよりも、同じ金額を10銘柄に分けて買うほうが、期待リターンを損なわずに、投資のリスクを小さくすることができる。

7-5 想定外の事態への備え

人間の持つ情報や認知能力には限界があるため、意思決定者が想定できない事象が起きる可能性はつねにある。想定外の事象は、画期的なイノベーションのような上方リスクや、事故などの下方リスクとして、関係者に大きな影響を与えることがある。質の高い意思決定をするためには、想定外の事象が起きる可能性への考慮もなされる必要がある。

複雑な状況では、想定しない因果関係によって、わずかな可能性かもしれないが、あらゆる事象が発生しうるという前提を持つべきであろう。また、物理的な事物だけでなく、リスクに人間の解釈や意図が含まれる場合は、因果関係はより複雑になる。人間の誤解や、他者の予想の裏をかこうとする意図による、想定外のリスクもある。

7-1節の最後に、「確率分布がわからないタイプのリスク」とその対策を述べたが、意思決定におけるより一般的な対策としては、次のようなものがあるだろう。

あらゆる事態に対して対策を立てることはできないが、**経営資源の余裕や時間の余裕**を持つことで、状況変化に対応する選択肢を増やすことができる。財務的には、たとえば手元の現金を増やすことは現時点での資産効率を下げるかもしれない。しかし想定外の下方リスクに対する耐性を高める。また想定外の投資対象がみつかったときに、素早くその機会を手に入れられ

る。したがって長期的には高い資産効率になる可能性がある。資金に限らず、時間でもマンパワーでも、**現時点で判明している用途だけに、すべての資源を割り当てない**ことが、想定外への備えになる。

また、**選択肢はできれば代替を考えておく**。想定外の事情によって当初の選択肢が不可能になる場合に備えてである。よくできた避難計画は、どの場所からでも複数の経路で安全な場所に移動できるように計画される。非常時にはどこが通行不能になるかわからないからである。意思決定の選択肢も、よくできた建築のように、想定外への備えと柔軟性を持っていたい。

そして、いざ想定外の事態になってしまったら、できるだけ考える時間と選択肢が残るように意思決定をする。そのことで入手できる情報を増やし、より良い選択肢を選ぶ可能性を高めることができる。

第8章

危機管理

さまざまな意思決定の場面の中で、危機管理は最も難しい場面の1つであろう。危機に際しては、質の高い意思決定を難しくさせる要因が、主として3つある。1つは非日常の状況であること。日常の常識が通用せず、普段なら適切な行動が、危機においても適切とは限らない。2つ目の難しさは、時間と情報が限られること。非日常の状況だから、情報は本来的に不足する。しかも危機的な状況は刻々と変化し、迅速な判断が要求される。そして3つ目の要因は、心理的な重圧である。自分の判断次第で、自分や多くの人の生命が、救われたり失われたりする。そのようなプレッシャーを感じながら判断をする難しさである。

　この章では、危機における意思決定を模擬体験するために、2つの事例を紹介する。どちらも実際にあった意思決定の場面を、できるかぎり忠実に再現している。8-1節の雪中行軍の事例は、主として自然現象を相手にする危機であり、8-3節以降のミサイル危機の事例は、主として敵対的な人間を相手にする危機である。とくに後者は、人類の歴史上で最も重大な意思決定が必要になった状況と言われている。

　どちらの事例も安全保障が関係しているが、必ずしも安全保障それ自体をテーマにしているのではない。ビジネスにも危機はあるが、業種の知識がないと状況を正確に把握できないことが多い。それに比べて安全保障は、非日常の状況であっても、誰もが事態を想像しやすいため事例にしている。

　この章のねらいは、知識や理論の紹介よりも、難しい意思決定を読者に模擬体験してもらうことにある。その意味でも、紙上の体験ではあるが、想像をたくましくして事例の中に「入り込んで」意思決定をしてもらいたい。

8-1　危機管理の意思決定（1）八甲田山雪中行軍の事例

　この節で紹介する事例は、大きなリスクを背負う意思決定の演習課題である。限られた情報からの状況の把握、理性的な判断、部下の心理への対応など、総合的な洞察とバランス感覚が必要になる。自分が事例の中の広崎大尉

の立場であれば、どのような意思決定をするか、事例を読んで考えてみてほしい。

演習課題8-1

『日露戦争を2年後に迎えることになる明治35年（1902年）1月20日、弘前第31連隊の37名に新聞記者1名を加えた計38名は、兵装して10日間で224kmの雪の山道を歩くという行軍演習に出発した。

1895年に日清戦争が終結した後も、ロシアは満州や遼東半島への進出を続けていた。当面、日本軍とロシア軍が衝突する可能性が高いのは満州と思われるが、将来的には日本列島が戦地になる可能性も考えられる。ロシア軍が日本列島に攻撃をかける場合には、艦隊で津軽海峡を封鎖して、青森県または他の東北地方の海岸に上陸する作戦が考えられる。青森県弘前市の陸軍第8師団、およびそれに属する弘前第31連隊や青森第5連隊の主な任務は、そのような脅威に対する本州北端の守りを固めることであった。

ロシア軍が上陸する際は、日本軍の拠点の近くに行うとは思えない。おそらくは、弘前や青森から離れた太平洋岸の八戸付近、または日本海側の鰺ヶ沢付近であろう。その際には、弘前と青森から敵の上陸地点に向けて、軍隊を移動して迎え撃つことになる。そのときの経路は、普通に考えれば海岸線の鉄道や道路になるが、敵艦隊が砲撃でそれらを破壊する可能性がある。優勢なロシア軍の戦力を考えれば、艦砲射撃を避けて、海岸ではなく山中を行軍しなければならない事態も十分に考えられる。青森から海岸線を通らずに太平洋岸に抜けるためには、八甲田山を越えなければならない。山越えでも夏の行軍ならまだ良い。しかし冬の行軍であれば、どれほど難しいことになるだろうか。しかもロシア軍は、世界の軍隊の常識とは逆に、伝統的に冬に攻勢をかける傾向がある。猟師でも入りたがらない冬の八甲田を縦走するのは無謀とされ、これまで冬期に軍隊が越えたことはない。そもそも、冬の八甲田を越えることは可能なのだろうか。もし敵の来襲によって、いきなり冬の八甲田山を越えなければならないことになったら、どれほど危険で無理な行軍になるだろうか。せめて事前に演習しておけば、雪中行軍の課題を洗い出して、対策を工夫しておくことができる。戦地が満州になったとしても、格

好の演習になるはずである。今回の雪中行軍はそのような意味を持っている。

日本を取り巻く国際情勢

　明治維新から34年を経たとはいえ、日本は先進諸国と比べれば、文明、産業、軍事のいずれにおいても遅れをとっている。アヘン戦争以来の60年ほどの間に、アジアの多くの国が列強の植民地や属国になり、日本も対応を間違えると同じ運命をたどる危険がある。直前の1898年には、ハワイ共和国が米国に併合されたほか、フィリピンがスペインの植民地から独立したが、翌1899年から米国との戦争に入った。アジアでは毎年のように国境が変わるほどの動乱の時代が続いている。

　明治政府は、国の独立を守るために、産業の振興と軍隊の強化に重点をおいている。しかし明治政府の兵士の主力は、農民からの徴兵である。1889年に徴兵令が改正されて、それまで多かった徴兵逃れが難しくなり、徴兵制は皆兵制に近づくことになった。ただし学校制度ができて間もない頃で、兵士のなかには読み書きのできない者も多い。また、その後の昭和の軍国時代とちがい、軍隊は絶大な権力や影響力を持っていない。国民の軍隊に対する思いには、働き盛りの息子を徴兵される親としての、うらみの気持ちもある。

　行軍を計画し指揮する第31連隊の広崎大尉（35歳）は、現在の群馬県に、利根川の廻船問屋の長男として生まれた。実家は裕福だったが、利根川の水運が、蒸気船会社や鉄道などの陸運にとって代わられ、幼少時に家業が廃業になった。幼いときから学問の才能を発揮していたが、家業が苦しくなってからは、平民の出身であることに対する差別もあって苦学することになる。学費が無料になる師範学校で、良き師を得て地理学にのめり込んだ。その後教職につくが、当時の学校教師の地位や給料に不満で、軍歴を志すにいたる。持ち前の頑張りで陸軍士官学校に入学し優秀な成績で終えた。日清戦争では戦場における地図作成に飛び抜けた能力を示したので、戦後に参謀本部直属の陸地測量部に抜擢され、地誌調査のため全国に出張した。また、戦場で日本軍の寒地装備の不十分さに苦しんだ経験から、国内外の軍事装備や軍事史の研究、とくにロシア陸軍の戦法の研究にも力を注いだ。当時の日本陸

軍には、寒地の行軍や露営が兵士の健康にどのような影響を与えるか、装備の性能や運用がどのような影響を受けるかといった、寒地の作戦のための知識と対策が不足していた。そのため日清戦争では凍傷によって約4,000人の死者および重傷者を出していた。スキーや冬山登山の技術や知識は、日本にまだ紹介されていなかった。

弘前第31連隊

　国の北方の守りを固めるため、1896年に弘前に本部をおく第8師団が新設され、あわせて弘前に第31連隊が創設された。そのときに青森の第5連隊が、仙台に本部をおく第2師団の配下から離れて、新設の第8師団に編入された。青森の第5連隊は日本陸軍が創設されたとき以来の伝統ある連隊であり、東北各地の出身者が集まっている。なかでも人口の多い宮城県と岩手県の出身者が多い。それに対して新設の弘前第31連隊は、ほとんどが地元の青森県出身である。そして将校や士官には、弘前連隊を創設する時に青森連隊から転属してきた者が多い。こうした経緯から、青森連隊の者には本家意識があり、弘前連隊を分家と見なすような傾向がある。

　第8師団の師団長は、新設の弘前連隊に新進気鋭の士官を迎え入れるよう陸軍本部に打診し、1898年10月に広崎大尉が弘前連隊に着任することになった。広崎大尉は第1大隊第2中隊長として着任すると、自分が率いる中隊の兵士の教育と訓練を徹底し、精力的に冬期作戦の演習を行った。1900年2月には雪中露営（屋外で夜を明かすこと。雪中に壁や穴を作って風雪を防ぐことが多い。）の演習を行った。広崎の中隊は、最前線の歩哨から後衛まで実戦さながらに展開して露営し、風雪の激しい所とそうでない所、地形の凹凸によって寒気がどのように異なり、兵士の装備はどのようなものが必要かを調査した。調査報告は師団長から明治天皇に上奏され、『兵事雑誌』に掲載された。

　1901年2月には、弘前から岩木山を経て日本海の鰺ヶ沢に抜ける雪中行軍を行った。行軍は広崎を隊長にして105名で行った。行軍隊は2隊に分かれ、1隊は街道を、もう1隊は街道を外れて岩木山の山地を越えた。山地越

えの部隊は午前3時に弘前を出発したが、吹雪に見舞われて目の前も見えないような状況で、鰺ヶ沢に着いたのは翌日の午前6時だった。途中の松沢村で村人の援助を受けたうえ、44kmを歩くのに一睡もせず、休憩を除いて22時間かかった。気温は0度から−8度で北風が強く、雪に腰まで埋まり、汗で濡れた下着が凍って、たとえようのない寒さだった。もっとも、演習としては絶好の条件ということができる。雪中の行動に関する貴重な経験と知識が得られた。

　そのうえで今冬は、十和田湖越えや八甲田越えを含む、224kmという空前の雪中行軍を行うのである。広崎大尉が計画した雪中行軍の行程は、図8-1のような周回経路である。まず弘前から十和田湖を経て太平洋側の平地に至り、その帰路に八甲田山を東から西に縦走する。1901年の夏には、その経路

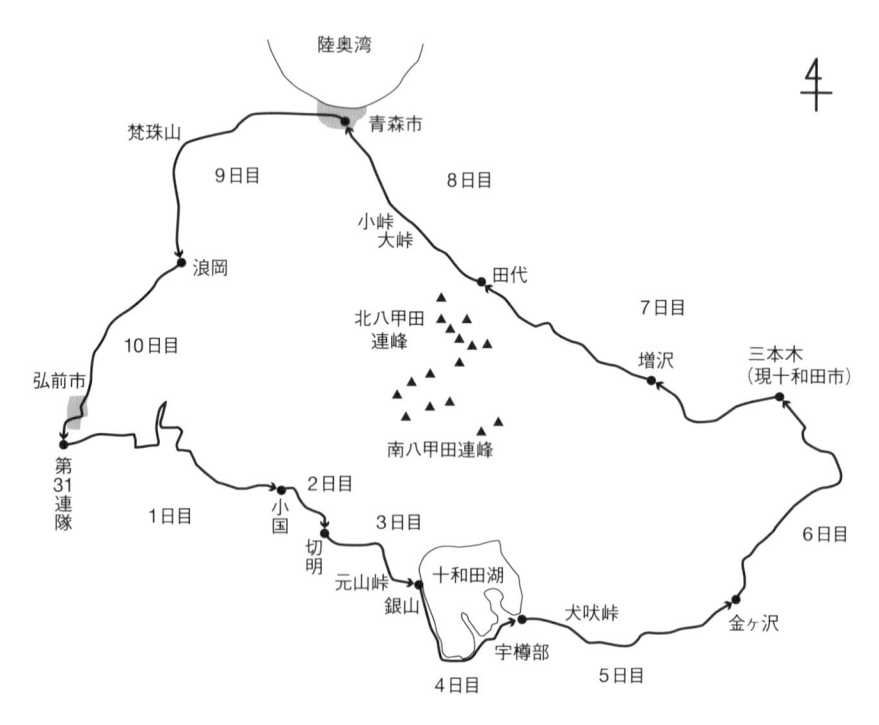

図8-1　弘前第31連隊の行軍予定路

にほぼ沿うかたちで、冬期行軍の下見を兼ねた夏期行軍の演習を行った。

　冬期行軍の演習は、青森の第5連隊でも行われていた。1890年には奥野大尉が、冬期に青森から八甲田山東麓を経て十和田湖まで、「大変な難儀のうちに踏破に成功した」（軍事報告でこのように記述されるのは、生命の危険を伴うほどと考えて良い）。1899年には加藤大尉が小川原湖が氷結した上を横断した。昨年の1901年には、同連隊の第3大隊が八甲田山系を縦断する3日間51kmの行軍を計画していたが、事情があり取り止めになってしまった。そのため今年こそは、八甲田山を越える雪中行軍を行うべく準備をしていた。弘前連隊の意欲的な雪中行軍の予定表が、1902年1月6日に青森連隊に届いた。それを見て青森連隊は、まず1月18日に日帰りで、八甲田山の高原台地に入る手前の小峠まで、往復20kmの行軍演習を行うことにした。その結果をもとに、今年の青森連隊の八甲田越えの日程と編成を決める予定であった。行軍は厳冬期を選んで、1月下旬から2月初めになると想定された。

八甲田山

　八甲田山は、田茂萢岳、赤倉岳、井戸岳、前岳、大岳、高田大岳、石倉岳、硫黄岳の八つの峰からなる山系である。そのうち大岳の標高1584mが最も高く、前岳の1251mが最も低い。8つの峰はかたまって、その周囲に標高500〜800mの高原状の台地を作っている。青森の市街から見れば、青森平野から高原台地の縁にかけて、なだらかに反り上がるような傾斜地が続いている様子を、一望に見通すことができる。傾斜地には針葉樹やマツが生えているが、高原台地の縁あたりが森林限界になり、台地の部分から高い所にはあまり木が生えていない。

　美しい形の山ほど、冬の素顔は恐ろしい。吹き付ける風は遮るものなく山肌に当たり、二方向、三方向から吹く風が互いに衝突して渦巻き乱れる。冬の八甲田山には、日本海からの西風と陸奥湾からの北風が絶えず吹き付ける。強い風が吹くと、高原台地は人の身長より高く積もった雪が吹き上げられ、目の前さえも見えなくなる。そこは雪地獄になる。そのような激しい地吹雪に捕まると、待っているものは凍死や雪に埋もれての窒息死である。地

元の者は、天候が荒れる時期になると、山で狩をする猟師さえ八甲田山に入ろうとしない。1889年2月には、12人の苦力が山中で露営中に全員凍死した。1898年にも遭難があり、地元の8人の若者が露営中に全員凍死している。

行軍準備

弘前連隊の行軍の編成は、広崎大尉のほか、中尉1名、少尉1名、現役見習士官6名、予備役見習士官2名、予備役見習医官2名、曹長1名、長期伍長18名、看護手1名、兵士2名、ラッパ手2名、そして地元の東奥日報の新聞記者1名の、計38名である。人数からすると小隊編成だが、構成はきわめて特殊である。兵士がごく少なく、長期伍長と見習士官がほとんどを占める。長期伍長とは、3年間の兵役義務を終えて、引き続き6年の奉職を志願した者である。長期伍長からは曹長に進級する者もいる。

行軍の参加者は原則として本人の希望によるものとして、連隊全体から募集し、広崎が人選を行った。曹長、長期伍長、兵士については、行軍路の少なくとも一部の道案内ができること、または雪山に精通していること、かつ身体壮健であることが条件だった。新聞記者も、21才の地元の壮健な若者である。士官（大尉、中尉、少尉）は曹長や長期伍長より上位の階級である。広崎大尉は、信頼できる部下の士官に加えて、冬期作戦の指揮者を養成するため、現役見習士官の全員と、予備役（現役を離れていて召集されれば兵役に就く者）見習士官を隊員に編入した。ただし予備役には面識がないので、連隊長の人選で選出した。そして出発前日に身体検査を行い、結果に不安がもたれた現役と予備役の見習士官それぞれ1名を選考から外した。

実際の作戦では、敵を迎え撃つ行軍が30数名のような小隊編成であることは考えられない。少なくとも200人程度の中隊編成、あるいは1,000人程度の大隊編成やそれ以上になるであろう。しかし今回の行軍は、あえて小隊編成で行うことにした。理由は、少数精鋭で危険な行軍を乗り切りたいこと。また小隊であれば、宿舎や食料の補給を民間の協力に頼ることができ、携行する荷物をかなり少なくできることである。中隊編成の人数になれば、食料、炊事用具、寝具などを、自分たちで運搬しなければならなくなる。そのほ

か、行軍の道案内に地元の民間人を雇うことにした。地図を持っていても、積雪が多いと目標物を把握できなくなるので、土地勘のある者が頼りになる。軍隊の行進を民間人が先導し、民家に宿泊するというのは、例外的なほど軍の外部に依存した計画である。一方で、行軍と調査の遂行には万全を期した。出発に先立ち、広崎大尉は隊員に対して、凍傷と感冒の予防をはじめ、危険や衛生に関する注意を繰り返して念を押した。それはこれまでの冬期演習で蓄積された知識であり、たとえば次のようなことである。

- 軍靴はすき間から水が入らないよう、堅牢で緩くないものを履く。
- 足をよく洗い、油脂を塗る。
- 靴下はできるだけ新品を用い、常に乾燥させる。毛製であればさらに良い。
- 手足が冷えて感覚がなくなったときは、布でよく摩擦してから徐々に暖める。決して急速に暖めない。
- 川を渡るときは裸足で渡り、渡り終えてから水をよくふき取り、靴下をはく。濡れた足のまま靴をはかない。
- シャツが濡れたときは、脱いで予備のものに着替える。
- 水筒には一度煮沸させた湯を入れる。喉が渇いたときでも急に多量の水を飲まない。
- 空腹のため疲労したときは、小隊長の許可を得て予備の餅を食べる。
- 寒さの厳しいときに雪中で睡眠すると凍死の恐れがあるので、小休止での睡眠を禁止する。
- 自衛のため、各自の薬物を持参して良い。
- 日光の雪反射を防ぐため、眼簾(がんす)または眼鏡を使用する。
- 行軍中に凍傷や病気にかかったと思う者は、ただちに随行医官の診断を受ける。
- 多量の雪を食べたり氷を咬(か)んだりして、胃を冷やさない。
- 時計、方位磁石、予備の手袋、マッチを携行する。
- 休憩の際に直接雪の上に腰をおろすと、被服の保全や衛生に良くないので、60cm四方の油紙を携行する。

- 難路を通過するときのために、径5ミリ以上で長さ5メートル以上の麻縄を携行する。
- 暴風雨のときには、単独で5メートル以上隊列から離れない。
- 危険や困難に直面したときには、沈着のうえにも沈着に行動する。
- 行動中に疲労した者があれば、互いに助け合う。

　そのほか医官に対しては、疾病予防や雪中での休憩の方法、食事、用便、入浴に至るまで、より細かい指示を与えている。服装は冬用の軍服の下に襦袢や股下を着用させ、手袋とコートを着用させた。さらに隊員には、藁靴、予備の中着、靴下、手ぬぐいなどを用意させている。兵器は各自が歩兵銃と実弾10発を携帯した。行軍中の食料は、その日の昼食のほか、間食1回分を携帯する。食料と寝具と案内人を、毎日の宿泊地で現地調達できるよう、前もって連絡しておいた。当時の山間部では、人を派遣するか郵便を送ることが唯一の通信手段であった（郵便も山間部は人が歩いて配達する）。今回の道中では、弘前を出発したあとは、三本木と青森を除いて電話や電報の施設はない。
　さらに、行軍演習中に次の項目の調査を行うことにした。

- 戦術および補給に積雪が及ぼす利害
- 降雪時における地理的観察
- 天候と気温
- 各地の雪質
- 経路にある、山岳、河川、村落、坂道、谷沢、森林、牧場等の位置と名称
- 経路にある各集落の戸数、人口、物資
- 各集落の衣食住の状況および雪害の有無
- 雪中における方位識別
- 雪中における歩速および行軍隊列の長さ
- 雪中における行進と休憩の時間
- 積雪地における宿営法
- 雪中行軍における武器、装具、食料、被服

第 8 章　危機管理　　279

- 積雪地における夜間行軍
- 雪中患者救済術
- 雪中における軍隊衛生

　このほか、まだ地図が整備されていない時代だったので、地図を作製するための調査も行う予定である。新聞記者を除くすべての行軍参加者に、これらの調査項目を分担して担当させた。また事前に行軍経路の道路、積雪の状況、案内人の有無について調査するため、参加する士官と見習士官を各町村に派遣した。見習士官以上は、正月休み返上でこれらの準備にあたった。

行軍始まる

1日目（1月20日）

　行程は、弘前の連隊駐屯地から竹館村小国までの26kmである。地元に詳しい案内人1人に先導させて、雪の降る中を、夜明け前の午前5時20分に出発した。午前6時の気温は－3度であった。1日目の道中は、あえて最短距離ではなく暗い中を何度も迂回して、行軍が研究も目的にしていることを隊員に実感させた。途中で積雪2.2mの黒倉山を越えるときには手間どった。急な登り坂では、足場の良い所に先に登った者が、後続の者を引っぱり上げるようにして進んだ。午後3時20分に到着した小国は、戸数24戸、人口120人の山間の小部落である。隊員は民家に分宿した。小国に到着すると広崎は、これから毎日、隊員は宿泊地に到着後3時間以内に担当の調査研究の報告をするよう指示した。

2日目（1月21日）

　行程は、小国から同じ竹館村の切明までの6km。午前8時に出発して、午前11時40分に到着した。わずかな距離だが、かなりの時間がかかっている。積雪は平均2.5m、最大3mであった。途中の琵琶の平という平原は、積雪が軟らかく、歩くというより雪の中を立ち泳ぎで進むようであった。1899年には琵琶の平で、吹雪で道を見失った小国の村人5人のうち2人が凍

死するという事故が起こっている。気温は午前6時に−3度、正午に−1度であった。一列縦隊の隊列の長さは、行軍の難しさを反映して、1日目の平地では43mだったものが、この日は60〜80mに伸びた。切明は戸数10戸の小部落だが、温泉があった。

　この日の研究対策会で、軍靴で雪の中を歩くことの困難さが指摘された。雪中行進の研究を担当する見習士官の意見もあって、翌日からは携行している藁靴を履くことにした。凍傷の予防のため、軍足を重ねて履き、唐辛子をまぶして、油紙で包んだうえで藁靴を履く。また、携行食の握り飯や焼き餅は、凍るのを防ぐため、油紙にくるんで上着の内側の腹部に巻き付けることにした。水筒の水は七分目にして、ブランデーを少量加え、行軍中は水筒をゆすって水が凍らないよう注意する。小休止では、立ったままでなく足踏みをして、体が冷えるのを防ぐことにした。

3日目（1月22日）

　行程は、切明から十和田湖西岸の十和田村銀山までの16km。途中で難所の岩嶽森（現在の岩が岳）という山を越えるので、地元の案内人5人を雇い、午前6時30分に出発した。気温は午前6時で−3度、正午で−2度、岩嶽森の頂上では−7度であった。一日中雪が降っていた。積雪は5m前後で、岩嶽森の頂上では8mになった。歩くと、表面の固まった積雪が顎に当たるまで体が沈む。岩嶽森を過ぎてからも、急な坂を4回登り、4回下った。登りはときに500m以上標高を上げ、下りは毎回200m以上標高を下げた。隊列の長さは、登りで90m、下りで130mであった。途中で隊列の前方で雪崩が起きたが、その雪の堆積を乗り越えて進んだ。この日は用意してきた麻縄を初めて使い、全員の腰を結び合って行軍した。午後2時55分に到着した銀山は、戸数40戸の鉱山町で、旅館も2軒あった。

4日目（1月23日）

　銀山から十和田湖東南岸の法奥沢村宇樽部までの18km。午前7時に出発した。道中は湖岸だが、十和田湖は火口にできた湖なので、断崖絶壁続きの危険な道である。地形だけに限れば、全行程の中でこの日がもっとも険しい

ものになる。夏でも藤かずらをよじ登るような難路だったが、冬は倒木や崖が雪で覆い隠されて、一歩誤れば湖に転落する危険があった。そこで、踏破が難しければ途中でいつでも船を利用できるよう、船を並行させて進んだ。十和田湖は冬期でも風が強いので、波が立って湖面は凍結しない。北西の風が強く、どんよりした曇り空で、午後から雪になった。気温は午前6時に－8度、正午に－3度、午後に入るとぐんぐん下がって、行軍中に－10度になった。積雪は場所により2.3〜3.7mであった。隊列の長さは、登りで100m、下りで120mになった。また平均歩数は、登りが毎分40歩で、下りが48歩とこれまでで最低になった。平均歩幅は、登りが25cmで下りが50cmと極端に狭かった。ただし結局船は使わずにすみ、午後4時27分に無事到着した。宇樽部は戸数24戸の小集落だが、最近入植した開墾小屋ばかりであった。村人は歓待に尽くしてくれたが、余裕の夜具はおろか家具もほとんどないような状況である。隊員たちは分宿して土間にむしろを敷き、むしろを掛けて寝たが、あまりの寒さに十分な睡眠が取れなかった。夜は暴風雪が吹き荒れ、すさまじい天気であった。

5日目（1月24日）

宇樽部から戸来村金ヶ沢までの24km。途中で標高900mの犬吠峠を越える。昨夜からの吹雪が続き、午前6時の気温は－10度であった。地元の男性2人と女性1人の案内人とともに午前6時に出発した。犬吠峠までの10kmは道らしいものは無く、胸まで雪に埋もれ、顔に風雪が吹き付けた。今日も麻縄で全員を結ぶ。耐えられないほど強い風が吹けば、しばらく雪の上に体をあびせてやり過ごした。午前10時に犬吠峠を越えるときには、気温は－16度になった。寒さで体は震え、心臓が激しく波打ち、眼がくらんだ。積雪は5m近かった。峠をおりた正午でも、気温は－7度であった。携行食も水筒の水も凍結してしまい、仕方なく雪をかんで喉を潤した。午後も起伏のある道を進んだ。吹雪は一層猛々しくなり、気温は下がった。午後でも隊列の長さは、登りが100mで下りが110m。平均歩数は登りが毎分40歩で下りが45歩。平均歩幅は登りが25cmで下りが50cmであった。午後6時54分に到着した金ヶ沢は、戸数59戸、人口350人で、村役場や雑貨店もある集落である。

6日目（1月25日）

　金ヶ沢から三本木村（現在の十和田市）までの28km。気温は午前6時に－4度、正午で－2度であった。雪も止み、風もそれほど強くなかった。行程は平坦で、これまでとは見違えるほど容易な道中であった。午前7時30分に出発して、午後4時11分に到着した。伍長の1人が、3日前に岩嶽森に向かう断崖で左膝を痛めたが、この日の途中についに関節が腫れ上がり歩けなくなってしまった。患者の搬送はかなり困難で、行軍を遅らせることになった。この伍長は三本木の最寄りの駅から列車で弘前に帰すことにした。三本木は戸数870戸、人口5,300人の大集落である。村役場や旅館もあり、三本木警察分署からは電報で各地と通信することが可能であった。広崎大尉は自分の上司である弘前連隊の秋田少佐あてに、三本木に無事到着したことと、伍長が1人先に帰営することを打電した。

　広崎大尉が旅館に戻ると、旅館の主人が他の人にわからないように、半紙に書き留めたメモを渡してくれた。メモは、弘前連隊の秋田少佐が事前にかけてきた電話の内容を書き取ったもので、青森第5連隊の雪中行軍が、中隊編成で1月23日午前6時に青森を出発したこと、行軍中隊の指揮官は青盛大尉であり、編成外として能代少佐ほか大隊本部8名が随行すること、田代、増沢を経て25日に三本木に到着の予定であることが書かれていた。中隊編成であれば人数は200人程度になり、食料、炊事用具、寝具などを運搬することになる。1月の積雪では馬が使えないので、人力でそれらを運ぶ必要がある。第5連隊の青盛大尉は、秋田県の漁村の出身で、昇級して着任間もないものの、実直で勤勉な人物である。能代少佐は青盛大尉が所属する大隊の大隊長であり、第5連隊の教育委員主座を兼ねていた。大変な自信家であり、昨冬中止になった八甲田越えの行軍の指揮を予定されていたので、今年こそは行軍を成功させたいと意気込んでいた。夜になっても第5連隊の行軍中隊は到着しなかったが、余計なことを言って隊員を不安にしてはいけないし、軍の行動に関する情報はあまり周囲に推察されないほうが良い。第5連隊のことは隊員には黙っていた。

7日目（1月26日）

　三本木から田代までの30km。気温は午前6時に−5度、正午で0度であった。午前8時に出発して、熊の沢川に沿った雪道を12km進んで、午後2時に大深内村増沢という集落に着いた。ここから先は田代まで人家はない。増沢は戸数5戸、人口35人で、畳のある家は一軒もない集落だが、全戸を挙げて厚遇してくれた。ここで食事をとって、田代に向かう予定であった。いよいよ八甲田山に入るのである。しかし村長は、午後になってから田代に向かうのは無謀であると言う。冬期では増沢を朝に出ても、田代に着くのがやっとであり、午後からでは途中で夜道になってしまう。悪いことは言わないので、ここに泊まって明日早く出発するようにと強く勧められた。軍隊では予定を延期することは望ましくないが、言い方に誠意が感じられたので、意見に従って増沢に泊まることにした。ただし37人を泊めるだけの場所も寝具もない。集落の馬7頭と牛6頭をすべて畜舎から追い出して、そこにむしろを敷いて寝床を作った。天気はまた崩れ始めてきた。

　村長に確認すると、この日まで第5連隊は増沢に現われていない。村長は、ここ数日の大雪のため、青森に引き返したか、田代に留まっているのだろうと言う。しかし考えてみれば、三本木やこの増沢に、第5連隊の安否を問う連絡が青森の連隊本部から入っていないのは不思議である。もう1つ不思議なことといえば、2日前に犬吠峠を越えたときに、隊員たちの方位磁石の針が動かなくなり使用不能になった。今はいつの間にか使えるように直っている。2日前は案内人がいたので事なきを得たが、なぜ磁石が使えなく

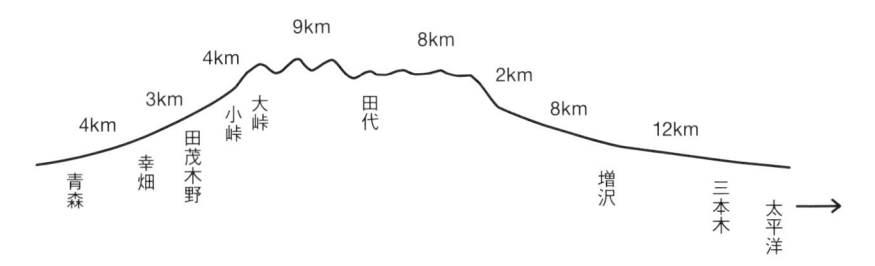

図8-2　八甲田越え地形断面図

なったのかは不明である。

残りの行軍予定経路

　増沢に泊まることで、残りの田代までの行程は18kmになる。熊の沢川沿いに8km進んだ後で、急坂を2kmほど登り、そこからいよいよ雪深い八甲田山の高原台地に入る。積雪で道が見えなくなった高原台地を8km進むと田代に到着する。田代は、高原台地の広漠とした雪原の中の窪地にある標高520mの温泉場で、4、5軒の建物がある。冬期は雪に閉ざされて来る者もいないが、小山内という一家が山籠もりをして温泉場を守っているほか、炭焼きが15人ほど籠もっている。中隊編成で兵士が来たとしても、十分な泊まる部屋と食料の備蓄がある。田代までは、大深内村に頼んでいた7人の案内人を雇う予定である。7人のうち1人は八甲田山の地理に詳しい猟師であり、他の者は主として、2人ずつ交代で猟師に先立って雪かきをするのが仕事になるだろう。

　田代から青森までは20km。田代でその先の案内人を雇う予定である。田代から高原台地を9km進んで大峠に至るまでは、さらに難関の地域である。尾根と沢の起伏が続き、沢は積雪が深く、崖や凍結した滝が雪に覆われて隠れていたりする。そのような崖を落ちると、登って戻ることは不可能である。大峠で高原台地は終わり、そこから青森へは単調で安全な下り坂である。大峠から小峠、田茂木野の集落を経て、幸畑の集落までの7kmはほぼ20分の1の下り勾配で、幸畑から青森までの4kmはほぼ100分の1の下り勾配である。田茂木野は戸数20戸、人口120人の集落であり、幸畑は田茂木野よりも大きい集落である。

　青森から後は、梵珠山を越えて浪岡に至り、弘前に帰ることになる。青森から弘前の間は、あえて梵珠山を越えずに平地を通れば国道と鉄道があり、他の区間に比べれば危険は少ない。

参考文献
新田次郎『八甲田山死の彷徨』新潮社、1978年

高木 勉『八甲田山から還ってきた男』文藝春秋、1986年
川口泰英『雪の八甲田で何が起ったのか』北方新社、2001年
保阪正康『あの戦争は何だったのか』新潮社、2005年

(注) 新田次郎の小説は史実にかなり忠実であるが、実際には、小説にあるように両行軍隊を競争させてはいないようである。また、とくに両行軍隊が連携をとる予定でもなかった。』

意思決定の演習：どのような行動をとるか

この時点で、読者に意思決定の演習をしてもらいたい。

この先に読み進む前に、上の事例で自分が広崎大尉の立場であれば、8日目以降の行軍計画をどのようにするか、あわせて、計画に関して隊員に説明や指示を与えるとすれば、どのような内容にするかを考えてもらいたい。現在は7日目の夜、増沢にいる時点とする。

選択肢の例

読者による、隊長としての行動計画は決まっただろうか。行動計画のポイントをいくつかあげると、次のような点が考えられる。

行動計画の詳細は読者によってさまざまに異なると思うが、選択肢を大きく分ければ、田代・青森方面に進むか、三本木方面に戻るかであろう。三本木に戻る選択肢のなかには、演習を中止するものや、三本木で情報を収集してあらためて行動計画を立てるものなどが含まれる。増沢に留まる選択肢もあるが、食料をもたない自分たちが留まると、小集落のわずかな備蓄を消費してしまう。軍の評判や信用を維持するために、できれば避けたい選択肢である。

部隊を分けてそれぞれ別の行動をとる選択肢もある。分けることで、リスクの高い行動をとる人数を減らせる可能性があるが、その一方で、部隊を分けることによるリスクが増加する。すなわち、少人数のグループになること

で助け合いの規模が小さくなることや、この日までに習熟した役割分担が変わることなどである。また複数グループに分かれたあとの、グループ間の連絡が問題になる。隊長（自分）がどのグループに入るかも意思決定の事項であるが、隊長が入らないグループの指揮命令系統についても決める必要がある。一般的に考えると、リスクの大きい冬山の条件であれば、最小規模に選抜したこの隊を、さらに分割することは危険であろう。

隊員にどのような情報を伝えるか、あるいは伝えないかも、意思決定の事項である。青森隊の動静に関する情報を、隊員に知らせるか否か、知らせる場合はどこまでの情報を知らせるか、全員にか一部の部下にか、などの選択肢がある。とくに、田代方面に進まない場合は計画の変更になるので、隊員に変更の理由を含めた情報を知らせるか否かを決める必要がある。計画を変更する際に理由を知らせることは必須ではないが、知らせれば隊員に行動の目的や背景を理解させられる利点や、隊員がいろいろな憶測をすることを防ぐ効果がある。

どこまでリスクをとるか

田代に進むことは、三本木に戻るよりも、リスクの高い選択肢であろう。また、田代に進む選択肢のなかでも、無条件に進むのか、ある程度以上のリスクがあると判断したら引き返すのかという選択肢がある。以上の選択肢は、「どこまでリスクをとるか」という次元で比較できる。

どこまでリスクをとるかの判断と同時に、状況のリスクをどのように判断するかも重要なポイントである。リスクに関する判断材料としては、天候の変化や、地元の人から得られる情報、青森隊の動静についての情報などがある。青森隊は山中で遭難していると考えれば、山中の高いリスクが暗示される。しかし田代にとどまっている可能性や、青森に引き返した可能性もある。通りやすい経路ではないが、増沢を通らずに三本木に向かっている可能性もある。その場合は、山中のリスクが高いとは限らない。

行軍のミッションは何か

　意思決定の質を高める重要なポイントの1つとして、目的の適切さがある。それを考える前提になることだが、まず、**達成すべき目的は何か**を明確にしたい。「達成すべき目的」は、「解決すべき問題」と置き換えても良い。目的は、意思決定で改善すべきプラスの基準であり、問題は軽減すべきマイナスの基準である。

　この事例に当てはめれば、「行軍で達成すべきミッション（目的）は何か」を明確にすることである。ミッションが明確であれば、とるべき行動はそれに従うであろう。危機においては常識や習慣的行動にとらわれず、本質的に優先すべきことを見極めることが重要である。読者は、この行軍のミッションを何だと考えるだろうか。

　この事例のミッションについて、危機管理の実務家から意見を聴くべく、筆者は陸上自衛隊幹部学校の教官に、事例8-1を読んでもらい意見を聞いた。教官は連隊長を経験し、訓練で冬の八甲田山に入っているので天候や地理を知っている人物である。教官によれば、当事の国際情勢などから、この行軍のミッションを次の3点に集約できるという。

- 行軍遂行（冬の八甲田山を越えることができるか否かの検証、兵士の訓練と育成、士気の高揚などの効果がある。）
- 調査研究（データは軍でひろく共有活用される。）
- 兵士の生命を守る

　集約のしかたは個人差があるだろうが、ミッションをかりにこの3項目として検討を続けよう。意思決定の質を高める2番目のポイントである、目的に合った選択肢を考えてみる。3項目の中の「行軍遂行」と「調査研究」の目的のためには、リスクをとって前進することが適切であろう。高いリスクをともなう厳しい条件であるほど、訓練の効果は高い。そして調査研究のために得られるデータも、より貴重なものになる。ただし「兵士の生命を守る」ためには、極端なリスクは取れないことになる。つまり「どこまでリス

クをとるか」の次元で、ミッションの3項目はトレードオフの関係になる。では、ミッションに合う選択肢とはどのようなものなのか。

ミッション項目の優先順位

　ミッションの項目に優先順位があれば、選択の基準はわかりやすくなる。この場合に、どの項目を優先すべきだろうか。兵士に限らず人命は重要である。そして兵士は自分（隊長）の部下である。しかし当時の日本が、ロシアと戦う可能性が高かったことを考えると、兵士を訓練して軍が強くなることは、国民の生命を守ることにつながる。調査研究が良い成果を出せば、それによって命を救われる兵士も増える。ただし兵士が演習で死んでしまっては、それだけ実戦の戦力が低下する。3項目の優先順位は、ある意味では誰の生命を優先するかにも読み替えられる。3項目の優先順位は、まさに意思決定の質を高める1番目のポイントである、目的の適切さに密接に関連する。

専門家による優先順位のつけ方

　ミッションの項目がトレードオフになる状況での、項目の優先順位の考え方について、先述の陸上自衛隊幹部学校教官の意見を引用する。優先順位の考え方については、先進国の軍や自衛隊にはほぼ共通した枠組みがあるそうである。それは、陸上自衛隊の用語を使うと、ミッションの各項目について、**必成（必ず達成させる水準）**と、**望成（条件が許せば達成させる水準）**の、2段階の目標を設定する考え方だそうである。そしてミッション内の**優先順位**は、項目ごとに1番や2番と決めるのではなく、目標水準のバランスで表現する。

　たとえばこの行軍の望成目標は、次のように考えられる。望成目標は、条件が厳しい場合には達成できなくても良いとされる。

＜望成目標の例＞
● 行軍遂行：予定通り完遂

- 調査研究：全項目の実施
- 兵士の生命を守る：人的損害なし

　そして必成目標は、当然ながら望成目標より低い水準になる。目標が必成だけでは、低い水準にならざるを得ず、高い水準を求めて挑戦しなくなる。逆に、高い水準だけを目標にすると、条件によって達成できないことを許さざるを得ず、達成に工夫するより、できない言い訳づくりに工夫するようになる。そこで２段階の目標を設定する。
　優先順位には、とくに必成目標のバランスが実質的な優先順位になる。たとえばこの行軍の必成目標が次のようなものだとする。

＜必成目標の例１＞
- 行軍遂行：１日〜２日程度の遅れで完遂
- 調査研究：ほとんどの項目で実施
- 兵士の生命を守る：凍傷以下程度（重度の凍傷を含めてそれ以下に抑える。つまり死者は出さない。）

　このときに隊長（ミッションを実行する者）は、あらゆる選択肢を模索して、ミッションの３項目すべてを必成以上の水準で達成させなければならない。もし、どのような選択肢をもってしても、３項目すべてを必成の水準で達成できないときには（たとえば、１日〜２日程度の遅れで、ほとんどの調査研究項目を実施しようとすれば、どのような方法を選んでも死者が出てしまうと考えられるときには）、行軍を中止することがミッションに適する行動と解釈される。
　目標のバランスが変わって、もし「兵士の生命を守る」ことの必成目標の水準が低くなり、たとえば次のようになったとする。

＜必成目標の例２＞
- 行軍遂行：１日〜２日程度の遅れで完遂
- 調査研究：ほとんどの項目で実施

●兵士の生命を守る：死者5名以下

　例2のミッションでは、兵士の生命をよりリスクにさらしても行軍を続けることになり、実質的に兵士の生命を守ることの優先順位が低くなる。このように目標水準のバランスで、ミッション内の優先順位が表現される。
　2つの必成目標の例をあげたが、この事例では、兵士の生命を守ることの必成目標をどの水準におくかが、行動計画を決めるうえでの大きなポイントになるだろう。適切な水準については、この節の「考察」でさらに検討する。

コンティンジェンシー・プラン

　意思決定の質を高める第3のポイントは、情報と能力の限界を考慮することである。非日常の危機においては、状況や選択肢に関する情報は限られる。その中で適切な選択をするためには、選択肢が導く結果をできるだけ具体的に予想することが重要である。結果の予想は、「田代に無事に着く」とか「大きな損害を被る」などの漠然としたものではなく、できるだけ具体的に想像する。そうすることで、未知のリスクや選択肢に気づくことがある。
　危機管理におけるそのような方法の1つに、**コンティンジェンシー・プラン**がある。コンティンジェンシーは「偶発事象」あるいは「不測の事態」などと訳されるが、コンティンジェンシー・プランとは、起こりうる事態を具体的に想像して、その対応策を検討するものである。事態を予想する作業は、事業計画などで行うシナリオ・プランニングに似ている。しかしコンティンジェンシー・プランのねらいは、危機における意思決定や行動の質を高めることである。つまり、危機の難しい意思決定の場面に、突然に準備なく遭遇するよりも、**事前に想像し準備しておくことで、より質の高い決定や行動ができる**というものである。
　この事例でいえば、現在は畜舎ではあるが風雪を防ぐ場所にいて、明朝の出発までには時間もある。そのような余裕のある状況で考えるほうが、厳しい冬山でいきなり危機的な状況に遭遇した場合よりも、質の高い意思決定ができるというねらいである。そのためにも想像するコンティンジェンシーは、

楽観的な意思決定の容易な状況よりも、悲観的な意思決定が難しい状況のほうが価値は高い。準備するコンティンジェンシーは、発生確率が高いと思われるものや、発生確率が低くても意思決定が難しい事象が良い。そしてコンティンジェンシーを、できるだけ具体的に数多く想定する。時間や場所など発生状況を特定するほど、気づかなかったリスクや対応策を見つけやすい。

コンティンジェンシーの例：雪崩

　この事例でのコンティンジェンシーとして、たとえば次のようなものがある。かりに翌日に田代に進む選択肢をとったとする。比較的厳しい状況を想定して、悪天候で風雪が強く気温が低い日になったとする。過去の実績から、山中では順調に進んでも時速2km程度なので、田代までの18kmを進むには、少なくても9時間はかかるであろう。

　そのような道中での危機の例として、雪崩を考える。場所は高原台地に登り切る直前の急坂で、田代まで8km余りを残すところ、時間は正午とする。そこで雪崩が起きて、幸い隊長は巻き込まれなかったが、兵士4名が流されて生き埋めになり、姿が見えないとする。厳冬期に起きる雪崩は、全層ではなく表層だけの雪崩なので、人が流されてもせいぜい50メートル程度である。ただし身体の一部が雪上に出ている状態ではなく、場所が特定できない。兵士は自力では這い出して来られないだろう。

　もしこのような事態になったら、隊長としてどのような対応をとるか。

　雪崩が起きた場所は、続けて雪崩が起きる可能性がある。この時期の高原台地は午後4時50分頃に日没になる。田代に進むと残り8km、増沢に戻ると10kmの距離である。

コンティンジェンシーの例：青森連隊の遭難兵士を発見

　上に述べた雪崩はなかったとして、無事に高原台地に入り、田代まで残り6kmのところで午後1時に、青森連隊の兵士2名を発見したとする。兵士に意識はあるが、疲労困憊して自力で歩くことができず、吹雪の中でうずくまっ

ている。聞き出せば、青森隊は方向を失って遭難し、自分たちのように動けなくなった者があちこちにいるだろうと言う。吹雪の中に2名を放置しておけば、間もなく凍死するであろう。しかし深い新雪のなかで、自力で動けない者を運ぼうとすれば、運ぶ者の進む速度は時速1 km以下になってしまう。

　もしこのような事態になったら、隊長としてどのような対応をとるか。

　青森隊の動静は不明である。しかしもし遭難しているならば、これから進むどこかで、遭難した兵士に遭遇する可能性がある。彼らは生きているかもしれないし、死んでいるかもしれない。その場合に、青森隊の情報を事前に部下に知らせていなければ、部下はかなり動揺するかもしれない。しかし情報を知らせることによって、部下に余計な心配をさせる可能性もある。

コンティンジェンシーの例：三本木から八甲田山に引き返す

　田代に進む選択肢に比べると、三本木に戻る選択肢はリスクが少ないと思われる。しかし難しい状況もありえる。たとえば三本木に戻って、連隊本部に連絡をとったところ、青森隊は遭難したと思われるので、すぐに八甲田山に入って捜索救助せよと命令があったような場合である。この時代はまだ、気象台、天気図、天気予報などはない。人々は雲や風の流れなどから、天気を予測していた時代である。連隊本部のある市街地からは、厳しい山中の天候や兵士の疲労度などを想像できないかもしれない。

　八甲田山に再び向かう場合には、三本木に戻る理由をどのように説明したかによって、部下の心理に影響が出る可能性がある。もし八甲田山に入ることが危険なので戻ると説明した場合は、回避した危険な行動を行うことになる。しかも三本木に戻ったことで、兵士の緊張感が緩んでいるかもしれない。もし兵士の緊張が緩んだ状況で救助命令が出たならば、隊長としてどのような対応をとるか。

コンティンジェンシー・プランから意思決定へのフィードバック

　コンティンジェンシー・プランによる対応策には、事態が発生した時点で

の行動のほか、事態に備えて事前にできる行動も含まれる。上のコンティンジェンシーの例では、田代に進む選択肢をとるならば、遭難兵士を発見する可能性に備えて、部下に青森隊の情報を知らせるか否かを判断する参考になる。あるいは、三本木に戻る選択肢をとるならば、再び八甲田山に向かう可能性に備えて、予定変更の理由を説明するか否かの参考になる。

史実

　この事例に限らず、実際の当事者の意思決定は、必ずしも正解とは限らないが、貴重な参考になる。

　実際の雪中行軍では、8日目は朝から悪天候であった。仮名の広崎大尉にあたる隊長は、田代まで進むという決定をした。青森隊の情報については、部下に具体的には知らせていないが、出発前に次のような訓示をしたと軍の記録に残されている。その内容は、難路の八甲田山に入るので気を引き締めるようにという旨に続いて、「この先で思わぬものを見るかもしれないが、何を見ても見なかったと思ってまっすぐ進め。」と言ったそうである。おそらく隊長は、青森隊の遭難兵士に遭遇する可能性を意識していたのではないかと思われる。しかし上に述べた以上に具体的な情報は知らせなかった。

　8日目は厳しい天候であったが、軍の記録では、雪崩や青森隊との遭遇のようなことはなく、高原台地に入って田代に到達するのに十分な距離を進んでいる。しかし吹雪による視界の悪さもあって、日没までに田代を発見することができなかった。方位磁石も使えなくなった。夜になってから田代を探すことは避けて、その地点で露営することにした。雪面から地面に届くまでの4.5mの縦穴を3本掘り、37名はそれぞれに分かれて入り、眠らないように徹夜で足踏みをして夜を明かした。露営をしたことの判断とその方法は、適切であったと考えられる。地面に届く穴なので、底で火をおこしても雪が溶けて消えることがなく、火を使って食事もできた。深い穴の下部には、直接に風が吹きつけない。また、雪の中でもかまくらのように、互いに温め合うことになり体温をあまり奪われない。

　翌日も吹雪が続いた。そこで隊長は、田代を探すことをあきらめて、一気

に八甲田山を西に越えることにした。この選択が適切であったか否かは不明である。縦穴を出て間もなく、小さな無人の炭焼き小屋を見つけた。炭が少し残っていたので、火をおこして雪から湯を作り、凍っていた予備の握り飯をふやかして食べた。4交代で入るほどの狭い小屋だったが、暖かい食事ができたことは体力的に助かった。しかしここで予備の食料を使い切った。吹雪の中を進んだが、正しい方向がわからず、八甲田山を抜けることができないまま、再び日没になった。かなり危険な状況だが、夜になってから風がやむ時間があり、そのときに遠くに東北本線の夜汽車の明かりを見通すことができて、方向がわかった。改めて西方向に進み、その日の夜中に大峠を越え、午前2時に田茂木野の集落に全員無事にたどり着いた。この弘前隊の行軍で得られた調査結果は、日露戦争で日本軍の兵士数千名の死傷者を減らす効果があったと言われる。

青森隊の史実

　一方の青森隊は遭難していた。青森隊は、青森を出発した1月23日（弘前隊の4日目）の午後3時には、田代を1.5km先に見下ろす丘の上に隊の先頭が到達している。しかし多くの食料や機材を運んでいたため、隊列は1kmほどに伸びていた。この日は午後3時頃から急速に天候が崩れ、丘の上で隊列が整った午後4時には、吹雪で視界が利かなくなっていた。青森隊は丘から田代までの良い経路を見つけるために、6方向にそれぞれ2名の兵士を偵察に出したが、誰も戻って来なかった。そのまま日没になり、青森隊はその場で露営することにした。露営をした判断は適切と思われるが、その方法は不適切だった。地面まで届かない大きな浅い穴を掘ったので、風が兵士の体温を激しく奪い、火をおこしても風や溶けた雪で消えて、まともな食事が作れなかった。

　この日から翌日にかけて激しい吹雪に襲われるが、このとき八甲田山を通過した寒波は、翌々25日に北海道の旭川でマイナス41度という、わが国観測史上の最低気温を記録している。よりによって最悪の寒波の日に、2つの隊が行軍をしていたことになる。

青森隊は午前3時頃に、寒さに耐えられなかったのであろう、暗闇の中を田代に向けて出発した。この判断が命取りだった。道もわからないまま暗闇と吹雪の中を進み、凍った斜面を滑り落ちて沢に入ってしまい、沢から上がれなくなった。夜が明けても見通しがきかない沢筋の中を行ったり来たりするだけで、方向もわからず遭難の状況になった。出発翌日の24日は一団となって行動していたが、25日には小集団で勝手に行動するようになった。結局210名の青森隊のうち、199名が八甲田山で凍死した。生き残った者も多くが手や足を切断する凍傷になっていた。

　青森隊は夜明け前に露営地を離れるという判断のほかにも、行軍準備の不足、隊の中の情報の錯綜、複雑な指揮系統など、危機管理として不適切な決定や行動を繰り返していた。それに対して広崎大尉の隊は、すぐれた準備や指揮を行っている。新田次郎の『八甲田山死の彷徨』は、かなり史実に忠実に、両隊の行動を書いている。意思決定だけでなく組織論の書物としても参考になると思う。

青森隊の安否を問う連絡

　青森隊の安否を問う連絡は、実は青森隊が三本木に到着する予定だった1月25日（弘前隊の6日目）の夜に、青森第5連隊から三本木警察署長に電話でなされていた。ただし警察には青森連隊からの事前連絡はなかったため、警察署長は「雪中行軍隊は三本木に到着しているか」という質問に、弘前第31連隊の行軍隊のことと思い、到着していると答えている。間もなく青森第5連隊本部は、弘前第31連隊から送られていた弘前隊の予定によれば、同隊が青森隊と同じ日に三本木に着く予定であることに気付き、26日午前8時にあらためて三本木警察署に確認している。そして青森隊がその時点でも三本木に着いていないことを知る。師団長は連絡を受けてすぐに、青森隊は遭難したものと断定し、弘前隊には行軍を中止して列車で弘前に帰還する命令を出す。しかし弘前隊は同日早朝に三本木を出発しており、命令が届かないまま弘前隊は八甲田山を越えた。

考察

　広崎大尉の立場で意思決定を考えると、結果論からいえば、田代方面に進んで行軍を無事に遂行できている。その一方で、師団長は青森隊が三本木に到着していないことを知った時点で、弘前隊の行軍に中止命令を出している。その意味では、広崎大尉が増沢から引き返す選択をしても、上官である師団長の判断と同じことを、現場の判断で行ったことになり、間違った判断とは言いにくい。広崎大尉は、青森隊が増沢にも来ていないことを知ったので、師団長の情報よりさらに悲観的な情報を得ていたことになる。進むことも戻ることも、いずれも必ずしも間違いと言えない状況のように思われる。

　ここで再び、陸上自衛隊幹部学校の教官の意見を引用する。教官によればこの行軍は、そもそも行軍を行うか否かが議論になりうる大きさのリスクを伴う。しかし行うと決めれば、当事の国際情勢などから、ミッションは次のように考えるとのことである。

	必成	望成
●行軍遂行：	1日〜2日程度の遅れで完遂	予定通り完遂
●調査研究：	ほとんどの項目で実施	全項目の実施
●兵士の生命を守る：	凍傷以下程度（死者は出さない）	人的損害なし

　ポイントとなる兵士の生命に関する必成目標は、死者を出さないということ。当事の緊迫した国際情勢でも、「演習では死者は出せない」とのことである。

　そのミッションに適する8日目の行動計画は、田代方面に前進するというものである。その理由は、増沢の時点で把握するリスクは演習の想定範囲内であり、計画より増えていないこと。悪天候については、あえて厳冬期に行軍をする計画に織り込まれている。目前に明らかに死者が出るような障害があれば引き返すことを考えるが、増沢の時点ではそのような障害は目前にはない、とのことである。青森隊の情報は懸念材料になるが、青森隊は遭難したとは限らない。行軍を中止していたとしても、経路が危険だからではな

く、組織指揮や健康面などの理由かもしれない。また可能性としては、三本木で得た情報は間違いで、青森隊の行軍の日付などが違っていたかもしれない。いずれにしても、行軍を中止するような危険が明らかにある状況ではない。また、青森隊の兵士の生命を救うことについては、青森隊との連携は当初のミッションにはないので、追加の命令や確かな情報がなければミッションに含めない。

293ページの「史実」で述べた、実際の弘前隊の隊長の決定については、概ね適切と考えられるとの評価である。部下に与えた、「何を見ても見なかったと思って真っすぐ進め」という指示も、適切と考えられるとの評価である。普通に考えるとかなり危険な行軍であるが、おそらく隊長はこの行軍を実施するなかで、隊の能力や行軍遂行の可能性について、確信に近い感触を得ていたと思われるとのことである。その状況証拠として、十和田湖で船を並行させるほど周到に安全を図り、けが人を列車で返す一方で、新聞記者を八甲田山に随行させていることをあげる。新聞記者や兵士に事故があれば、軍外部に知れる危険があるのに随行させたのは、かなりの成算があったためであろうとのことである。

コンティンジェンシー・プランの考察

291ページにあげたコンティンジェンシーの例への対応についても、教官の意見を引用する。雪崩のコンティンジェンシーについては、ミッションに照らせば、雪崩が繰り返し起きやすい状況の中で、兵士の二次遭難の危険を最小にすることが重要と考えられる。したがって教科書的な対応としては、その場をすぐに離れるのがミッションに適する行動と考えられる。しかし人間の集団であるから、心理的なダイナミズムの影響を受ける。仲間を探さないでその場を離れることで、部下が動揺する、あるいは隊長のリーダーシップが保てなくなることもありうる。そのような状況が懸念されれば、二次遭難の危険に十分に注意しながら、30分程度を上限に、生き埋めになっている兵士の捜索をしても、現場のリーダーの裁量として許されるだろう。30分は、雪の中にいて低体温症になっても、救命できる限界とのことである。

青森隊の遭難兵士を発見するコンティンジェンシーについても、自力で移動できない遭難兵士を運ぼうとすれば、運ぶ者は日没までに田代にも増沢にも着けない。二次遭難の危険があるので、やはり教科書的には、助けずにその場を離れるのがミッションに適する行動とのことである。しかし雪崩の場合と同様に、二次遭難の危険を増やさない範囲で遭難兵士を助ける方法を模索することは、現場のリーダーの裁量として許されるだろうとのことである。

8-2 生命がかかる判断

前節の八甲田山雪中行軍の事例に関連して、陸上自衛隊幹部学校の教官から、幹部学校でどのようなリーダーを育成しようとしているかについて聴く機会があった。前節の「兵士（部下）の生命を守る」ことの優先順位に関連させて説明する。

前節で述べたように、演習では死者は出せない。しかし実戦になると、そう言っていられない場面がありうる。たとえば、敵の上陸が想定される地点に自軍の主力を配置しているが、敵は想定地点から離れた場所に上陸してきたとする。上陸地点には自軍の小さな部隊しかなく、大規模な敵と戦えば全滅する可能性が高い。しかし上陸地点の部隊が撤退すると、敵は無抵抗に上陸して、準備ができていない自軍主力の側面を突いて、より大きな損害が出る状況であったとする。このようなときに、上陸地点の自軍部隊に対して、どのようなことをしても敵の進軍を止めよという命令が出ることがある。その命令では、兵士の生命を守ることは不問になる。命令を出す者は、命令を受ける者に対して、「そこで死んでくれ」という意味で命令を出すことになる。そして命令を受ける者は、「そこで死んでくれ」という意味だとわかる。

極端な言い方をすると、そのような命令が守られるのが強い軍隊であり、守られないのが弱い軍隊だという。軍隊は平時には規律が守られることが多いが、実戦になると必ずしもそうではない。従いたくない命令には、通信が届かなかったふりをするなどして、無視することがしばしば起きる。上のよ

うな状況で命令が守られなければ、敵は無抵抗に進軍して、自軍の犠牲者は大きくふくらんでいく。

　幹部学校で育てたいリーダーとは、上のような命令を出したときに、その命令を受けた部下が、「ああ、あの人が言うのであれば仕方ない」と思うようなリーダーだそうである。誰でも自分の命は惜しい。そして命令を受ける者にも部下がいる。命令に従うことは、自分が死ぬことを受け入れるだけでなく、部下をそこで一緒に死なせることである。もし命令を受けた者が、単なる捨て石にされているのではないかと疑ったら、命令は守られるだろうか。自分もさることながら、部下たちをここで死なせるのは、正しい選択なのか疑問に思うかもしれない。あるいは、嫌われている上官からの命令であれば、「あいつの命令で死にたくはない」と思うであろう。そのいずれでもなく、命令を受けた者が、「あの人が言うのであれば」全体からみて妥当な命令で、たまたま自分がその命令を受ける運命だったと思われるようなリーダーである。幹部学校には部隊から選抜された候補生が集まる。それでも、そのようなリーダーを育てるのは難しいそうである。

消防隊長の判断

　昭和50年代頃まで全国の消防団では、火災現場で消防士がリスクをとって活動する習慣をつけるような訓練をしていた。「たとえ火の中、水の中」という表現は、生き物の本能から火を恐れる消防士が、消防服や多量の放水で守られているのだから火の中でも活動できると、勇気を出させるために使われたと聞く。

　しかし昭和50年代を境に、消防団のリスクに対する指導は方向転換することになる。むしろわずかでもリスクがあると思われるときには、火の中に飛び込むなというものである。そして現場のリーダーの重要な使命は、リスクがある状況で突入しようとする、若い血気盛んな消防士を制止することになった。たとえば火災現場で逃げ遅れた人がいて、消防士が突入すれば50％の確率でその人を救命できるが、突入しないままならば確実にその人は死亡するであろう状況だとする。ただし消防士が突入した場合には、建物が焼け

落ちて消防士が1名死亡する確率が5％あるとする。このような場合に、たとえ救命できる確率のほうが高くても、わずかでも消防士の生命にリスクがあれば突入させないのが適切な判断とされる。

　人命救助は一刻を争う。家族や見物人から救命を急かされることもある。使命感のある若者ならば、ここで人を助けなかったら、何のために消防士になったのかと思う者もいる。しかし火災現場では、冷静に適切な判断をすることが難しい。そして現場の建物などについての知識も限られるので、目の前にある選択肢が、唯一の救命の可能性に思えるかもしれない。実は違う方向から突入すれば、リスクは低いかもしれない。応援が増えればよりリスクを下げられる可能性もある。そのように何とかして、生命のリスクを冒さずに目的を達成する選択肢を、粘り強く探すことが、現場のリーダーの使命とされる。

　このことを前節の八甲田山雪中行軍の事例に当てはめると、「演習で死者は出せない」というミッションの意味が理解できる。実戦ならば他の選択肢を探している時間がない場合がある。そのような場合には、兵士の生命をかけてでも達成すべきミッションがあるかもしれない。しかし事例の演習は、必ずしも最後の機会ではない。実は2年後に日露戦争が起きているが、逆に言えばまだ2年、雪中行軍をする機会があったことになる。今回の教訓をもとに、より安全な方法で八甲田越えや調査研究を達成できる可能性がある。

　どのようなときでも、つねに部下の生命や安全を第一に行動するリーダーであればこそ、そのようなリーダーから危険な任務の命令が出たときに、「あの人が言うなら仕方ない」と思えるのであろう。

8-3 | 危機管理の意思決定（2） キューバ・ミサイル危機の事例

　次の事例は、人類の歴史の中で最も重大な意思決定と言われる、キューバ危機における米国ホワイトハウスでの意思決定を再現する。意思決定の間違いや関係者の誤解が、米ソ間の全面核戦争につながる危険があった。米国のケ

ネディ大統領にとってさえ荷が重い意思決定で、ホワイトハウスに集まった政権メンバーの助言と支援がなければ、真正面から事態に向き合う重圧に耐えきれなかったかもしれない。事後の検証では、ホワイトハウスのメンバーをもってしても、リスクを正確に把握できていなかったこと、したがって選択が必ずしも最適ではなかったことが判明している。

　それほど難しい意思決定の事例である。個人として、大統領の立場を想定して意思決定をする訓練にもなるし、ホワイトハウスにならって、集団として意見をまとめて1つの結論を出す訓練にも使える。キューバ危機の緊張が最も高まった13日間のうち、とくに重要と思える2つの場面を取り上げ、この8-3節と次の8-4節でそれぞれ検討する。

演習課題8-2　キューバ・ミサイル危機

『米ソの冷戦

　1962年、就任2年足らずの米国のケネディ大統領は重大な決定を迫られている。米国とソ連は世界の政治と安全保障の主導権をかけて争っている。米国は経済力でソ連を上回り、核戦力でも圧倒している。しかしソ連にも、米国の諸都市を壊滅させる核戦力があり、ヨーロッパに配備されている通常（非核）戦力ではソ連が米国を上回っている。ソ連はその影響力を地理的に拡張させる政策をとっている。影響下に収めた同盟国の体制を守ることにも積極的で、1956年に同盟国であるハンガリーで反体制の民衆蜂起が起きると、ソ連はただちに派兵して鎮圧した。一方で米国も影響力の拡大には余念がなく、中南米、東アジア、アフリカなどで、情報機関の工作によって国内の勢力争いに介入していた。米ソは世界的な規模で同盟国の獲得競争をしていると言って良い。

　ベルリンの統治は、米ソの対立を象徴している問題である。ドイツは第二次大戦後に東西に分断され、西ドイツには米国、英国、フランスが軍を駐留させ、東ドイツにはソ連が軍を駐留させている。旧首都のベルリンは東ドイツの地域にあるが、4カ国の軍政下にあり、やはり東西に分断されている。西ベルリンは東西ドイツの国境から約150km東にあり、米英仏が軍を駐留さ

せていて、実質的に西ドイツの飛地のようになっている。西ベルリンと西ドイツを結ぶ交通手段は、途中で降りられない３本の鉄道と３本の高速道路、および航空便だけが認められている。ソ連は西ベルリンから米国などの影響を排除しようと、１年近く西ベルリンを封鎖して圧力をかけたことがある（陸路の東西ドイツ国境での検疫を極端に強化することで、４カ国協定を守りながら実質的に封鎖した）。しかし米国はじめ西側は、生活物資などを空輸して西ベルリンを守った。その後もソ連および東側は、文化的・思想的先進性を宣伝したが、ベルリンの東西間は市民の通行が自由であるなか、一方的に東ベルリンから西ベルリンに亡命する者が相次いだ。ベルリンはその地理的価値だけでなく、米ソの影響力が世界に対してあからさまになる場として、重要な存在になっている。

核兵器と国際関係

　核兵器が登場してから、軍事戦略は大きな変化を見せている。核兵器を侵略に使うことには国際社会の強い反発があり、その意味で核兵器は「使いにくい」兵器である。しかし侵略された国が反撃に用いることは、国際社会もある程度容認する可能性がある。そして核兵器は圧倒的な威力があるため、反撃を恐れさせて侵略を抑止する効果が高いと考えられている。ただし対立する２国の片方だけが核兵器を持つ状況は、一方的侵略の可能性があり危険である。対立する両国が核兵器を持つことで、互いに侵略を抑止し合い、安全な状況を作りだすことができるという考え方がある。いわば恐怖の均衡であり、のちに相互確証破壊（MAD：Mutually Assured Destruction）と呼ばれるようになる考え方である。各国は核兵器を開発するか、核兵器を持つ国と同盟を結ぶなどの行動をとっていた。

　対立する両国が核兵器を持っていても、一方が先制攻撃で相手の戦力を破壊し尽くせば反撃できない。つまり防衛だけを考えても、他国からの第１撃で完全に自国の戦力を失わないよう、戦力を充実させる必要がある。同じことは相手にも言えるので、互いに自国の安全のために核軍拡を続けることになる。そのような状況で、本当に安全と平和を維持できるのだろうか。核兵

器が増えると、何かの間違いで核ミサイルなどが発射されてしまう危険は増える。高速で飛ぶミサイルへの対応は、分単位で行う必要がある。したがって反撃をふくむ有事対応は、熟慮の余裕がなく機械的なものに近づく。何かの間違いで全面核戦争が起きる可能性は増えているのではないだろうか。相互確証破壊（MAD）のような考え方に、安全保障への期待をせざるを得ない状況は、その名のように mad な（狂おしい）状況とも言える。

　広島、長崎、ビキニ島の被曝者、核爆発をともなう軍事演習に参加した兵士、などの健康調査から、放射性物質が人体に取り込まれた場合の長期的な健康被害が指摘されている。何百回と行われた核実験によって世界中に拡散した放射性物質が、すでに人類の健康をむしばんでいる可能性を指摘する専門家もいる。そのような懸念が国内外の政治問題になっていることもあり、1958年に核保有国である米国、ソ連、英国は、核実験を一時停止することに同意した。

ソ連とフルシチョフ

　1953年にソ連の第一書記に就任して同国の指導者になったフルシチョフ（68歳）は、宇宙開発（本質的にミサイル開発）と核開発に力を入れ、米国との核戦力の差を縮めようとしていた。フルシチョフは1894年4月17日に、貧しい炭坑夫の家庭に生まれた。正規の教育は受けていないが、1918年にロシア共産党に入党し、工場労働者から超大国のリーダーにのし上がった男である。大胆で先見の明があり、明るく活発で、ある意味で人間的魅力がある一方、短気で目的のためには手段を選ばないところがある。人に取り入る方法を心得ていることと、官僚的な駆け引きのうまさがあり、裕福で教養のあるライバルを出し抜く才能を誇りにしている。

　1930年代のスターリンによる政敵の粛清をくぐり抜けた、数少ない政治家の一人である。

　人に対しては愛想が良かったり無礼になったり、態度がよく変わった。首脳会談や国連演説など注目を集める場で、物議をかもす言動をすることがよくあった。1956年には前任の指導者スターリンを批判して世界の人々を驚か

せた。批判は間接的に中国共産党の威信を傷つけたと受け取る人もいて、中国とソ連が徐々に対立していく原因の1つになった。第二次大戦時に将軍だった米国のアイゼンハワー前大統領とは、核開発を進める一方で緊張緩和を演出したが、若いケネディ大統領に対しては強気な態度に出ることが多かった。

キューバとカストロ

　キューバは米国のフロリダ半島の南にある島国で、フロリダ半島の南端から近いところで150kmしか離れていない。キューバは長くスペインの植民地であったが、何度かの独立運動が失敗した後、1898年の米西戦争による米国の介入によって独立した。その意味では米国はキューバの独立のために「血を流した」と言える。しかしその後は、キューバに作られた米海軍のグアンタナモ基地を永久租借にするなど保護国のような扱いが続いた。また、米国企業が参入して砂糖など商品作物のプランテーション化が進み、食料自給力が低下して、砂糖の市場価格が低迷したときには国民が食料難になった。銅などの鉱山業の90％、公益事業の80％は米国企業が占める。カジノ経営にともなって米国のマフィアも流れ込んだ。そのなかでキューバの指導層は、米国支配を支える形で利益を得ていた。彼らに対してたびたびクーデターが発生したが、政権をとった者はいずれも、結局のところ米国による支配と利権の一翼に入ることになった。

　カストロ（36歳）は、裕福なスペイン人移民の砂糖農場主の子として1926年8月13日に生まれた。イエズス会の学校で教育を受け、高校時代は野球の投手でキューバの最優秀スポーツ選手に選ばれた。大学時代には米国大リーグの選抜チームと対戦し、完封したこともある。名門のハバナ大学で学生運動のリーダーになり、卒業後は弁護士として貧困問題に携わり、国会選挙に立候補した。しかしバティスタ将軍によるクーデターのため、選挙が無効になる。カストロはバティスタを憲法裁判所に告発したが、拒否された。するとバティスタ政権に対する反政府運動をはじめ、武装勢力を組織した。少数による武装蜂起は何回か鎮圧され、そのたびに攻撃に参加した仲間の過半数

が死んだが、カストロは生き残りゲリラ活動を続けた。ついに1959年バティスタを追放してキューバ革命を行った。

革命では土地を農民に解放して、米国企業の資産を接収して国有化し、砂糖の生産を減らして穀物生産を増やした。米国企業の関係者やキューバの支配層は、米国に帰国または亡命することになる。米国は当初カストロ政権を民主的な新政権と見ていたし、カストロも米国と良い関係を作りたかった。しかし米国企業が打撃を受けたため、米国はキューバに対して経済封鎖を行った。さらに1961年4月、米国はカストロ政権転覆を狙った小規模な武力侵攻（ピッグス湾事件）を行った。これはキューバ軍が鎮圧したが、翌月にキューバは社会主義宣言を行い、ソ連との経済・軍事関係を急速に深めることになる。

死を恐れず強大な敵に立ち向かう。勝ち目は少ないが、立ち上がったからには、戦い続けなければ死ぬ。「革命は勝つか死ぬかだ」と、カストロやその同志たちは口にしていた。革命に成功した人間であるから、自分のような反政府的な動きから政権を守る方法をよく知っている。国内外に情報提供者を確保して、強力な監視体制をつくった。しかし、政治的な打算や世俗的な私欲に左右されることなく、頑なに理想を追求する姿勢は、多くのキューバ国民にとって英雄的なものである。国内外の社会主義に反対する立場の者でさえ、カストロには好意を感じるという者がいる。

米国とケネディ

今から数年前の1950年代後半、米国のアイゼンハワー政権は核戦力を増強させながらも、ソ連との緊張を徐々に緩和させていた。しかし1960年5月にソ連領空で、米国のU2偵察機がソ連の地対空ミサイルによって撃墜されると、緊張は一気に高まり、国際社会における米国の威信は低下した。それまで米国は、ソ連上空に「スパイ」偵察機を飛ばすことはないと公言していた。そして撃墜された偵察機はスパイではなく、気象データを収集していた民間機が故障で操縦不能に陥ったものだと説明した。U2偵察機には軍用機であることを示す標識を付けず、パイロットは軍服を着ていなかった。しか

し生存したパイロットは、ソ連の取り調べに対してスパイ行為を自白した。自白はさらにテレビカメラを前にして行われ、映像は世界中に放送された。するとアイゼンハワーはスパイ行為を認め、安全保障にとって当然のことだと主張した。米国が繰り返し嘘を言っていたことが世界中に報道され、予定されていた米ソ首脳会談は中止になった。

　1961年1月、民主党のケネディ（45歳）が共和党のニクソン候補を僅差でかわして、米国史上最年少の44歳で大統領になった。そして就任間もない1961年4月にピッグス湾事件が発生した。これはアイゼンハワー政権時代に情報機関のCIAが主導して計画した作戦で、1500人の亡命キューバ人によって、キューバに侵攻してカストロ政権を転覆させようとする作戦であった。ケネディは作戦の説明を受けたが、就任間もないときだったので、よくわからずに認可した。杜撰な計画のため、侵攻者は反撃されて成果をあげることなく、大半が捕獲され投獄された。亡命キューバ人を援護するために、米軍を派遣することは可能だった。しかし米軍がキューバに侵攻したとなると、ソ連に西ベルリンに侵攻する口実を与えかねない。ソ連が西ベルリンに侵攻すると、在欧の通常（非核）戦力では東側が西側を上回るため、西側は核兵器を使って反撃しないかぎり西ベルリンを失うであろう。そして西側の核による反撃は、ソ連による核の報復を招きかねない。米軍のキューバへの派遣は行われなかった。

　フルシチョフには、ケネディは経験不足と思われたであろう。そして直後の5月には、キューバが社会主義宣言をして、ソ連と接近することになった。就任前の大統領選で民主党のケネディは、現職の共和党アイゼンハワー大統領に対して、キューバ革命とカストロの台頭を放置したと攻撃した。しかし自分が大統領になってからは、ピッグス湾事件の失敗や、キューバに派兵されるソ連軍が増強されるたびに、逆に政敵たちから攻撃されることになった。

　1961年6月にウィーンで、ケネディはフルシチョフと初めての米ソ首脳会談を行った。主要な議題はベルリンの扱いについてだったが、議論は激突し平行線をたどった。メディアの前でフルシチョフはケネディを子供のように扱い、米国が核戦争をしたいのならいつでも始めるがいいという趣旨の発言

を行った。さらに同年8月にはソ連の影響下にある東ドイツが、東西ベルリンの境界に壁を作り交通を遮断した。この頃ケネディには、米ソの対立がやがて核戦争に発展する確率が20%程度あるように思われた。同年9月にはソ連が核実験を再開した。1962年4月には米国も核実験を再開した。1962年の初頭には、トルコに配備している米国の準中距離ミサイル15基の発射準備が整った。これはアイゼンハワー政権時代の1959年に配備を公表していたもので、米本土に配備している大陸間ミサイルと同じく、核弾頭を搭載可能でモスクワを射程に収めるミサイルである。このミサイルはすでにイタリアにも配備されているが、イタリアからはモスクワを射程に収めない。ただしこのミサイルは旧式で、公表されていないが、落雷によって核弾頭の安全装置が外れるという危険な事故を既に2回も起こしている。戦力としてはわずかな割にソ連を刺激するので、ケネディは就任後2回にわたり、このミサイルを撤去することをトルコと交渉するよう国務省に指示した。しかしトルコが難色を示しているという理由で、国務省は交渉を進めていなかった。

ソ連からキューバへの海上輸送

ソ連はキューバに対して民生・人道支援として、食糧や医薬品をはじめさまざまな物資を送り、専門家を派遣しはじめた。その中には、偽装した軍事物資や軍人も含まれている。

1962年8月29日（水） （これ以後、日時はいずれも米国東部時間）

その1週間前の、キューバに地対空ミサイル基地が確認されたとの情報に基づき、U2偵察機がキューバ上空から偵察した。その結果、ソ連製の地対空ミサイル基地8か所を確認した。地対空ミサイルは上空の航空機を迎撃するためのもので、米国の領土を攻撃する兵器ではない。しかしそのようなミサイルを持ち込むのは、何か重要な施設を守るためと考えられる。また、キューバに漁港と見せかけた海軍造船所や潜水艦基地が作られている証拠をつかんでいた。

フルシチョフの約束

9月4日（火）

　ケネディの信頼できる弟で米国司法長官のロバートが、駐米ソ連大使のドブルイニンに、米国政府はソ連からキューバに送られている軍事装備について深刻な懸念を持っていることを伝えた。ドブルイニンは次のように答えた。フルシチョフから、地対地ミサイルや攻撃兵器をキューバに配置することはないと、ケネディに保証せよと指示を受けている。（地対地ミサイルは地上の目標を狙うもので、米国領土を攻撃できる。）この軍備増強は重要なものではない。また、フルシチョフはケネディが好きなので、11月にある米国の中間選挙の前に米ソ関係を破壊して、ケネディを困らせたくはないと伝えて良いと指示を受けていると答えた。

　ロバートは、もしソ連がキューバに攻撃用ミサイルを配置したら、きわめて重大な結果を招くだろうと警告した。ドブルイニンは、そのようなことは決して起こらないだろうと答えた。

　以上は公表されない会談内容である。しかしケネディは、キューバに対する消極姿勢を共和党から批判されていることもあり、もしソ連がキューバに甚大な攻撃力を蓄えれば、ゆゆしい問題が発生するだろうと警告する声明を公表した。（以後この事例では、公表されたメッセージにはその旨を明記する。）

9月8日（土）

　中国上空で、ふたたび米国のU2偵察機がソ連製の地対空ミサイルによって撃墜された。

9月11日（火）

　ここ数日のキューバ上空からの偵察で、ソ連製のルナ・ロケットがキューバに持ちこまれていることと、海上の偵察で、キューバに向かう輸送船の甲板に行動半径600kmのソ連製爆撃機が積まれていることが認められた。ルナ・ロケットは2キロトンの核弾頭または通常弾頭を搭載する、射程がごく短い戦場用の兵器で、キューバから米本土には届かないが、上陸部隊を迎え

撃つことができる。トラックなどに積んで持ち運ぶことができ、発射基地は簡素なもので、何もない地面から準備して1～2日で発射が可能になる。

ソ連政府は、キューバを含む国外に核ミサイルを配備する必要はないと公表した。また、ソ連から帰任してきた高位の駐米ソ連大使館員が、どのような状況でも地対地ミサイルがキューバに送られることはないと保証したいという、フルシチョフからケネディへの親書を届けてきた。最近のソ連側のメッセージ、およびU2偵察機が撃墜されたときに起こる国際的な悪評や、撃墜されても報復しないことへの国内的な反発を避けるために、U2によるキューバ上空からの偵察を当面中止して、海上からの偵察に限定することにした。

10月14日（日）

キューバに他のミサイル基地が建設されているという情報が、キューバ国内の諜報網からしばしば情報機関に入っている。誤報が多かったが、念のため米国はU2によるキューバ上空からの写真偵察を再開した。

キューバ危機

10月16日（火）

2日前にU2偵察機が撮影した写真の分析から、キューバ西部のサン・クリストバル付近に、ソ連の準中距離地対地ミサイルR12と、その基地が建設されている映像が判明した。R12の射程は1,900kmで、首都ワシントンを含む米国南東部を射程に収める。発射後13分でワシントンを核弾頭または通常弾頭で攻撃できる能力がある。核弾頭の威力は最大1メガトンで、広島に投下された原子爆弾15キロトンの約70倍の威力がある。写真ではミサイル本体には弾頭が装着されていないが、発射態勢が整えば、弾頭を装着して数時間後には発射できる。R12の技術マニュアルやその基地の配置図等の重要な情報は、フルシチョフの対米強硬姿勢に危険を感じるというソ連のある諜報士官が米英に漏らしていた。発射態勢がいつ整うかは不明である。発射台や弾頭を格納していると思われる施設は発見されていないが、基地のインフラは

ほとんど完成しているように見える。ケネディには、核戦争が発生する確率は50％に高まったように思えた。

10月19日（金）

U2偵察機による最新の写真で、キューバ中央部に別のミサイル基地群が発見された。その中には、R12のあらたな基地と、ソ連の中距離地対地ミサイルR14の基地も確認された。R14は射程4,500kmで米国のほぼすべての都市を射程に収める。核弾頭または通常弾頭を搭載可能で、核弾頭は最大1メガトン。ただしR14のミサイル本体は未発見で、キューバに届いたらしい証拠はない。

一方で、キューバ西部のR12の基地は、整備が急速に進んでいる様子である。キューバにはR12の部隊が合わせて3個連隊（推定計24基分）いることが確認された。

10月20日（土）

キューバにいるソ連軍の兵力は、これまでにキューバに渡った不審なソ連輸送船の甲板面積などから、6,000〜8,000名と見積もられる。その他キューバには、装備は比較的弱体だが27万人のキューバ軍がいる。

米国の対応としては、いろいろな選択肢が可能である。キューバへの全面侵攻、ミサイル基地の空爆、海上封鎖、無視、などが考えられる。ただしどれも一長一短がある。空爆はミサイルを手早く破壊できるが、未発見のミサイルがある可能性を含めて、空爆だけでキューバにあるミサイルをすべて除去できるとは限らない。地上軍の上陸を含めた全面侵攻をすれば、ミサイルの捜索とキューバの制圧が可能である。しかし上陸に先だって、敵戦力を弱体化するための空爆を行うが、その時点でソ連やキューバが米国に対して核攻撃を含む報復を行うかもしれない。ただし報復の危険は、ミサイル基地だけを空爆する選択肢にも存在する。また空爆を行う場合は、できれば72時間程度前に、キューバにあるミサイルの撤去を求める最後通牒を与えることが望ましい。奇襲をすると、米国が非難してきた日本による真珠湾攻撃と同じような行動になってしまう。海上封鎖は全面侵攻や空爆よりおとなしい対応

だが、それでもソ連やキューバを刺激する。そしてキューバのミサイル基地を当面放置しておく危険がある。ミサイルに気づかないふりをしていても、事態はいつか公の知るところになるだろう。事態を放置しておくと、フルシチョフが好きなときに、次の一手を打つことになるだろう。

海上封鎖を行うことを決め、その準備に入る。海軍戦力は他の戦力に比べて、行使の範囲を限定しやすく、戦力を行使した際に民間人を巻き込む可能性が小さい。また、さまざまな理由を付けて、実質的な撤収をすることも比較的に容易である。今後対応を強化する可能性があるが、まずは海上封鎖を選択した。海軍はカリブ海に180隻の艦船を出向させる準備に入り、陸軍はいくつかの部隊をフロリダ方面に向けて移動させ始めた。

大統領から国民向けのテレビ演説を22日（月）夕方に行うことにした。国際法上、海上封鎖（blockade）は戦力の行使に該当するので、対外的には、隔離（quarantine）という用語を使うことにした。

10月21日（日）

夜にはニューヨークタイムズとワシントンポストが、断片的情報をつなぎ合わせて危機の概要をつかんだようだった。両社の社主に連絡して、記事を止めるよう説得した。

10月22日（月）

ワシントンポストの朝刊に、米国の重要な政策決定が目前であるという、思わせぶりな記事が載る。

キューバにある準中距離ミサイル R12は、すでに数基が発射可能になっているらしいとわかる。

16：39 戦略空軍に DEFCON 3（defense readiness condition 3：全面核戦争の3段階前の警戒態勢）に移行する指示を出す。迎撃戦闘機および爆撃機約200機を、核兵器を搭載したまま分散配備させる。敵の攻撃に対して直ちに対応できるようにし、また敵の攻撃から戦力が生き延びる可能性を高めるためである。迎撃戦闘機は一人乗りなので、核搭載をした場合は、パイロット一人のミスで1.5キロトンの核爆発が起きる危険がある（爆撃機では複数名の操作に

なるのでミスが起きにくい)。核搭載の単独飛行は平時には行わないが、リスクを冒して国民の頭上に何百という戦闘機を飛ばすことになる。大量の軍用機の移動になるので、ソ連にも行動は知られることになるだろう。19：15までにDEFCON 3に移行が完了した。

　18：00　国務省からドブルイニン駐米ソ連大使に、19：00からケネディが行うテレビ演説の原稿と、米国の意志を見くびらないようにという旨のフルシチョフへの警告を伝える。ドブルイニンの顔色にかなりの動揺が見られたとのことである。ほぼ同じ時間にモスクワの米大使館からソ連外務省に、同じ内容の文書をケネディ発フルシチョフ宛の書簡として渡す。英国、フランス、西ドイツ、カナダ等の主要各国政府にも、海上封鎖とケネディのテレビ演説があることを連絡した。

　19：00　ケネディが米国民向けのテレビ演説を行った。この日の午後から、大統領からの発表がある旨のニュースが流れていたので、米国民の半分以上がテレビ発表を視聴していた。主旨は次の通りである。
「(キューバ情勢とキューバを"隔離"することを説明したあとで、)キューバから西半球のいかなる国に向けて、いかなる核ミサイルが発射されても、米国はそれをソ連から米国への攻撃とみなし、全力をあげて報復措置をとるべきと考える。」
　さらにキューバに向けての、次のようなメッセージも含まれていた。
「囚われの身であるキューバの人々へ。あなたたちの指導者はもはやキューバの理想に燃える指導者ではなく、国際的な陰謀にあやつられている傀儡であり、そのためキューバはラテンアメリカではじめて核戦争の標的になってしまった。」
　テレビ放送はヨーロッパでも生中継され、フロリダ州のラジオ局からはスペイン語で同時通訳された内容が、キューバ国民に届くように放送された。

10月23日（火）

　米海軍に24日（水）10：00から海上封鎖をする権限を与える。すなわち、キューバに向かう不審船を停船させ立ち入り検査を行い、攻撃用兵器が積まれていた場合は輸送を阻止または不審船を拿捕する権限で、封鎖区域は

キューバの東端から500カイリ（約900km）以内の海域である。ただし米海軍からホワイトハウスに届けられる、ソ連船の位置情報（通信電波を分析して得られる）が、半日程度遅れるうえに精度も低いことが悩ましい。海上封鎖は19：06にOAS（米州機構）の承認を得て、米国単独ではなく国際機関に承認された行動とした。西ベルリンが封鎖される事態に備えるよう各方面に指示するとともに、欧州諸国の駐米大使との定期会合を開くよう手配した。

夜にロバートがソ連大使館にドブルイニン大使を訪ね、ケネディはソ連に裏切られたように感じている、キューバにミサイルはないと言うソ連の保証に政治生命をかけていた、と述べた。そしてソ連の輸送船の船長に与えられている指示を尋ねた。ドブルイニンは、彼の知るところでは、公海上での違法な停船や捜索は無視せよと命じられているはずだと答えた。ロバートが米国は船を停めるつもりだと言うと、ドブルイニンはそれは戦争行為にあたると答えた。

21：35　カストロがキューバ国民向けのテレビ演説を行った。米国への長い非難の演説の後、キューバの主権を守ることを切々と訴え、侵略者は必ず抹殺されるだろうと述べた。ソ連については何も触れず、ミサイルについてはわずかに触れただけだった。熱のこもった自信に満ちた演説で、最後に「祖国か、さもなくば死を、勝利を我らに」と言って、潔く席を立って放送室を出て行った。演説が終わると、無数のキューバ国民が雨の降る路上にくり出して、かつてスペインに勝利したことを祝う国家を歌っていた。国歌の主旨は、栄誉のある死を恐れるな、というものである。

10月24日（水）

10：00　海上封鎖開始。戦略空軍にDEFCON 2（全面核戦争の2段階前の警戒態勢）への移行を指示し、11：10に移行が完了した。1,479機の爆撃機、1,003機の空中給油機、182基の大陸間ミサイルが即応体制に入った。優先目標はソ連国内220か所の軍事施設や都市などである。DEFCON 2の体制に入るのは、第二次大戦後の1946年に戦略空軍が設置されて以来初めてのことである。ある空軍大将が規則を無視して、許可なく空軍の全指揮官に、わざと暗号化しないでソ連側にわかるように、DEFCON 2に関するメッセージを

発信した。

　さらに全軍に第二次大戦以来最大規模の緊急動員をかけた。その多くがキューバ上陸作戦に備えてフロリダ州に人員や物資を集結させるものである。上陸作戦は12万人の上陸部隊と2.3万人の空挺（落下傘降下）部隊を中心に構成される。

　昨日からの情報分析により、22隻のソ連の輸送船がキューバに向かっていたが、そのうちキューバ領海内にいた6隻が昨日すべて反転したことが確認された。（流布している記録には、米海軍の艦船とソ連の輸送船が対峙して、やがてソ連船が反転したとするものがあるが、それは誤りのようである。）しかし他の多くの輸送船が相変わらずキューバに向かっている。

　ソ連の攻撃型潜水艦4隻が、ソ連の基地を出港してキューバに向かっていたのを、潜水艦がモスクワに向かって行う発信電波の探知によって把握している。それらの潜水艦は魚雷で艦船を攻撃できる。ソ連は最近核魚雷を開発したが、これらの潜水艦が核魚雷を積んでいるかは不明である。潜水艦のうち1隻は、ソ連の不審な輸送船2隻に随行するようにキューバに向かっていて、間もなくキューバから500カイリの封鎖海域に入ろうとしている。他の潜水艦3隻も米国東海岸沖にいる模様で、そのうち1隻は米国の対潜哨戒機からも発見された。ソ連の潜水艦が米国本土に脅威を与える場所で確認されたのは初めてのことだが、さらに他のソ連潜水艦が米国やキューバの近くにいる可能性もある。ソ連には射程1,300kmの核ミサイルを発射できる潜水艦もあるが、米国本土を射程に入れる海域に、その種の潜水艦は確認されていない。

米ソの戦力

　この危機に関連して重要な影響を与えそうな、米国とソ連の軍備は次のように推定される。相手国の本土を核攻撃する手段としては、爆撃機、地対地ミサイル、潜水艦発射ミサイルがある。米ソはそのいずれの手段も保有しているが、主力はともに地対地ミサイルである。地対地ミサイルは射程の長いものから順に、大陸間、中距離、準中距離、短距離に区別され、米ソはいず

れの種類も保有している。大陸間ミサイルは、米ソが自国本土から相手国本土を攻撃するために配備している。発射されれば1時間以内に相手国に到達する。中距離ミサイルは主にヨーロッパとソ連の間、短距離ミサイルは主にヨーロッパ域内で使うことを想定している。準中距離ミサイルはその中間で、場所によってヨーロッパとソ連の間で使用できる。キューバで発射準備が整っているとみられるのが、この準中距離ミサイルである。キューバに確認されているミサイルの数で、ソ連の大陸間ミサイル総数の半分程度の核弾頭運搬能力があると推定される。

　ミサイルはあらゆる兵器の中で最も速く目標に到達する。しかし地対地ミサイルの発射基地は簡単に動かすことはできず秘匿も難しい。また運用も、発射するかしないかの単純なもので、途中で引き返すような状況に応じた柔軟な運用はできない。それに対して爆撃機は、目標まで飛行する時間がかかるが、柔軟な運用が可能である。潜水艦発射ミサイルは、射程は短いが、発射地点が探られにくく、簡単に移動できる特徴がある。米海軍は本土周辺のほか、欧州にもミサイル潜水艦を配備している。

　米国の専門家が、この対立がエスカレートして、あるいは何らかの想定外の経緯で、米ソ間で全面核戦争になった場合の被害を推定した。それによると、ソ連が米国に先制して全面核攻撃を仕掛け、キューバのミサイルもすべて核弾頭をつけて発射したと仮定すると、米国民の人口2億弱のうち7,000万程度の死者が出る。しかし米国の5,000の核兵器のうち、少なくとも500近くが生き残り反撃可能であると予想される。そして反撃でソ連に、米国が受けた被害をはるかに上回る被害を与えることができると予想される。

　ケネディは第二次大戦で哨戒艇の艇長として、太平洋戦線の戦闘に参加した。戦争では予想のつかないことが起こることを良く知っている。大統領の命令や思惑と、実際の戦線での実情は、ときに大きな違いが生まれることもわかっている。

　フルシチョフはなぜこのような行動に出たのか。またキューバのミサイルを発射する実権は誰が握っているのか。ソ連軍では原則として、ごく小型で短射程の戦術核兵器は現場指揮者が使用権限を持つ。しかし普通に考えれば、フルシチョフが地対地ミサイルによる核攻撃の指令権を、部下やカスト

ロに渡すとは思えない。米国が国内外に配備する核兵器も、特殊な例外状況を除き大統領（ケネディ）の指示がないと使用されない。ただしフルシチョフとカストロの間で、安全保障や戦力の指揮権に関してどのような交渉がなされたのか、ホワイトハウスは情報を得ていない。

ソ連およびキューバとの連絡

　国家間の公式な連絡は、外交ルートを通じて書簡で行われる。書簡の発信者や宛先はさまざまだが、通常はどちらかの国における政府と大使館の間で書簡が手渡される。大使館と本国との間は書簡を送付あるいは無線通信することになる。無線通信の場合でも、内容を電気信号に変える手間のほか暗号化することが多く、受信後にもまた文章に戻すので、宛先の本国政府に書簡が届くまでには少なくとも数時間程度のタイムラグが生じる。電話は盗聴されることが多い。首脳同士が直接に電話をするホットラインは、この時点ではまだ開設されていない。交換手を通して国際電話で会話をすることは可能だが、盗聴のほか、なりすましの可能性があり、公式な連絡としての効力もない。

　それでも米国とソ連の間には国交があるので外交ルートを使えるが、米国とキューバは断交しているので通常の外交ルートを使えない。実現できるかは別の問題として、特使を派遣したり、第三国の仲介や、国際会議の場などを使うことは可能である。

　放送などのメディアを使って広報することは、一方的であり、かつ公式な連絡としての効力はないが、実質的なコミュニケーションの手段になりうる。相手が聞いていればタイムラグはない。

参考文献
ロバート・ケネディ『13日間』中央公論新社、2014年
マイケル・ドブズ『核時計零時1分前』NHK出版、2010年
ピーター・ハクソーゼン『対潜海域』原書房、2003年
防衛大学校安全保障学研究会編『安全保障学入門』新訂第4版、亜紀書房、2009年

防衛大学校防衛学研究会編『軍事学入門』かや書房、1999年
ロバート・S・マクナマラ『マクナマラ回顧録』共同通信社、1997年
ティム・ワイナー『CIA秘録 上・下』文藝春秋、2011年
Graham T. Allison, "Essence of Decision", Little Brown, 1971.
Mark M. Lowenthal, "Intelligence", 4th ed., CQ Press, 2008.』

意思決定の演習：米海軍の艦船がとるべき対応の指示

　この時点で、読者がケネディ（米国大統領）の立場にあるとして、次の意思決定をしてもらいたい。
　キューバ方面に向かう不審なソ連の輸送船2隻と潜水艦1隻は、このまま進めば間もなく海上封鎖線に到達する。そのときに備えて、米海軍の艦船が

◣：モスクワを射程に入れる核搭載可能なミサイルの配備国
◤：ワシントンを射程に入れる核搭載可能なミサイルの配備国

図8-3　米ソのミサイル配備

取るべき行動を、事前に指示しておく必要がある。海上封鎖の方法については海軍の規定があるが、大統領の指示は軍の規定に優先するので、違う対応を指示することもできる。

　ちなみに当時の米海軍の規定では、海上封鎖（対外的には隔離と言っているが）の対象になる輸送船に対しては、停船させて船に乗り移って積荷の検査を行い、禁制品（今回の場合では兵器）があれば没収する。具体的な方法は艦長の判断に委ねられるが、標準的な方法は、まず輸送船に行き先を問い、行き先がキューバであれば停船を指示する。停船指示に従わない場合は、船首をかすめるように砲撃して威嚇し、それでも従わない場合は舵を狙って砲撃して停船させる。潜水艦に対しては、行き先を問わず浮上するように指示する。指示に従わない場合は、警報爆雷を使って威嚇する。警報爆雷は爆発力の小さい爆雷（水中爆弾）で、潜水艦に被害を与えないはずである。今回の封鎖で、米海軍は潜水艦に対して警報爆雷を使って、東向きの進路をとって浮上するよう合図することを、モスクワの米国大使館を通じてソ連政府に伝えた。軍艦である潜水艦に対しては、乗り込んで積荷を検査することはしない。また、相手船から攻撃された場合、あるいは攻撃されることが明らかな場合には、自軍に犠牲者が出る可能性があるので、現場の判断で武力を使って相手船を攻撃して良いことになっている。

　米海軍は海上封鎖のために、通常兵器と核兵器を積んだ航空母艦と護衛艦を向かわせている。米艦と海軍中枢部との交信は即座に可能だが、米艦と大統領との連絡にはタイムラグが生じる。したがって規定と異なる対応は、事前に指示しておかないと間に合わない。

　読者が米国大統領の立場であるとして、<u>米海軍の艦船がとるべき対応の指示を、具体的にどのようなものにするかを考えてもらいたい</u>。あるいはホワイトハウスにならって、集団として意見をまとめて1つの結論を出してもらっても良い。

　輸送船が核兵器を運んでいる可能性や、輸送船あるいは潜水艦が武力で攻撃してくる可能性がある。米海軍の武力行使はソ連やキューバの行動をエスカレートさせるかもしれない。また、輸送船が兵器ではなくキューバへの食

料や医薬品など人道援助の物資を運んでいる可能性もある。そして輸送船に民間人が乗船していて、その犠牲者を出す可能性もある。ただし封鎖が有名無実ということになると米国の威信は低下する。メディアは米海軍の艦船に乗船していないが、動向には世界が注目している。

とるべき対応が、相手の反応など場合に応じて異なるならば、場合ごとに分けた指示をする必要がある。対応を実施した場合の結果（輸送船や潜水艦がとりうる行動のほか、ソ連やキューバの国としての反応を含む）を予想する必要がある。また、それらの結果に対して、米国大統領としてメッセージを公表する必要があるかなども検討する。

分析

キューバ危機の状況をゲーム理論で分析すると、中心的な**米ソの対立の構造は**、図8-4に示すゲームで説明できる。図8-4は**チキン**として177ページ以降で紹介した利得のパターンを持つ。

国家間の対立であるが、ゲームのプレーヤーは、指導者のケネディとフルシチョフにしている。選択肢は「譲歩」と「強硬」の2つをあげているが、現実にはその中間を含めてさまざまなものがある。利得の数値化は難しいが、利得の大小関係は、各プレーヤーにとって図8-4のようになるだろう。各プレーヤーにとって最も高い利得から順に、◎＞○＞△＞×で大小関係を表す。すなわち、どちらのプレーヤーも、自らが「強硬」で相手が「譲歩」する場合に、国際政治の主導権を得て最善の状況になる。両者が「譲歩」し

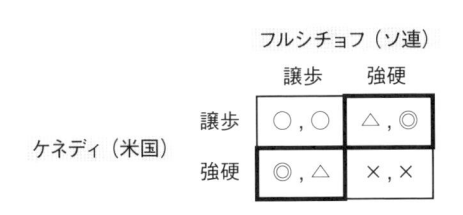

		フルシチョフ（ソ連）	
		譲歩	強硬
ケネディ（米国）	譲歩	○, ○	△, ◎
	強硬	◎, △	×, ×

図8-4　キューバ危機における米ソの対立

て平和な状況になるのは、その次に望ましい。相手が「強硬」で自分が「譲歩」すると、国際政治の主導権を奪われるので、より低い利得になる。国際政治における米ソの対立は、繰り返しのチキンゲームで表される。主導権を得た者は、世界の各地で強硬な態度を繰り返して、支配を拡大しようとするだろう。ただし両者が「強硬」であると、武力衝突ひいては核戦争の危険があり、最悪の結果となる。

問題点

　チキンの問題点は次のようなものである。安定的な均衡は2つで、図8-4では左下（◎、△）と右上（△、◎）である。つまり、どちらか一方が「強硬」で他方が「譲歩」する、一方的な関係になる。両者が譲歩する状況（〇、〇）は、いずれのプレーヤーにも、「強硬」に変更して主導権をとろうとする誘因があり、安定的ではない。そして両者が「強硬」を選択すると、両者ともに最悪の状況（×、×）になる。米ソの間で、どちらが強硬でどちらが譲歩するかの「役割分担」に一致した認識があれば、2つの均衡のいずれかが実現する。しかし役割分担の一致した認識がない場合は、2×2のどの状況も実現しうる。とくに両者がともに、相手が「強硬」を選択する可能性を低く過小評価すると、最悪の結果（×、×）を招きやすくなる。

　米ソ対立のような「繰り返し」のチキンでは、プレーヤーは一方的に譲歩し続ける立場になることを嫌って、瀬戸際戦略をとることが多い。つまり、自分は「強硬」を選択するインセンティブがある、またはそのような心理的選好を持っていると、相手に思わせて「譲歩」を選択させるのである。強硬な態度は演技でも良い。ただし相手を威嚇するために、武力行使の準備などをすると、何かの間違いで実際に自軍の武力が使われてしまう可能性や、相手が脅威を感じて先制攻撃をする可能性を高める危険がある。

国内支持の影響

　図8-4の利得は、国の指導者として考える国益に、自らの政治的な利害を

加えたものになる。キューバ危機における「譲歩」または「強硬」の選択は、政治家としてのケネディやフルシチョフへの、自国における支持に否応なく影響する。政治家にとって国内での支持は重大な関心事だが、キューバ危機で譲歩をすると、自らへの支持を減らして政治的損失になると考えられる。おそらく、自らの政治的利害を考慮しない、純粋な国益だけを利得とする場合よりも、キューバ危機での「譲歩」は難しくなっている。

解決法

　チキンゲームでは、最悪の結果（×、×）を回避することが対応のポイントになる。なかでもこのキューバ危機は、最悪の結果は核戦争になる可能性があり、他と比べようのないほど低い利得になる。何としても避けたい事態である。

　チキンの解決法には、181ページ以下にあるように次のようなものが考えられる。

解決法1：罰則と報酬
解決法2：役割分担の確定
解決法3：利得和の最大化と補償
解決法4：第三の選択肢を探す
解決法5：プレーヤーの統合
解決法6：ゲームの回避または相手プレーヤーの選択

　順に検討してみる。まず、解決法1の罰則と報酬である。国単位で考えると、米ソに対してゲームの構造を変えるほどの、「強硬」に対する制裁や、「譲歩」に対する支援を与えることが該当する。しかし現状では、超大国の米ソに対して他の国や組織が持つ影響力は限られる。

　政治家としてのケネディやフルシチョフに対する、国内的な罰や報酬も考えられる。国民が「強硬」を嫌い「譲歩」を支持すれば、それだけ政治家は「譲歩」しやすくなる。現状では両国の国内政治は、国際的な「譲歩」に、

政治家への不支持という罰を与えるかのように見える。しかし実質的な譲歩に、譲歩ではないイメージや、尊厳のあるイメージを作ることができれば、譲歩が可能になるかもしれない。両者からの譲歩を引き出すためには、そのようなイメージが、一方ではなく米ソ両国で作られることが望ましい。

　解決法2の役割分担について考える。一方が相手を屈服させる（◎、△）や（△、◎）は、屈服する側にとって受け入れにくい役割であろう。解決法3の補償を併用するとしても、キューバ危機の利得は金銭的な要素が少ないので、補償しきれないであろう。繰り返しの枠組みで、強硬と譲歩の役割を交互に行う解決法がある。しかしプレーヤー間の信頼が低下した現状では、将来の約束が守られるかは疑わしい。両者が譲歩する（〇、〇）は、比較的受け入れやすい役割分担である。ただし問題点として述べたように、「強硬」に逸脱する誘因が多い。

　解決法4の第三の選択肢は、有効な解決法になりうる。たとえば極端な「強硬」か「譲歩」ではなく、中間的な選択肢によって、最終的に「有意義な引き分け」に持ち込むなどである。ケネディが選んだ海上封鎖という対応は、キューバに侵攻するという極端に「強硬」な選択肢と、黙認するという極端な「譲歩」との、中間にある選択肢と言える。ただし封鎖の方法次第で、より「強硬」にも「譲歩」的にもなる。さらに他の行動を追加する余地も残している。

　解決法5のプレーヤー（国）の統合や、解決法6のゲームの回避は、この事例では非現実的であろう。

チキン以外の構造

　キューバ危機の大枠は、チキンゲームによってモデル化できるが、それ以外の構造もある。ケネディにとって「譲歩」したイメージを作ることは避けたい。しかし「強硬」な対応をするほど、戦争にいたる危険が増えるほか、ソ連に西ベルリンを侵攻する口実を与える可能性が増える。口実を与えないためには、仮にある程度「強硬」であっても、公正な印象を与える行動である必要がある。

またチキンのモデルは、ケネディとフルシチョフの意思決定を対象にして、カストロの選択肢を含めていない。カストロの選択が、ケネディやフルシチョフの選択に大きな影響を与えるならば、2人ゲームのモデルは現実に合わない。ここではケネディの想定と同様に、カストロは核兵器の指揮権を持たないという前提で、主要なプレーヤーを2人に絞って分析する。しかしカストロが核兵器の指揮権を持つ可能性は、絶対にないとはいえない。その他の不確実性として、カストロの意向がフルシチョフの決定に影響を与える、ケネディが想定していない事情がある可能性もある。

そしてケネディやフルシチョフが制御できない要因によって、彼らの決定が正しく実行されない可能性があり、現場の暴発など、偶発的に事態がエスカレートする可能性がある。そのような**想定外の事態が起きる可能性を考慮する**ことが重要である。

解決法のまとめ

中間的な「第三の選択肢」を探すことは、有力な手段になりうる。ただし最終的に危機を収束させるためには、両者が「譲歩」をする必要がある。そのためには、実質的に「譲歩」でも、イメージは「譲歩」ではないものに感じられるような、イメージ戦略をあわせて行う必要があるだろう。また、両国の「譲歩」を支持し「強硬」を支持しないような、米ソ国内での世論や国際社会の圧力を作ることも望ましい。

史実

一般的に、実際の当事者の意思決定は、必ずしもすべて正解とは限らないが、貴重な参考になる。史実における意思決定を紹介する。その評価は、次の8-4節の事例の評価とあわせて、8-5節で行う。

封鎖の方法に関するケネディの意思決定は、次のようなものであった。米艦がとるべき対応は、基本的に海軍の規定による。ただし、相手から攻撃された場合の反撃は認めるが、危険があっても決して米艦から先に攻撃しな

い。潜水艦に対しては、圧力をかけ、浮上させ、封鎖水域から離す、というものであった。

　ケネディにとっては、封鎖の実効性よりも、国内外に与えるイメージが重要であった。ある程度強硬な態度を示さなければ、自分が議会から弾劾されるかもしれないと考えていた。しかし強硬な対応をするほど、ソ連に西ベルリンを侵攻する口実を与える可能性が増える。ましてや核戦争にエスカレートする事態は何としても避けたい。

　封鎖は行っても、武力を使うことは避けられないかと、ケネディは側近に尋ねている。海軍の標準的な行動は、やや強硬に過ぎるように思えた。しかし極度の緊張を伴う現場では、組織として習熟した行動をとるほうが不測の事態を防ぎやすい。また、自国の犠牲者が出た場合に黙認することもできない。そのような配慮から、通常の規定を尊重して、武力の先制使用を禁止するにとどめたと思われる。

　海上封鎖のこの場面においてケネディが恐れていた事態は、米艦がソ連の潜水艦から攻撃を受ける事態であった（予想していたのは通常兵器による攻撃）。その場合には米艦は通常兵器で反撃することになる。

　実は次節に述べるように、ソ連の輸送船2隻は間もなく反転し、潜水艦は封鎖水域の外側にとどまった。この反応を見て、ケネディはその後の海上封鎖による衝突を避けるように指示している。反転した船の他にも不審な輸送船は続いて来たが、米艦は無線で積荷を尋ねるだけで、兵器でない旨の回答があれば検査せずにキューバに向かわせた。潜水艦に対しては圧力をかけて浮上させようとしたが、潜水艦にも輸送船にも、砲を向けるなどの脅威を与える行動はとらなかった。

8-4 | キューバ・ミサイル危機の事例（続）

　実際にはソ連の不審な輸送船は海上封鎖線の手前で引き返し、米艦と遭遇することはなかった。その後フルシチョフからいくつかのメッセージが届

第8章 危機管理　325

く。あるメッセージは強硬であり、他のものは対立の回避を呼び掛けるようであった。危機をエスカレートさせかねない出来事も発生して、事態はどのようにも展開するようにみえる。次の事例8-3は、前節の事例8-2の続編である。この事例での意思決定を検討する。

演習課題8-3　キューバ・ミサイル危機（続）

10月24日（水）続き

『キューバに向かっていたソ連の不審な輸送船2隻は反転したが、随行していた1隻の潜水艦は封鎖海域の近くに残っている。

22：30　フルシチョフからケネディ宛の、次の主旨のメッセージが国務省に届いた。

「海上封鎖は海賊行為であり、米国が世界を核戦争の淵に追い込んだ。（そのほか米国に対するさまざまな非難を述べたうえで、）ソ連はミサイルを撤去するつもりはなく、米国の海上封鎖を尊重するつもりもない。米国が誰かに同じ要求を突きつけられたら、きっと拒否するだろう。だからソ連も否と答えるしかない。公海上における米国の海賊行為に対しては、自らの権利を守るのに必要かつ十分な対応策を取らざるをえないだろう。」

10月26日（金）

米海軍はまだ1隻のソ連船にも乗り込んでいない。メディアからは海上封鎖の効果を疑う声が出始めた。

18：00　フルシチョフからケネディ宛の、次の主旨のメッセージがモスクワの米大使館を介して国務省に届いた。

「攻撃すればあなたがたは報いとして、我々に味わわせた痛みを、そっくりそのまま経験することになる。選挙が間近にあってもなくても、我々は興奮やくだらない激情に駆られてはならない。選挙は一時的なものですぐに済んでしまうが、戦争はいったん始まれば我々の力で止めることはできない。私は2つの戦争に参加した経験から知っている。戦争は都市や町や村を舐め尽くし、いたるところに死や破壊をもたらすまで、決して終わらない。もし米国が艦隊を呼び戻し、キューバを攻撃しないと約束するなら、ソ連の軍事専

門家がキューバに滞在する必要はなくなるだろう。」

19：35 米国 ABC 放送の特派員が、ソ連の情報機関 KGB のワシントン支部長からの仲介を国務長官に伝えてきた。KGB のワシントン支部長は、危機の打開策として次の3点からなる提案をしていた。
- ソ連は国連の監視下でキューバのミサイルを撤去する。
- カストロは今後、どのような種類の攻撃兵器も受け入れないと約束する。
- 米国はキューバを侵攻しないことを公式に誓う。

　KGB のワシントン支部長は、肩書はソ連大使館の館員である。しかしこの人物も ABC 放送の特派員も、これまで米ソ間の裏交渉の仲介をしたことはない。ただしソ連は、この特派員が米政府の中枢に人脈を持っていることを知っているのだろう。フルシチョフからの直接のメッセージではないので、いつでもフルシチョフは、そのような条件は知らないと言うことができる。KGB の支部長は、できるだけ早く返事が欲しいらしい。

10月27日（土）

03：35 ソ連が国内の実験場で核実験を行う。空中の核物質を収集するために U2 偵察機がアラスカから、公海の北極海上空に向けて出発したが、予定ルートを外れてソ連シベリア上空を侵犯している。U2 は高高度を飛ぶため極端に軽量化させているので、通信機を積んでおらず、U2 と連絡をとることができない。

　キューバの準中距離ミサイル R12 の基地が、戦闘準備を完了させたことが確認された。また、前夜からソ連大使館の煙突から煙が立ち上り続けていて、重要書類を焼却しているようだとの報告が入る。

06：00 フルシチョフからケネディに宛てたメッセージが届いた。そこでは次の提案がなされていた。

「ソ連はキューバから攻撃用兵器を撤去し、米国はトルコからミサイルを撤去する。ソ連はトルコに侵入せず内政に介入しないことを誓約し、米国はキューバについて同じ誓約をする。」

10：00 ソ連のモスクワ放送が、上のメッセージをフルシチョフからケ

ネディに送ったことを世界に向けて放送した。しかし昨日18：00に届いたメッセージとは、条件が異なる。この公開メッセージの内容は、米ソが平等な対応をすることであり不自然ではないが、いま米国が受諾すると、ソ連の脅しによって米国が同盟国のトルコを「売った」ような印象を世界に与えてしまう。また、米国がキューバに侵攻すれば、ソ連がトルコに侵攻する口実を与えることになるだろう。NATO同盟国のトルコに侵入された場合は、NATOの集団安全保障を組むヨーロッパの西側諸国も紛争に巻き込む恐れがある。

11：19 U2偵察機がキューバ上空で撃墜された。これに対して国内で強硬意見が出ることは確実である。そしてキューバやソ連が、米国による先制攻撃あるいは報復攻撃の可能性が高まったと考える可能性がある。』

意思決定の演習：メッセージにどのように対応するか

この時点で、読者がケネディ（米国大統領）の立場にあるとして、次の意思決定をしてもらいたい。

フルシチョフからの異なる内容のメッセージ（24日22：30、26日18：00、27日06：00）、およびABC特派員経由の仲介（26日19：35）をうけて、この状況にどのように対応するか。次の項目にあげる対応や情報発信を、具体的にどのようなものにするか。

- フルシチョフに対して何らかのメッセージを発するか、発する場合はどのような内容を、どのような方法で発信するか。
- ABC特派員経由の仲介にどのように対応するか。
- キューバに対して何らかの行動あるいは情報発信をするか。する場合はどのような行動あるいは情報発信か。
- 米国民に対して何らかのメッセージを発信するか。する場合はどのような内容か。
- その他の国の人々に対して何らかのメッセージを発信するか。する場合はどのような内容か。

分析

　キューバ危機の大局的な状況は、相変わらずチキンゲームである。しかしフルシチョフからは、強硬なメッセージだけでなく、互いの譲歩による「引き分け」を提案するメッセージも届いた。ただしフルシチョフの最新の提案は、軍事的には「引き分け」でも、国際政治におけるイメージとして、ソ連が交渉に勝ち、米国が譲歩したようにとられる可能性がある。

　フルシチョフは、最新の提案では条件をソ連に有利なものに引き上げ、他の提案とは異なり公開した。さらに裏交渉のルートで別の条件の提案が届いた。これらは、米側の対応を見るために意図的に行われている可能性もあるが、ソ連側の混乱を表している可能性もある。別の可能性としては、フルシチョフは緊張緩和に向けた交渉を開始すると見せて、軍事行動を含むより強硬な行動を準備する時間を稼いでいるのかもしれない。

史実とケネディの意図

　ケネディは、ソ連の不審な貨物船が反転したことと、26日18：00のメッセージから、フルシチョフは互いの譲歩を求めていると考えた。最新の27日06：00のメッセージは、フルシチョフがより多くの交渉成果を狙ったものと考え、26日のメッセージを交渉の土台にすることにした。ケネディはフルシチョフ宛に次の主旨のメッセージを、10月27日（土）夜に送った。

「10月26日の手紙を慎重に読み、問題の速やかな解決を望む言葉に共感した。提案は以下のとおりと思われるが、概ね受容できる。ソ連は、国連の適切な監視と監督のもとでキューバから攻撃用ミサイルを撤去し、今後このような兵器体系をキューバに導入しないことを約束する。米国は、国連を通じて上が確実に実行される取り決めが成立したのちに、キューバの封鎖を解除し、キューバを侵攻しないと約束する。このような合意により、世界を緊張緩和に導くことができれば、ソ連の第二の公表書簡で提案されたような、その他の兵器についてもさらに包括的な取組みを目指すことができるであろう。」

フルシチョフの提案には文意があいまいな部分があったが、そこを米国にとって望ましい条件に明確化して再提案している。同時にロバートがソ連のドブルイニン駐米大使に会い、上のメッセージの内容を伝え、ソ連がこの提案を拒めば米国はさらなる行動に移ることと、28日（日）までに返答が欲しいことを伝えた。さらに、トルコのミサイルを撤去することについては、メッセージには記載しないが、米国の行動として約束する旨の、いわば密約とすることを伝えた。

　さらに、フルシチョフが提案を受け入れない場合には、国連の暫定事務総長ウ・タントから先の提案を公式に両国に要請するよう、秘密裏にウ・タントに働きかけを始めた。米ソやその同盟国にとって、米ソからの発表であるよりも、国連事務総長の要請であるほうが、受け入れやすい可能性があった。また、フルシチョフが条件を変えて再提案しにくくなる狙いもあった。

　しかし交渉をしている間にも、キューバのミサイル配備は進むであろう。また、米国の侵攻を恐れる相手は先制攻撃をする可能性もある。ケネディは、このメッセージに対してソ連からの同意がなければ、10月30日（火）からキューバ空爆を開始して、11月6日（火）にキューバに侵攻することに決め、そのように軍に指示を出した。

　トルコを含むNATO同盟国に、この状況を完全に理解してほしかった。同盟国に連絡して各国が事態への準備をする時間と、米国に意見を提出する機会を作った。そのために、ケネディは国防総省が29日（月）と主張する空爆開始を、30日（火）まで延期させた。

　ケネディは、キューバ空爆を開始した時点で国民に伝えるメッセージとして、次の内容を準備していた。「国民の皆様へ　私は胸がふさがる思いに駆られながら、就任の誓いを果たすために、米国空軍に軍事行動を命じました。そしてまさに今、彼らはそれを実行しました。その目的は、キューバ国土で進んでいる大規模な核兵器配備計画を通常兵器のみを使った攻撃によって阻止することです。他の行動案はいずれも、対応の遅れや混乱を招く危険をはらんでいました。（中略）これ以上対応が遅れていれば危険が増したことでしょう。また、直前に警告を行っていれば、双方の死者はさらに増えていたでしょう。行動を起こすことが私の義務でした。」

ABC特派員経由の仲介は、受けないように指示した。27日（土）の時点では、国民宛のメッセージは送っていない。トルコに配備したミサイルの発射権限は米国大統領にあるが、不測の事態で制御できなくなる場合に備えて、核弾頭の信管を取り外すよう指示した。

翌28日（日）にラジオのモスクワ放送が、米国を非難しながら、キューバのミサイルを撤去することと、ソ連は平和の他には何も求めていないことを発表した。フルシチョフは公開メッセージで「譲歩」したように聞こえた。ケネディの提案が受け入れられたと考えて良い。ケネディはフルシチョフの英断を歓迎する書簡を送り、米国のメディアに対しては、米国が対立に勝利したようなニュアンスではなく、抑制したトーンで報道するよう要請した。

11月22日までにキューバにあったソ連のミサイルは撤去され、キューバ危機は収束した。トルコのミサイルは翌年春に目立たないように撤去された。ケネディは同6月に有名な、平和への戦略に関する演説を行い、フルシチョフと核実験停止に向けた交渉を始める。同8月には英国を加えた3カ国で、「大気圏内、宇宙空間及び水中における核兵器実験を禁止する条約（Treaty Banning Nuclear Weapon Tests in the Atmosphere, in outer Space and under Water）」に調印した。

フルシチョフの意図

フルシチョフがキューバに地対地ミサイルを配備した意図は、主として米ソの核戦力の差を縮める狙いであった。フルシチョフはトルコに配備されたミサイルにかなり威圧感を感じたようで、同様なミサイルをキューバに配備しようとした。ただし公然と基地を作りミサイルを持ちこむことは、米国が黙認しないと思われたので、秘密裏に配備することにした。極秘のうちに全米を射程に入れるミサイルの配備を終え、突然に公表して米国に対する交渉力を得ようとした。キューバ危機が発生した翌月にあたる11月7日の、ソビエト革命45周年記念日に発表するつもりだったとも言われる。配備は極秘に進められ、駐米大使ドブルイニンにも知らされていなかった。

ミサイル配備を完了する前に基地を米国に発見されて、キューバ危機が始

まる。フルシチョフは楽観的に、秘密裏に配備を完了できると思っていた。仮に途中で見つかっても、ケネディは結局のところ、事態を黙認するだろうと考えていた。したがって米国が対立的な反応をすることも、それをソ連が西ベルリンに侵攻する口実に使うことも考えていなかった。

フルシチョフにとって、ケネディが対決姿勢をとったことは予想外だった。24日に米軍がDEFCON 2に移行したことで、フルシチョフは一時的にパニックに陥ったと言われる。DEFCON 2に移行した後の24日22：30に、フルシチョフからの強硬なメッセージが届くが、これは移行を知る前に作られたメッセージが、外交ルートを経由する時間を要した結果であった。

DEFCON 2への移行を知って、フルシチョフもカストロも、米国はキューバに侵攻すると考えた。そしてフルシチョフは、米国によるソ連への核攻撃を回避することを何より望んだ。米国によるソ連やキューバへの攻撃が回避されるならば、キューバからのミサイル撤去を認めるつもりでいた。ただし弱気な姿勢を見せることは、米国との交渉で不利になるうえ、ソ連における自身の政治生命ひいては身の安全さえも脅かす。したがって、できる限りソ連と自身の威厳を保ちながら交渉したかった。それが26日18：00のフルシチョフのメッセージである。さらに、トルコのミサイルも撤去されるならば、なお望ましいと考えて、修正したメッセージが27日06：00のメッセージである。

ABC特派員経由の仲介（26日19：35）は、ソ連の情報機関KGBが行った活動であるが、フルシチョフの指示によるものではない。ケネディはこの仲介を受けないように指示したが、仮に仲介を受けたとしても、ソ連の政府内ではKGBがフルシチョフに情報を上げる際に外務省を経由することになっていた。外務省の意思決定者はフルシチョフのメッセージを知っているので、それと異なる仲介を上奏しなかったと思われる。つまり仲介に応じれば、米国は不必要なだけでなく場合によっては不利になる情報を、相手に与えたかもしれない。

史実以外の選択が導いたであろう結果

　もし史実と違う対応をしていたら、どのような結果を導いただろうか。米軍がキューバに侵攻していたら、上陸部隊に向けて核弾頭をつけたルナ・ロケットが発射されることになっていた。またグアンタナモ米海軍基地に向けて、14キロトンの核弾頭をつけた巡航ミサイルが発射されていたと考えられる。この兵器の存在は、米軍は探知していなかった。

　フルシチョフが28日までに返答をしなければ、30日にキューバのミサイル基地を空爆する命令が出されていた。空爆した時点でのソ連の反応は不明であるが、キューバの地対地ミサイルの多くは、核弾頭をつけて発射可能になっていた。地対地ミサイルはモスクワからの指示がなければ発射できないことになっていたが、許可なく発射することを防ぐ装置はなく、現場の指揮官の判断で発射しようとすればできた。ある現場の指揮官はのちに、空襲されたら報復で発射していたのではないかと述べている。

　そのほかソ連の潜水艦の艦長には、次の場合に核魚雷を発射できる権限が与えられていた。それは、敵の攻撃で潜水艦の耐圧殻が破損した場合、浮上した際に砲火を受けて命中した場合、モスクワから指示を受けた場合である。今回の封鎖で、米艦が潜水艦に対して警報爆雷を使って合図をすることは、ソ連の潜水艦には伝わっていなかった。27日（土）に潜水艦の1隻に対して米艦が警報爆雷を使ったときは、潜水艦の艦長は脅威を感じて、核魚雷による反撃の準備を命じた。しかし同僚の士官に説得され思いとどまった。

　上のいずれの場合もソ連軍の核兵器が使用される可能性があった。米国の関係者はのちに、米国または米軍に対して核兵器が使用された場合は、米国は核兵器で報復攻撃をしないわけには行かなかったであろうと述べている。

相手の行動を予想できるか

　ケネディおよび政権首脳部とフルシチョフは、互いに相手の意図を正確に把握していなかった。フルシチョフはミサイルが発見されないと考えて、あるいは発見されてもケネディは対抗してこないと考えてミサイルをキューバ

に持ち込み、危機の原因を作った。そして危機の当初では、米政権首脳部ではキューバに侵攻する意見が多数を占めた。侵攻を主張する者の多くは、米軍がキューバに侵攻しても反撃はないだろうと予想していた。議論を重ねるうちに、反撃の可能性が共通の認識になり、海上封鎖の選択肢がとられた。もし十分な議論をする時間がなければ、または世論や政敵に早い時期に危機が知られれば、より強硬な選択になった可能性があった。

　キューバに配備されていたソ連軍の軍備についても、米側は過小評価していた。実際にはキューバに、米国が想像していた5倍にあたる4万3,000人のソ連軍人がいて、米国が察知していなかった種類の核兵器もあった。そしてソ連軍とキューバ軍の兵士は、米国の核攻撃を覚悟し、決死の思いで戦うつもりでいた。

　ケネディ政権の前に遡れば、アイゼンハワー政権が進めた核軍備の拡張や、トルコへのミサイル配備なども、キューバ危機の原因になっている。

　キューバ危機の当事者たちに共通する傾向として、アイゼンハワー政権も含めて、自分たちの計画は思惑どおりに成功すると予想する傾向が強い。また自分たちが強硬な行動をとった場合に、相手はそれを受容してエスカレートしないと予想する傾向が強かった。

8-5 危機の考察

　キューバ危機では核戦争を回避できたが、それは当事者が想像していた以上にきわどい回避であった。幸運に恵まれたことを忘れてはならない。しかし一方で、当事者たちの危機管理が功を奏した部分もあった。

　ケネディとフルシチョフがとった選択を順に表現すると、図8-5のようになる。図は縦軸にケネディのとりうる選択肢を、より「譲歩」的なものを上に、より「強硬」なものを下に表している。横軸にはフルシチョフのとりうる選択肢を、より「譲歩」的なものを左に、より「強硬」なものを右に表している。

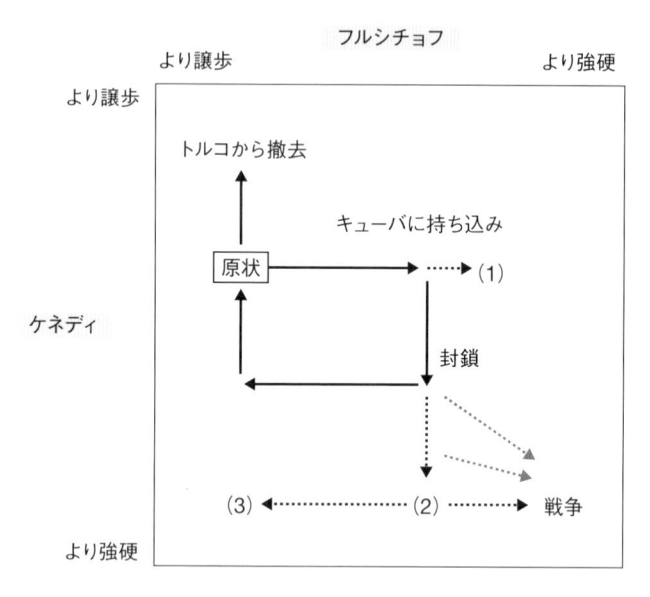

図8-5　キューバ危機の推移

　図8-5の「原状」は、キューバ危機が始まる直前の状況である。そこからフルシチョフは、キューバにミサイルを配備することで、状況を（1）の位置に変えようとした。その行動の途中、実線の矢印で表す段階で、ミサイル持ち込みが米国に発覚する。発覚直後のホワイトハウスでは、キューバ侵攻によって（2）の状況に変える意見が大勢であったが、ケネディはまず実線部分までの海上封鎖を実施し、より強硬な行動に備える DEFCON 2 を発動するにとどめた。それに対してフルシチョフは、キューバからのミサイルの撤去と、交換に米国による封鎖の解除とキューバ不侵攻、およびトルコのミサイルの撤去を提案した。状況は実線で表すような経緯をたどって「トルコから撤去」にいたる。ただし「原状」から「トルコから撤去」への変化は密約であり、世間からは注目されない部分である。

評価

　キューバへのミサイル持ち込みに対してケネディがとった対応を、フルシチョフが予想していたなら、おそらくフルシチョフはキューバにミサイルを持ち込まなかった。その意味で、フルシチョフの（1）への移行は、想定違いによる危険な行動と言える。

　ミサイルの発覚に対してホワイトハウスの多くのメンバーは、米国がキューバに通常兵器で侵攻し、ミサイルを破壊することを考えた。そのようにして（2）の状況になれば、ソ連は譲歩して状況は（3）になると想定していた。しかし実際には、キューバへの空爆または上陸侵攻の時点で、キューバにあったソ連の核兵器が使われた可能性が高く、それに対しては米国が核兵器で反撃した可能性が高い。つまり（3）ではなく「戦争」になった可能性が高く、キューバ侵攻を避けたことは正しい選択だったと言える。

　ケネディの選択は、フルシチョフを自制させる強硬さを示す一方で、挑発したり、先制攻撃を誘発するほど切迫した脅威を与えてはいけなかった。実際には、キューバ侵攻に至らなくても、「戦争」が始まる危険はあった。キューバにあった核兵器は、現地部隊の判断で物理的には発射できる状態であり、現地で緊張が高まれば、フルシチョフの判断とは無関係に発射される可能性があった。海上封鎖の段階でも、警報爆雷に脅威を感じたソ連の潜水艦の1隻で、核魚雷の発射準備命令が出されている。結果的に、DEFCON 2 への移行はフルシチョフの譲歩を早めた。しかし海上封鎖で警報爆雷の使用を認めたことは危険であった。ケネディが選んだ強硬さと慎重さのバランスは、概ね適切であったと思われるが、具体的な対応には、強硬に過ぎた部分があったと言える。

　「戦争」に近い状況であるほど、偶発的に戦争が始まる可能性は高まる。そしてその状況が長く続くほど、偶発の危険は高まる。フルシチョフが米国のDEFCON 2 移行を知って、一刻も早く戦争の危険から遠ざかろうとしたことは、おそらく適切であった。

　キューバ危機が始まってからは、ケネディとフルシチョフは、一気に強硬な選択肢をとらず、段階的にメッセージを送ることで、互いの想定違いによ

る危険を減らしている。そして両者に撤収の言い分がある、「引き分け」に持ち込む選択肢を導き出した。つまり米国はキューバのミサイルを撤去させ、ソ連はキューバを米国の侵攻から守ったと、それぞれが成果として主張できる状況になった。また、相手が屈服して「譲歩」したイメージを作らないように配慮もしている。トルコからのミサイルの撤去も、ソ連が得た成果であったが、交渉では目立たないように扱われた。ケネディはフルシチョフの英断を歓迎する書簡を送り、米国のメディアには、米国が勝利したようなニュアンスを出さないよう要請した。もしどちらかの国内で、自国が屈服したイメージが広がり、それに対する反発として強硬な行動を求める機運が広がれば、いつでも危機は再燃しうるからである。危機を収束させることは決して容易ではないが、両者は核戦争の危機を収束させることに成功した。

しかしソ連の回答が28日までになかった場合の、キューバ侵攻はケネディの危険な決定だった。何らかの理由で、フルシチョフの決定やメッセージの伝達が遅れれば、必要のない侵攻によって核戦争を誘発した危険があった。

イメージの問題

戦争を起こさずにキューバ危機を収束できたことは、何より望ましい結果である。しかし副次的な問題として、米ソの行動が国内外に与えたイメージを評価すると、米国のほうが情報戦略がより巧みであったと言える。

キューバ危機の経緯を追ってみる。たとえば図8-5のように、キューバ危機の直前を「原状」と考えれば、ソ連が先に強硬な行動を起こして、米国は慎重かつ断固として対応し、状況は原状に戻ったように見える。どちらかと言えば、ソ連が「より攻撃的」な行動をしたイメージである。

しかし図8-6のように、米国によるトルコへのミサイル配備の直前を「原状」と考えると、状況の経緯は違うイメージを与える。つまり米国が先にトルコにミサイルを持ち込み、その対応としてソ連はキューバにミサイルを持ち込んだ。米国はさらに封鎖を行ったが、ソ連の提案から交渉によって最終的に「原状」に戻ったことになる。この図では米国が「より攻撃的」なように見える。

歴史は常に動いているので、どの時点を基準にするかで、誰が先に強硬な行動をとったのか、戻すべき「原状」が何かは異なる。多くの人はキューバ危機の直前を「原状」と考えているので、その意味では、米国の国内外でのイメージ戦略は成功したと言える。逆に言えば、ソ連はイメージ戦略をあまり上手に行っていない。ケネディは以前に自らトルコのミサイルを撤去しようとしていた。したがってトルコを「売る」イメージにならなければ、密約ではなく公式に、トルコのミサイルを撤去することに同意した可能性がある。フルシチョフにはそのような交渉の進め方もありえた。あるいはキューバ危機の前に、トルコへのミサイル配備が危険な挑発であると国際社会に印象づけていれば、その後の交渉はよりフルシチョフに有利だったかもしれない。また、結果論になるので一概に良否の評価は言えないが、フルシチョフには次のような選択肢もあった。キューバと安全保障条約を結んで、キューバにミサイルを配備する計画を公表するのである。カストロはその方法を希

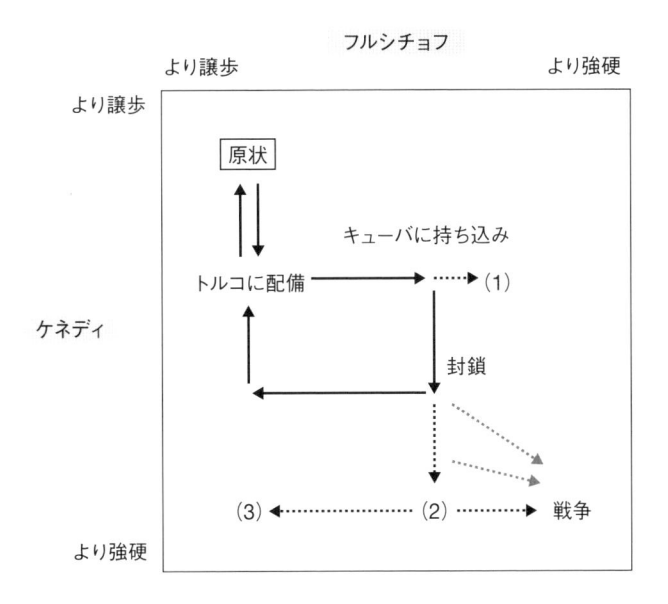

図8-6 キューバ危機の推移（トルコへのミサイル配備の前を「原状」とする。）

望することをフルシチョフに伝えていた。実際に配備しなくても、計画を公表することで、米国から交換条件を得る可能性があった。結果的にフルシチョフは、隠密にミサイルを持ち込むことを選択したので、発覚したときにイメージ面で不利になった。

ケネディの意思決定は、ホワイトハウスのメンバーとの議論や助言によって支援されていた。各方面との連絡をメンバーが分担することもあった。それに対してフルシチョフの意思決定は、ほぼ一人で行う状態だった。各方面との連絡はそれほど入念にできないし、孤独であれば心理的に動揺した判断になりやすかったであろう。米ソを比較して、他国との協調やイメージ戦略の巧拙に差が出た理由の1つとして、そのような意思決定の態勢の違いがあっただろう。

自然の脅威と人の脅威

8-1節の八甲田山雪中行軍と、キューバ危機を比較すると、自然を相手にする危機管理と人間を相手にする危機管理の違いがわかる。雪中行軍のように主として自然現象が脅威になる危機管理では、最悪の事態を念頭に入れて対応することは基本的な姿勢と言える。しかしキューバ危機のように、主として対立する人間の意思が脅威になる危機管理では、最悪の事態への対応のしかたが異なる。最悪の事態を念頭に入れる必要はあるが、それを前提にした対応をあからさまにすると、たとえば武力行使の準備をすると、相手をエスカレートさせてリスクが高まる危険がある。つまり**敵対的な姿勢が、抑止になることもあるが、対立によるリスクを高める可能性がある**点に注意しなければならない。

対立する立場の相手とは、往々にして、もっている情報や価値観の違いなどにより、互いの意図について想定違いをしていることが多い。相手に対して一方的に譲歩ができない場面でも、すぐに強硬な行動を選択しないで、段階的に対応したりコミュニケーションや交渉の機会を多く作ることで、想定違いによるリスクを減らすことができる。意思と感情のある人間が相手なので、交渉のしかた次第で、対立の原因やリスクを減少できる可能性がある。

地政学上の類似点

　米国から見たキューバの位置と、中国から見た日本の位置は、地政学的には似た条件がある。大国の近くにある島国という位置関係である。もちろん、キューバ危機と現在の東アジア情勢は、時代も背景も異なり、地政学的な類似点があったとしても決定的なものではない。しかし国際情勢を考えるうえで、そのような見方もあるのかと参考になるかもしれないので、誤解のないことを祈りながら話題を提供する。

　キューバ危機の当時、米国とソ連の関係は緊張しており、米国本土からすぐ近くのキューバにソ連のミサイル基地が作られたことは、米国を強く刺激した。ソ連と黒海をはさんで向き合うトルコに米国のミサイル基地が作られたことも、同じような地政学的な構図で、ソ連を強く刺激していた。

　では、もし東アジアの情勢が緊迫化することがあれば、米国の同盟国である日本は、中国からどのように見えるだろうか。かつての米国から見たキューバと似たような位置に、日本があるように見えないだろうか。もしそう見えたとしたら、日本は多くの日本人が考える以上に、潜在的に周囲を刺激しうる位置にいることになろう。

　どの国も、第一に考えることは自国の安全保障である。それでも誤解や政治的な主導権争いのために、対立が生じることがある。

　立場が異なれば、相手の意図を誤解しやすい。相手の立場から自分を見ることで、自分の言動が起こしうる誤解の危険性に気づくことがある。相手の立場で考えて誤解を防ぎ、対話や情報交換の機会を持ち続けることは、キューバ危機から学ぶべき教訓であろう。

終章

決断力とは

自分のことだから迷う

　長い時間をかけて迷うような、難しい決定とはどのようなものか。迷う問題はさまざまかもしれないが、往々にして、自分の利益や感情が関わるから迷うことが多い。似た状況でも、他人が当事者として悩んでいることならば、あの人はこうすれば良いと、あまり迷わず判断できるであろう。映画や小説でも、難しい意思決定の場面が描かれることがある。しかし視聴者や読者は、もし自分ならどうするかと尋ねられれば、登場人物のように悩まずに、割とあっさりと答えられるだろう。

　自分が当事者になると迷う理由は、多くの場合に、自分の利益や体面を守る行動と、社会的に望ましい行動が相反するからであろう。不利益や不評を受け入れる決断がつかないのである。自分ではなく、A氏とB氏のどちらの利益を優先するかで迷うこともある。そのときでも、迷いの本質は結論そのものより、その決定をした自分がどう思われるかにあることが多いのではないだろうか。

　自分のことだから迷うのであれば、他人のことのように意思決定をすれば良い。つまり、自分の立場に別の者がいると想像して、その者にとって最善になる助言をするつもりで判断するのである。

　自分の利益と社会の規範が対立するとき、第三者として助言するならば、より規範に沿うような判断をするのではないだろうか。公正な行動は、すぐに報われなくても、やがて信用を生む。逆に卑怯な行動は、すぐに批判されなくても、やがて信用を失い、気づかないうちに人生の大きなチャンスを逃していることがある。

　ただし個々の場面では、一般的な規範に従う行動が、つねに最適な行動と言えるか否かは不明である。と言うのは、人間は完全ではないので、人間の集まりである組織や社会も完全ではない。場合によっては、正しいことが通用せず、本人に深刻な不利益を生むことがある。正しいことが通用する組織のほうが、組織に関わる人々をより幸福にして、組織としてのパフォーマンスも良いであろう。ただし残念なことに、人間も組織もつねに完全ではない。1つの場面で正しいことをするために、その代償として大きな犠牲を

払ったり、多くの善をなす可能性があるキャリアを棒に振ってはいけない。

　矛盾がある場面で、自分の利益と規範のバランスはどこにあるのか。簡単な答えのない問題だが、あえて次のようなことが言えるだろうか。もし正しいとされる行動の代償が、不釣り合いに大きいときには、おそらく意思決定に迷わない。代償は割に合わないと考えて、その行動をとらないだろう。逆に代償が小さくても、やはり迷わない。正しいとされる行動を選ぶであろう。その中間の、正義と代償が釣り合う程度のときに迷う。そのときには、慎重に考えれば良い。信用できる人の意見を聞くのも良い。それでも迷いが消えないときは、おそらく、思い切って正義をなすのが良いであろう。

　一般に成功して立場が高くなるほど、自分に意見や注意をしてくれる人は少なくなる。それだけに一層、自分に厳しい判断をしないと、立場にふさわしい意思決定はできなくなる。

おわりに

　この書物を書き上げようとする日に、シカゴ大学の恩師 Gary Becker（ゲイリー・ベッカー）教授の訃報が届いた。著者が経済学を学ぶことを決意したのは、教授との出会いがあったからである。毎回全力をかけて準備し、緊張して教授との議論に臨んだ日々は、人生のハイライトであった。そのような指導を受けているときに、教授がノーベル経済学賞を受賞されたのも印象深い。教授をはじめ、これまで出会いお世話になったすべての方々に、感謝の意を届けたい。

　博士号授与式で Hugo Sonnenschein（ヒューゴ・ソネンシャイン）学長が言われた、学者の使命は、真理を追及するとともに、人々が考えることを助けることであるという言葉には、今に至るまで疑いなく同感する。その使命に、この書物がわずかでも沿えれば幸いである。

慶應義塾大学ビジネス・スクール
松下幸之助チェアシップ基金教授
大林厚臣

索 引

【アルファベット】

Akerlof, George
　→アカロフ，ジョージ
Axelrod, Robert
　→アクセルロッド，ロバート
Becker, Gary
　→ベッカー，ゲーリー
Besanko, David
　→ベサンコ，デイビッド
Kahneman, Daniel
　→カーネマン，ダニエル
Knight, Frank
　→ナイト，フランク
Kreps, David
　→クレプス，デビッド
Nash, John
　→ナッシュ，ジョン
Sonnenschein, Hugo
　→ソネンシャイン，ヒューゴ
Tversky, Amos
　→トベルスキー，エイモス

【あ】

アカロフ，ジョージ　221
アクセルロッド，ロバート　237-239
悪貨が良貨を駆逐する　219-221
後戻り推論　042, 045, 050, 052, 060, 063, 072, 079, 084, 098, 100-101, 131, 144-145, 196-197, 207, 212, 214, 223, 226, 238
意思決定
　合理的（な）──　012-013, 015-018, 020, 029, 036, 052, 092, 108, 246, 248, 250, 254, 256, 258
　探索的な──　016-017
依頼者　210
牡鹿狩り　157, 166, 173-175, 180
オプション　017, 052, 068, 079-081, 231-233
　──契約　079-081

【か】

カーネマン，ダニエル　256
価格競争　091, 108-109, 114, 122-125, 127, 160-161, 166-167, 171, 179, 181, 185
確率ノード　037-039, 042, 045-046, 059, 069-070, 072, 074, 076, 079, 081-082, 084, 098, 214, 223
環境問題　160, 162, 166, 171, 179
関係特殊資産　206
感度分析　016, 048, 053, 055, 057-058, 075, 108
機会コスト　064
機会主義的行動　156-157, 175-177, 195, 197-201, 224, 234-236, 242
危機管理　004, 017, 270, 287, 290, 295, 333, 338
記述的アプローチ　001

期待値　039-040, 042-043, 048, 050, 064, 084, 199, 218, 252-253, 261
期待評価　045, 052, 055-056, 060, 062, 070-072, 074, 078-079, 250, 252, 261, 263-264
期待利益　013, 025, 049-050, 052, 218
規範的アプローチ　001
逆選択　195, 218-227, 235
逆相関　265
キャッシュ・フロー　039-040, 044, 071
協調問題　157, 187-191, 235
脅迫　207-208
均衡経路　101
クールノー・モデル　128
繰り返し取引　209, 213, 220
クレプス, デビッド　238
軍縮問題　160, 162, 166, 171, 179, 183
契約不履行　175, 195-198, 207-210, 213, 220-221, 235
ゲーム
　1回限り(の)―　136-145, 147, 168, 234, 236, 240-241
　価格競争――　123-124, 152, 161
　繰り返し――　135-138, 140, 142-147, 152, 168-171, 174-175, 184-185, 190, 200-203, 221, 234-237, 240-242
　シミュレーション・――　123, 126
　ゼロサム・――　095, 151
　段階――　144-146, 238
　チキン――　140-141, 143, 181, 183, 186, 320-322, 328
　非ゼロサム・――　095
　プラスサム・――　151
　――・ツリー　097-103, 106-107, 130, 156, 176, 195-196, 206-207, 211, 213-214, 221, 223-224, 229, 231
　――の構造　092, 133, 135, 140, 158, 170, 172, 177, 181, 183, 198, 200, 221, 224, 236, 321
　――のルール　103
　――の歴史　146
　――・マトリクス　089-090, 092, 094, 097-098, 101-103, 105, 110-113, 115, 117-118, 130-133, 136, 138, 141, 147, 156-157, 159, 164-165, 168, 172, 176, 180-182, 187, 195
　――理論　001, 004, 036, 068, 088-090, 092, 102, 108, 151, 153, 156-157, 181, 229, 233, 238, 319
決定ノード　037-039, 042-043, 045-046, 050, 052, 058-060, 062, 069-070, 079, 081, 098-099, 196-

索　引

197, 201-203, 207, 212, 214, 222-226, 231
現在価値　063-064
現状維持バイアス　256-257
合目的性　036
効用　016, 031-032, 078, 249, 251, 253-255, 257, 260-264
効用曲線　252-255, 257, 260-261, 263-264
コーポレート・ガバナンス　022, 031, 211, 216
コミットメント　102, 156, 228-229, 231-236
コンティンジェンシー・プラン　290, 292, 297

【さ】

裁定　183-184
最適反応　096, 101, 105, 108, 110-123, 127, 131-133, 142-143, 146, 149, 186, 237, 241
差別化バートラン・モデル　109
時間割引　063-066, 068, 079, 145
資金コスト　064
資源問題　160, 162, 166, 171, 179
習慣的決定　016
囚人のジレンマ　091-092, 132, 135, 142, 144-145, 152, 156-161, 163-168, 170-181, 185-186, 234, 236-238, 240-241

状況変数　251, 253, 255-258
焦点　110, 186, 189
情報
　──集合　222-223, 225
　──ノード　037
　──の価値　044-045, 047, 071-072, 074-076, 078, 081
　──のコスト　081
　──の非対称性　220
信用形成　156, 236, 241
信頼区間　058
推定誤差　055
制裁　199, 234-236, 239, 241-242, 321
税率競争　160-161, 166, 168, 171
先行優位　069, 132, 193, 229, 231-232
先行利益　102
戦略
　応報──　237-239
　繰り返しゲームの──　145
　混合──　097, 147-151, 173, 177, 187, 189-190, 237
　支配──　093, 095-096, 158-159, 177, 182, 187, 189, 193
　純粋──　147-151, 177-178, 187, 189-191
　瀬戸際──　178, 320
　引き金──　201-202, 204-205, 237, 239

被支配―― 093, 095-096
無条件協力―― 237
無条件非協力―― 237-238
想起性バイアス 258-259
相対評価 160, 163, 179
ソネンシャイン, ヒューゴ 344

【た】
代理指標 213, 216
代理人 210
探索コスト 082, 084-085
探索理論 081, 086
男女の争い 157, 187, 189-193, 235
単相関係数 032
チキン 141, 157, 177-182, 184-186, 189-191, 235, 319-323
逐次決定 103, 107, 130
逐次選択 097-098, 101, 131-132, 189, 192-193
仲介(者) 203-205, 209, 218, 220-221, 316, 326-327, 330-331
直感的決定 016
直感的(な)思考 017-018
ディシジョン・ツリー 004, 018, 023, 036-055, 057-060, 063-065, 068, 070, 072-074, 076-084, 088-089, 098, 108, 233, 247, 250
投資競争 160, 162, 171, 179, 183, 185
同時決定 097, 101-103, 105, 107, 130
同時選択 097, 108, 132, 142, 196
トベルスキー, エイモス 256

【な】
ナイト, フランク 248
ナッシュ均衡 095-097, 101, 105, 107, 112-115, 117, 119-123, 125-127, 132, 135-142, 146-152, 158-159, 166-170, 172-173, 175-178, 180, 182, 185-191, 238, 240
 サブゲーム完全―― 098, 100-101, 131, 196, 207, 212, 229, 231
ナッシュ, ジョン 095
認知的不協和 258
抜け駆け 135, 170-171

【は】
罰則 135, 165-166, 171-172, 174, 177, 181-185, 199-201, 209-210, 213, 217-218, 220-221, 224, 321
ヒューリスティック 016, 258
評判 041, 135, 170-171, 185, 202-205, 209, 213, 217, 220-221, 233-234, 236, 242, 285
深尾光洋 027
不確実性 015, 036-039, 047-048, 058, 062, 069, 075, 081, 101, 239, 248, 323
 ナイトの―― 248

───ノード　037
フリーライダー問題　160, 162-163, 166, 179
プロスペクト理論　257
ベサンコ，デイビッド　127
ベッカー，ゲーリー　344
報酬　088, 135, 165-166, 171-172, 174-175, 181-183, 185, 199-201, 212-216, 220-221, 236, 255-256, 321
ホールドアップ　195, 205-209, 235

【ま】

前向き推論　145
満足化　016, 086
ミニマックス原理　095
モラルハザード　195, 209-213, 216-218, 220, 235-236
森田泰子　027

【や】

山岸俊男　237, 240-241

【ら】

リスク
　下方───　016, 246-247, 249, 256, 262, 265-266
　上方───　246-247, 249, 256, 262, 265-266
　ナイトの───　248
　───愛好（的）　251-257
　───回避（的）　040, 251-257, 260-264
　───相殺　246, 260, 262-265
　───中立（的）　251-254, 260-261
　───認知　246
　───・プレミアム　260-264
　───マネー　026, 028
　───マネジメント　247, 256, 259
利得
　期待───　108, 149-150, 174, 184, 193, 212, 214, 223-224, 226
　───（の、を）最大化　091-092, 127, 135, 144-145, 152, 158, 171, 186, 238
　───の構造　091, 159, 174, 189, 191, 240
　───の大小関係　149, 157, 165-166, 182, 194-195, 319
　───和　184-185, 192, 198, 321
レモン市場　221
連続変数　059-060, 062-063, 082, 110
　不───　221

[著者]
大林厚臣（おおばやし・あつおみ）

慶應義塾大学大学院経営管理研究科（ビジネス・スクール）教授。松下幸之助チェアシップ基金教授。

1983年、京都大学法学部卒業。日本郵船株式会社勤務を経て、1996年にシカゴ大学で行政学のPh.D.を取得。同年、慶應義塾大学大学院経営管理研究科専任講師、1998年に助教授に就任し、2006年から教授を務める。この間、2000～2001年にスタンフォード大学客員助教授、2001～2006年に社会技術研究システム研究員、2007～2011年に慶應義塾大学グローバルセキュリティ研究所上席研究員を兼任。また、内閣府政府業務継続に関する評価等有識者会議（座長）、内閣官房情報セキュリティセンター分野横断的演習検討会（座長）など多数の政府委員を歴任する。
専門は産業組織論とリスクマネジメント。主な著書に『安全・安心のための社会技術』（分担著、東京大学出版会）、『備えるBCMから使えるBCMへ』（分担著、慶應義塾大学出版会）、主な訳書に『戦略の経済学』（共監訳、ダイヤモンド社）などがある。

ビジネス意思決定
――理論とケースで決断力を鍛える

2014年11月7日　第1刷発行
2022年3月29日　第2刷発行

著　者――大林厚臣
発行所――ダイヤモンド社
　　　　　〒150-8409　東京都渋谷区神宮前6-12-17
　　　　　https://www.diamond.co.jp/
　　　　　電話／03・5778・7228（編集）　03・5778・7240（販売）

装丁――遠藤陽一（デザインワークショップジン）
本文デザイン・DTP――岸　和泉
製作進行――ダイヤモンド・グラフィック社
印刷――加藤文明社
製本――ブックアート
編集担当――村田康明

Ⓒ2014 Atsuomi Obayashi
ISBN 978-4-478-02955-8
落丁・乱丁本はお手数ですが小社営業局宛にお送りください。送料小社負担にてお取替えいたします。但し、古書店で購入されたものについてはお取替えできません。
無断転載・複製を禁ず
Printed in Japan